SRI SATHYA SAI BABA

LLUVIAS DE VERANO EN BRINDAVAN

- 1977 -

EDICIONES SATHYA

Título original: Summers Showers in Brindavan - 1977

Ilustración de tapa: FEDHAR

© Copyright y derechos de transcripción y reproducción de:
SRI SATHYA SAI BOOKS AND PUBLICATIONS TRUST
Prashanti Nilayam - 515 134
Ananthapur District (Andra Pradesh) - India

EDICIONES SATHYA

Publicado por Fundación Sri Sathya Sai Baba de Argentina

Editado y distribuido por: ERREPAR S.A.
Avda. San Juan 960 - (1147) Buenos Aires
República Argentina
Tel.: 300-5142 - 307-4394 - Fax: (541) 304-8951 - (541) 304-9541

```
294.527   Sai Baba, Sri Sathya
SAI       Lluvias de Verano - 1a. ed. - Buenos Aires:
          Errepar, 1995.
          v. 4, 272 p.; 20x14 cm.

          ISBN 950-739-351-X

          I. Título - 1. Yoga
```

Queda hecho el depósito que marca la ley 11723

Impreso y hecho en Argentina
Printed in Argentina

Ninguna parte de esta publicación, incluido el diseño de la tapa, puede ser reproducida, almacenada o transmitida de manera alguna ni por ningún medio, ya sea eléctrico, químico, mecánico, óptico, de grabación o de fotocopia, sin permiso previo del editor.

DISCURSO INAUGURAL

¡Encarnaciones del Alma Divina!: Puede que una persona tenga gran fuerza física; que por sus logros, sea considerado un gran hombre. Una persona puede tener muchas cualidades, mas si por desgracia, se ve en dificultades, asomará su debilidad y no será capaz de lograr nada. En el Ramayana, famoso poema épico, hay muchas instancias que sirven para ilustrar esta situación. Ramachandra o Rama*, Avatar y héroe del poema, se ve envuelto en muchas dificultades y, en esos momentos, pareciera como si todo está en contra suyo. Habría que señalar que, contrariamente a la gente común, enfrentó todas estas situaciones con gran valentía. Con su ejemplo le demostró a toda la humanidad cómo se ha de hacer frente a estas situaciones en la vida diaria.

Aunque por medio de las prácticas espirituales uno puede alcanzar la Gracia del Señor Rama, si uno no llega a entender y a reconocer las cualidades humanas que posee, tampoco le será posible reconocer en El la Divinidad. Se hace muy necesario en la época actual ver a Rama como un ser humano ideal, que sentó un ejemplo para todos los seres humanos, más que simplemente creer en El como en una encarnación de Dios. ¿Si no podemos entender a Rama en cuanto ejemplo ideal de ser humano, cómo podríamos entenderlo en cuanto Dios?

---

* Rama: Avatar, séptima encarnación de Vishnu. Derrama Bienaventuranza. Héroe del Ramayana, poema épico.

El tipo de relación que debería existir en cada familia entre madre e hijo, entre marido y mujer, entre hermano y hermano, fue ampliamente demostrado por Ramachandra durante su vida. Cada parte de la historia de Rama se puede relacionar con la experiencia diaria de vida de todos los individuos. No es correcto olvidarse de este aspecto esencial en esta sagrada historia, y asignar la mayor importancia a los asuntos triviales que ocurren en ella.

Cuando nos encontramos con dificultades o con situaciones penosas, debemos armarnos de valor y utilizar de manera apropiada y correcta, toda la fuerza de que disponemos para enfrentar valientemente la situación. Tanto la vida como el cuerpo del hombre están llenos de altibajos. Esto es natural. Un rasgo característico de las cosas en la Naturaleza es que vayan cambiando continuamente. Si no hubiera cambios, la naturaleza humana misma carecería de valor. Si no hubiera dificultades en la vida de uno, la vida misma no funcionaría. Si no hubiera sufrimientos, si uno no se enfrentara al pesar, nuestra vida carecería de significado. Si no existiera la muerte, ni la madre podría mostrarle su afecto y amor al hijo.

El pesar, el dolor, las dificultades y otro tipo de situaciones que representan pérdidas nos llegan de distintas maneras, y en diferentes ocasiones, a lo largo de nuestra vida. En tales situaciones no hemos de deprimirnos. Como tampoco hemos de exaltarnos ante circunstancias que nos den placer. Es necesario mantener una mente equilibrada y enfrentar todas las situaciones con ecuanimidad. Hemos de tomar estas cosas con una mente sin vacilaciones y así alcanzar la dicha. En cada vida se encuentran presentes, y siempre juntos, lo bueno y lo malo. Cuando miramos lo bueno, pareciera como si lo malo, que siempre existe, pudiera llegar a derrotar a lo bueno. Un hombre malo, cuando ve la prosperidad de otros, siente envidia. Cuando una persona mala ve la felicidad de otros, lo lamenta. Son características humanas que siempre asoman en estas circunstancias.

Sabemos que en un mismo estanque, lleno de agua, podemos tener flores de loto y también animales, como peces y sapos. El loto atrae la vista del hombre y le produce placer.

Por otro lado, los animales en el agua no nos brindan placer, nos hacen sentir pena. Pero ambos han nacido en el mismo lugar y en el mismo elemento que es el agua. El Amrita (néctar divino) proviene del agua, nace del agua. El veneno también nace del agua. Podemos ver, entonces, que el lugar de nacimiento tanto para el Amrita como para el veneno, es el mismo. En este sentido se ha dicho que sólo la mente es la responsable de la liberación o de la esclavitud del hombre. Es necesario, entonces, que reconozcamos la naturaleza de la mente si deseamos entender este papel dual que desempeña.

En la historia de Rama nos encontramos con muchas situaciones en las que comienza actuando como un ser humano ideal y, a medida que se desarrollan los hechos, nos muestra su Divinidad. Fueron muchos los hombres santos y sabios que se preocuparon en aclarar al mundo la cualidad humana de Rama y que su Divinidad está oculta tras la fachada de esta forma humana externa. Es necesario tener presente que si Rama hubiese sido reconocido como Divinidad desde un comienzo, no se habría producido la muerte de Ravana a sus manos ni habría continuado el resto de la historia. Es por esta razón que, cuando Viswamitra solicitó la ayuda de Rama y de Lakshmana, le señaló a Dasaratha que la magnitud de la fuerza que ambos poseían era conocida por muy poca gente. Le expresó que la infinita gloria de Rama y su inmenso poder podían solamente ser comprendidos por grandes hombres y no por individuos comunes.

Rama es Omnisciente, Todopoderoso y Omnipresente. Para la gente común resulta difícil entender esta naturaleza infinita de la Divinidad. Para reconocer y entender a Brahman, el Eterno Absoluto, tendríamos que ser capaces de experimentarlo nosotros mismos. Cuando uno comprende a Brahman comienza a identificarse con El.

Si deseamos entender este aspecto del Ramayana, tendríamos que experimentar nosotros mismos lo que está contenido en él y en la historia de Rama. Hay mucha gente en este mundo que se dice devota de Rama. ¿Es posible decidir y proclamar que todos ellos son devotos de Rama? Algunos son devotos del gozo que brinda, otros de la Bienaventuranza que otorga y otros de Rama mismo. Hay devotos y devotos. La gente sólo se tilda de devota o se describe como tal, mas en verdad, no promueve ni desarrolla esa conexión ni esa cercanía con la naturaleza infinita de Rama para justificar su declaración.

Mientras vivimos nos creamos desastres para nosotros mismos, sin razón alguna para ello. La mansión de la esperanza que levantamos se arruinará y derrumbará tarde o temprano. La vida es como una flor que se abre cuando el clima es benigno, y que está destinada a caer si se desata una tormenta. Para que podamos enfrentar estas tormentas durante nuestra vida y sobrevivirlas, debemos desarrollar valor y fortaleza mental. Todas las grandes personas y los santos que entendieron el aspecto Divino de Rama se lo ocultaron a la mayoría de la gente. Viswamitra y Vasishta no eran personas comunes. Eran grandes santos. Eran personas de gran valor y fortaleza. Habían adquirido una gran maestría en todos los aspectos del conocimiento y la sabiduría. No se trataba de que Viswamitra no pudiera proteger su propio sacrificio. Le dijo a Dasaratha: "No es que no tenga la fuerza como para proteger mi ofrenda, sino que he venido a ti con el propósito específico de darle a conocer al mundo al gran Rama, tu hijo, y para difundir su reputación y la tuya". Viswamitra no llamó a Rama sólo para proteger su sacrificio. Nosotros debemos ver en él sólo un instrumento para un propósito mucho más elevado. Sin duda había preparado el terreno para la destrucción de varios demonios, pero también lo había preparado para el matrimonio de Rama y de Sita. Habiendo hecho todo esto, en un momento crucial, Viswamitra desaparece de la escena. Las situaciones de ese momento no nos permiten determinar fácilmente si Rama es un ser verdaderamente Divino, o si es un ser humano común dotado de cualidades excepcionales.

Los grandes seres le prestan a todos la misma atención y muestran la misma actitud frente a lo bueno como a lo malo. Tienen un real equilibrio mental. Si cortamos una flor fragante, su aroma no cambiará por el hecho de cortarla con la mano derecha y ponerla en la izquierda o por cortarla con la izquierda y ponerla en la derecha. Seguirá siendo fragante. Puede cambiar la mano pero no su fragancia.

De manera similar, lo bueno y lo malo causan una serie de problemas a la mente de un ser humano común y le hacen sufrir. Pero para los grandes seres y los grandes santos, lo bueno y lo malo son lo mismo. En ese contexto, Rama es un Avatar, porque podía enfrentar lo bueno y lo malo con completo equilibrio mental. En el Ramayana no sólo aparecen instancias en que Rama despliega esta cualidad de la serenidad, sino también hay otras en que muestra lo contrario, apareciendo, por ende, como un débil ser humano común. Pero, ¿por cuánto tiempo podía durar esta fachada? Sólo por el lapso durante el cual quisiera demostrarle a los hombres comunes la debilidad que es característica de los seres humanos. En tales situaciones, Rama le podía dar valor y fuerza a otros. Como Él son todos los grandes hombres. Unicamente por el bien del hombre, por el bien de la virtud, por el bien de sentar un ejemplo, los grandes santos, asimilados a lo divino, hacen cosas como si fueran seres humanos comunes, para ilustrar así la forma en que debería comportarse la gente en estas situaciones difíciles.

Sólo cuando Dios viene entre los hombres como un Avatar puede estar cerca del hombre y ser un ejemplo para los seres humanos. Sólo entonces puede corregir las modalidades de los seres humanos. Es siempre un Avatar el que demuestra la real conexión que debe existir entre un hombre y otro. Debido a que Dios viene como un Avatar en forma humana, puede el hombre ver y experimentar algunos ejemplos ideales en situaciones de la vida real. Es natural en este contexto que Dios asuma la forma humana en Rama y cree situaciones en las que el hombre aprenda la virtud de la adhesión a las acciones correctas.

Valmiki, el gran poeta, esencialmente presentó a Rama como un ejemplo ideal para los seres humanos. En muchos casos mostró también el carácter sagrado y la Divinidad contenidos en Rama. También el poeta Tulsidas escribió la bella historia del Ramayana para difundir el gran nombre de Rama en el mundo, en cuanto ejemplo de un ser humano ideal. En las vidas de estos poetas hubo varios incidentes que muestran la fuerza del nombre de Rama. En una ocasión, los dioses comenzaron a disputar entre ellos respecto de cuál era más grande que todos los demás. Para lograr una decisión, todos fueron a ver a Brahma y se decidió que aquel que diera primero la vuelta al mundo sería considerado el mayor entre ellos. Tan pronto como escucharon el pronunciamiento, cada uno tomó su carro y partió raudo para dar la vuelta al mundo. Vigneswara tiene tradicionalmente como vehículo a un ratón y debido a lo pequeño de éste, se fue quedando atrás y no avanzaba mucho. En esos momentos apareció Narada y le preguntó cuánto le tomaría dar la vuelta al mundo a ese paso. Luego le sugirió que escribiera la palabra Rama, diera la vuelta en torno de ella y volviera rápidamente junto a Brahma. Vigneswara así lo hizo y volvió adonde estaba Brahma. Brahma decidió que Él representaba la mejor forma de Dios. Es nuestra tradición que ante cualquier obra que se emprenda vayamos, en primer lugar, a adorar a Vigneswara. Es por ello que también se le llama Gananatha, o el primero entre los "ganas" (semidioses). Se cree que removerá todos los obstáculos que pueda haber frente al trabajo que emprendamos y esto se ha hecho parte de nuestra cultura.

Tulsidas demostró que todo lo que el hombre siente, y en todos los sitios adonde va se encuentra el nombre de Rama. Fue así que terminó sus días proclamando la grandeza del nombre de Rama. En el Ramayana se encuentran numerosas instancias de las cuales ustedes podrán derivar la fuerza necesaria para enfrentar diversas situaciones que puedan surgir en sus vidas. No solamente respecto de situaciones mundanas o espirituales, sino también en lo cotidiano, todo ser humano puede percibir la Gracia de este nombre de Rama.

Hay tres razones importantes para el nacimiento de un ser humano. Ellas son el pecado, la agitación y la ignorancia. Debido a los pecados que cometemos recibimos el renacimiento como castigo. Renacemos también por la falta de paz en una mente agitada por causa de la ignorancia o por falta de conocimiento. Si quisiéramos liberarnos del pecado, la agitación mental y la ignorancia, la única vía la constituye el pensar constantemente en el nombre de Rama.

Estudiantes: Hay tres letras en la palabra Rama, las que son "Ra", "aa" y "ma". Estos componentes pueden describirse como el néctar del Señor y el fuego de Dios y en ellos se inscriben también el Sol y la Luna. La letra "Ra" es la que puede conectarse con el Sol, "aa" con la Luna y "ma" con el fuego. La letra "Ra" que conectáramos con el Sol tiene la potencia de irradiar luz y eliminar toda ignorancia. "Aa" que conectáramos con la Luna, elimina toda agitación y otorga paz mental. "Ma" que conectáramos con el fuego, incinera todos vuestros pecados. Es así que el solo nombre de Rama puede eliminar de una vez todos vuestros pecados, las agitaciones de vuestra mente y vuestra ignorancia.

Valmiki sostuvo que no hay nada más grande que este nombre único de Rama. También nos entregó un método por medio del cual la gente común puede entenderlo y beneficiarse con él. La fórmula consiste en abrir la boca y exhalar por ella todo lo que esté dentro de nosotros que es el pecado. Luego la cerramos y pronunciamos "Rama". Después de ello, nada más podrá entrar por esta vía a vuestro cuerpo. Es cierto que no todos pueden reconocer el gran poder que encierra este nombre de Rama. A veces nos preguntamos si solamente la pronunciación de este simple nombre podrá remover todos nuestros pecados y todas nuestras dificultades. Esta incapacidad proviene de la debilidad que hay en nosotros, y no de la debilidad que pueda haber en el nombre de Rama. Lo primero que debemos hacer, será fortalecer la propia fe.

Hoy en día prevalecen las dudas respecto de la existencia de Dios, hasta cierto punto, en todo el mundo. Estamos llevando a cabo ahora un seminario sobre el Ramayana y son muchos los que se preguntan qué necesidad hay de realizar seminarios sobre el Ramayana en estos tiempos modernos. Hay quienes se preguntan por qué habríamos de preocuparnos justamente del Ramayana. El Ramayana no representa ni antigüedad ni modernidad. Parece que lo que quisieran cuestionar es la compatibilidad entre las antiguas tradiciones y lo moderno, y la utilidad de los pensamientos acerca de Dios y la Divinidad. ¿Por qué no discuten respecto al comer o al dormir como ideas modernas o antiguas? ¿Por qué no discuten sino sobre los asuntos referidos a Dios y a la Divinidad?

Nos alimentamos hoy, al igual que lo hemos estado haciendo todos estos días. Hoy estamos viendo las mismas caras que hemos visto todos estos días. ¿Nos estamos preguntando si será ésta la misma cara que vimos ayer y anteayer? ¿Por qué estamos viendo la misma cara una y otra vez? ¿Por qué no nos preguntamos esto? Este es el mismo estómago que alimentáramos con comida ayer y anteayer. ¿Nos preguntamos por qué habríamos de alimentar al mismo estómago otra vez hoy? Por este camino no hay dificultad alguna en entender por qué hemos de pensar en nuestras tradiciones y costumbres y en rezarle a Dios todos los días.

Las sagradas historias de nuestra tradición popular, que vienen desde tiempos remotos, son las únicas que pueden salvarnos, ya sea hoy o mañana. Los tiempos cambian. Puede que vengan nuevas épocas. Puede que cambie el mundo, mas el aspecto de la Divinidad es uno solo e invariable. La Verdad es una sola y no hay una segunda paralela. Actualmente no hacemos sino ir detrás de las cosas que cambian. ¿Por qué no buscamos las que son permanentes e invariables?

¡Estudiantes!: Ustedes son los futuros ciudadanos de este país. Espero que sepan respetar la antigua cultura, que estudien las historias de la vida de las divinas personalidades que han venido de tiempo en tiempo para restablecer la virtud en este antiguo país. Cuando hablamos de Ramarajya, ello no significa volver atrás, hacia los tiempos antiguos. Significa que queremos que nuestros gobernantes actuales gobiernen el país de acuerdo con la práctica de la Verdad y la Rectitud. Al igual que en el dicho "Como es el regente, son los súbditos", el pueblo será como su rey, y el rey habrá de ser como su pueblo. Así como el gobernante protege al pueblo, se preocupa por él y busca su bienestar, así también el pueblo habrá de cuidar al gobernante, hacerle tomar por el camino correcto y preocuparse por él y por su dignidad espiritual. El pueblo viene a ser como el cuerpo y los diferentes órganos que lo componen. La estrecha conexión entre el pueblo y el gobernante debe ser como la que existe entre el cuerpo y el corazón. Sin el cuerpo, no tendríamos un corazón y sin un corazón, el cuerpo no podría sobrevivir. La relación entre gobernados y gobernante debería ser tal que ambos fueran inseparables. Esto es lo que se llamaría el Ramarajya, o el reino de la Acción Correcta.

La gente de aquellos días era pura y santa y es por ello que le mostraban una gran reverencia a Sita. Una injusticia no era condonada jamás. La falsedad no se aceptaba nunca. Esto demuestra la sagrada fuerza que se encontraba presente en el pueblo. Y fue por ello que se estableció en esos tiempos el comienzo de la destrucción de las malas cualidades de las personas.

Hay varias de estas grandes y sagradas situaciones que se presentan en el Ramayana. Debemos hacer un esfuerzo por entender las cualidades de cada uno de los personajes individuales de esta épica, y tratar de captar las lecciones que la obra nos entrega. Cada uno de los individuos y de los personajes descriptos en el Ramayana se ha destacado como ejemplo de una persona ideal para toda la humanidad. Incluso Ravana, que generalmente se considera como una mala persona, es rescatado por Valmiki con algunas buenas cualidades. Valmiki también describe en algunas partes las virtudes de Vali. Como se dijera antes, los grandes santos tienen una mente equilibrada. Debido a su santo carácter, Valmiki mostró las debilidades en Rama y las virtudes en Ravana. Era una persona desinteresada. Se le llamó profeta porque podía ver por igual el pasado, el presente y el futuro. Y sólo un gran santo o un profeta son dignos de escribir poesía. Poetas como Valmiki y Vyasa eran profetas y, debido a ello, todo lo que escribieron ha sido considerado una verdad permanente, y se ha mantenido así por todos los tiempos.

La poesía actual tiene una gran cantidad de egoísmo en ella. Se usa con el propósito de promover los intereses egoístas del poeta. En la antigüedad hubo muchos grandes santos que usaban la poesía como instrumento para lograr la prosperidad de nuestra tierra y el bien de nuestro pueblo.

En los días que vienen, durante los cuales habrá charlas sobre el Ramayana, espero que nuestros estudiantes tomen algunos ejemplos de esta sagrada historia y los graben profundamente en sus mentes y comiencen a ser ejemplos para otros.

DIOS NO PUEDE SER DESCRIPTO CON PALABRAS

No es posible para nadie decir lo que es Brahman, el Eterno Absoluto. A lo sumo se puede decir "esto no es Brahman", "aquello no es Brahman", pero nadie puede decir lo que es. La Verdad, que es permanente, y la Sabiduría, que es infinita, se relacionan en cierta manera con Brahman. Mas éstas u otras palabras no describen en absoluto a Brahman. Asimismo, resulta imposible describir lo que es la Divinidad, lo que es Dios.

La historia de Rama, Avatar y héroe del poema Ramayana, es tan sagrada como sorprendente. Pese a que los Vedas (Escrituras Sagradas), los Códigos Morales, la Epica histórica y los libros mitológicos han tratado de describir las cualidades del Señor, no han logrado sino decir: esto no es Dios, aquello no es Dios, etc., pero nunca han podido fijar con precisión y declarar qué es Dios y describir sus atributos y cualidades por medio de declaraciones positivas. Por muy grande que pueda ser una persona en particular, no podrá decir cómo es Dios. Dios está más allá de toda descripción en término de las palabras que conocemos y empleamos.

Muchos poetas y muchos conferencistas podrían escribir y hablar de Dios, de Sus milagros, de Sus poderes y de Sus manifestaciones, pero muchos de ellos no han podido experimentar la verdadera grandeza de Dios. Hasta ahora, nadie ha podido encontrar un individuo o un texto, que haya descripto genuinamente la grandiosa forma de Dios. Hasta cierto punto, limitados por sus propias creencias y basados en sus propios credos, pueden decir cómo es Dios. Pero sólo pueden apuntar con un dedo, como apuntamos hacia la Luna a la que no podemos ver sino desde la distancia. Tal descripción será de validez limitada y quedará dentro del contexto de sus credos y creencias.

Los antiguos poetas y sabios eran omniscientes, de modo que sólo hablaban modestamente acerca del Señor y describían parte de su gloria. Estos relevantes hombres tenían grandes poderes, enorme fortaleza y eran personas desinteresadas que poseían cualidades divinas. Debido a estas características y a su omnisciencia, trataron de describir a Dios para el mundo, sólo hasta cierto punto.

Los poetas actuales también describen a Dios en sus escritos y en sus poemas, y lo hacen para el resto del mundo. Habría que preguntarse, si aunque sea una milésima parte de lo que expresan se basa en sus creencias y en su propia fe en Dios. En estos escritos leemos que Rama es la encarnación del Señor, que Rama es Dios en forma humana, etc. Pero no llegamos a lograr la fe y la confianza en la forma humana de Dios. Si se llevaran a la práctica las declaraciones contenidas en estos escritos, verdaderamente el mundo sería muy bueno.

Podemos percibir una gran diferencia entre los poetas de hoy y los de otros tiempos, los sabios de hoy y los de la tradición antigua. Los eruditos de antaño describían a Dios de manera usual en forma humana, tanto en sus escritos como en sus charlas. En sus mentes y en su fe, consideraban a la forma humana como una encarnación de Dios mismo. En esto deberíamos reflexionar con cuidado en cuanto a un aspecto del Ramayana. Rama entró a la selva de Dandakaranya acompañado de Sita y de Lakshmana. Los sabios de Dandakaranya sabían muy bien que Rama era una encarnación de Dios, de modo que se acercaron a El y le expusieron sus dificultades y problemas. También le contaron que muchos eruditos habían sido muertos por los demonios. Todo ello se le hizo notar a Rama, y éste se conmovió y su corazón se derritió. No pudo soportarlo, de modo que en ese momento hizo la promesa y dio su palabra a los hombres sabios respecto de que, desde ahí en adelante, emprendería la tarea de exterminar a los demonios.

En esta promesa, Sita notó aquello a lo que eventualmente se hace referencia como la promesa de Bhishma. Sita se acercó a Rama y le advirtió que fuera precavido, porque estaba haciendo una promesa que era muy difícil de cumplir. A lo cual Rama le contestó que los Himalayas podrían perder el hielo que los cubría, la Luna podría perder su resplandor y los océanos podrían salirse de sus márgenes, pero Rama jamás dejaría de cumplir su promesa.

Desde aquel día se preocupó de desmantelar los bastiones de los demonios en la selva de Dandakaranya y protegió a los eruditos de ellos. Pasó diez años en la selva para cumplir con su promesa y la misión que había tomado sobre sus hombros. Se sintió cansado. Quiso descansar por un tiempo y retirarse al monasterio del sabio Agastya. Quiso ir a hablar con él para preguntarle dónde podría levantar una choza para vivir con Sita y Lakshmana. Agastya reflexionó por unos instantes y luego le indicó a Ramachandra que a dieciséis millas de su vivienda había un hermoso lugar a orillas del río Godavari, sugiriéndole a Rama que levantara allí una choza para vivir en ese bello entorno.

Esta respuesta no indica que Agastya no supiera que Ramachandra era una encarnación de Dios mismo. Hemos de reconocer el sentido interno del hecho que, sabiendo que el Señor había venido en forma humana y solicitara un lugar en su monasterio, le sugiriera emplazarlo a dieciséis millas de distancia. Lo que pasó por su mente fue que, si Rama se quedaba en el monasterio con Sita y Lakshmana, no sería posible que Sita fuese raptada (como sucedería más adelante). De acuerdo con esto, se habría hecho aún más difícil darle muerte a Ravana y ello no ocurriría. De modo que los sabios ya habían establecido un plan maestro para la destrucción de todos los demonios. Y fue ya cuando Rama había levantado su vivienda en ese punto alejado del monasterio, que llegara Surpanakha hasta allá y fuera luego humillada. De ahí en adelante se va desarrollando todo el resto del drama.

Agastya no sólo pensó en eso, sino que cuidó que el arco y las flechas que le diera Varuna a Ramachandra se le entregaran. Aquí se encierra una importante verdad. Estos sabios sabían muy bien cuándo se produciría la destrucción de los demonios, y guardaron con gran celo las armas de Ramachandra para entregárselas cuando llegara el momento.

El segundo punto que hemos de notar aquí es que Viswamitra se llevó a Ramachandra para proteger su sacrificio en su ermita. Después que fuera muerta Taataki en el monasterio quedaron sus dos hijos con vida. Ellos eran Maricha y Subahu. Subahu fue muerto y se le perdonó la vida a Maricha. Hemos de reconocer que esto tiene un significado. La razón para ello fue que Maricha jugaría en el futuro un papel en la destrucción de Ravana. Maricha siguió con vida para que Rama pudiera completar su misión, que de acuerdo al plan previsto, era la destrucción de los demonios.

Surpanakha, después de haber sido desfigurada, fue hasta donde estaba Ravana y le entregó la descripción de Rama. Entonces, Ravana se dirigió a Maricha y le pidió ayuda para darle muerte a Rama. Conociendo los poderes y la fuerza de Rama, Maricha le describió fielmente a Ravana. Dejó muy claro que Rama no era una persona común, sino que era Dios mismo, con todos sus poderes y fuerza, y que podía lograrlo todo. Como resultado de una descripción así, es bastante natural que, por muy bravo y valiente que sea un individuo, algo de temor penetre en su mente. Por ende, Ravana volvió atrás y retornó a Lanka. Mientras Ravana se encontraba sumido en estas vacilaciones, llegó nuevamente hasta él Surpanakha para envenenar su mente diciéndole que resultaba difícil entender que, siendo tan valiente y apuesto, teniéndolo todo a su favor, no fuera capaz de conquistar a Sita para sí.

Al escuchar estas palabras, Ravana se sintió débil, sucumbió a la tentación y retornó de nuevo en busca del consejo de Maricha. Esta le repitió a Ravana todo lo que ya le había dicho. Mas como Ravana no hacía más que recordar lo que le había dicho su hermana Surpanakha, no escuchaba ni prestaba atención a lo que exponía Maricha. Durante esta conversación, Ravana montó en cólera y amenazó con matar a Maricha. Este pensó que, como de todos modos moriría, preferiría morir a manos de Ramachandra que de Ravana. De modo que aceptó las órdenes de Ravana, tomó la forma de un ciervo y se acercó a la ermita en donde vivían Rama y Sita.

Notamos aquí que si Maricha hubiera sido muerto antes, cuando Rama mató a Subahu, no habría podido desempeñar esta parte que le cabía en el drama. No solamente los sabios habían realizado la Divinidad de Rama, sino que éste también sabía que era Dios en forma humana. Para poder cumplir con la misión para la cual había venido, perdonó antes la vida de Maricha, así éste podría desempeñar su papel en el plan maestro de Rama. Estos sabios sabían que ocultaban hasta cierto punto la verdad de Rama como encarnación de Dios, y proyectaban su imagen como un ser humano ideal. En esta forma servía de ejemplo para las personas comunes. Fue por ello que Viswamitra le hizo entregar las armas que guardaba, al pedirle protección para su sacrificio. Dios tomó la forma humana de Rama como Su Juego Divino. Los eruditos aprovecharon esta forma humana de Rama con el propósito de la destrucción de los demonios. Viswamitra había pedido que Rama le acompañara para la protección de su sacrificio y su deber era llevarlos a El y a Lakshmana de vuelta con Dasaratha. Pero no lo hizo. Después del sacrificio, Viswamitra los llevó a Mithilapura. Allí fue donde se quebró el Arco de Shiva y, luego, se llevó a cabo el matrimonio de Rama con Sita. De modo que cada paso que daba Viswamitra estaba, en verdad, planeado para la destrucción última de Ravana.

Los sabios de aquellos días trabajaban de manera desinteresada en pro de la prosperidad del género humano. Para esto empleaban sus disciplinas espirituales y su fuerza. El día que un ser humano pueda dejar de lado su egoísmo y su ego, se hará verdaderamente digno de someterse a las disciplinas espirituales. En una ocasión, cuando Hanuman entró a Lanka y observó la belleza y el esplendor de la ciudad construida por Ravana, pensó que no podía haber nadie más en el mundo que igualara a Ravana en cuanto fuerza, esplendor y habilidad. Ravana hubo de ser sometido a estas dificultades, simplemente debido a algunas malas cualidades en él. Algo de su ego y egoísmo lo degradaron hasta tal punto.

Puede ser que el hombre sea muy rico y muy próspero, pero cuando sufre de egoísmo, no cabe duda de que habrá de padecer dolores y dificultades. En este contexto hemos de darnos cuenta de que es deber de cada ser humano renunciar a su egoísmo y ser capaz de servir a otros de manera desinteresada. En la historia de Rama, en especial en sus primeros años, aprendemos una importante lección y extraemos un ejemplo para todos nosotros sobre el respeto a los mayores, el afecto y la obediencia a su madre y el modo en que trataba a los demás. Estas son cosas que los jóvenes estudiantes deberían conocer muy bien. En Rama podemos observar una gran humildad. En la selva había muchos sabios y Rama iba a presentarle sus respetos a todos, aunque proclamaran, aparentemente sólo como fachada frente al mundo, que ellos eran personas muy sabias, y que Rama no era más que el hijo de un rey. La verdad es que tras esta fachada tenían en sus mentes la más grande de las devociones y el mayor respeto por la Divinidad de Rama.

Cuando Parasurama se acercaba al fin de su vida, reconoció la Divinidad de Rama y se entregó a El. Por lo tanto, no fue sin una buena razón que estos sabios se refrenaron de proclamar los poderes, la fuerza y la Divinidad de Rama.

Los demonios de aquellos días excedían todos los límites de la conducta humana decente. Aterrorizaban a la gente y los sabios pensaron que si proclamaban la Divinidad de Rama de inmediato, no podría llevarse a cabo la destrucción de los demonios a manos de Rama. Fue en este contexto que, a lo largo de toda la historia del Ramayana, desde el nacimiento de Rama hasta la destrucción de Ravana, Valmiki no lo describió sino como una forma humana ideal.

Rama tenía plena conciencia de todos los deberes del hombre. Tenía una inteligencia que podía abarcar todos los aspectos de la vida. Podía mostrar la necesidad de la humildad, del respeto y de la devoción, incluso en las condiciones más extremas. Fue un individuo superior, que se comportaba y llevaba su vida de manera consecuente con las condiciones que prevalecían en aquel entonces en el país.

Mirando el cuerpo de Ravana después de muerto, Vibhishana no se mostró dispuesto a llevar a cabo los últimos ritos que se realizan habitualmente. A sus ojos, Ravana era un gran pecador debido a que pensaba mal de Rama, la encarnación del Señor, y consideraba que no era justo que una persona así recibiera las honras fúnebres. Rama, como encarnación de la Rectitud, le llamó y le dijo: "Cualquier desagrado que se sienta por una persona no debe prolongarse más allá de su muerte. Que termine con su muerte. Todo odio deberá desaparecer con la muerte de la persona". Y le preguntó: "¿Vas a llevar a cabo las honras fúnebres como su hermano, o quieres que lo haga Yo?" Tan pronto como oyó estas palabras de Rama, Vibhishana se dio cuenta de su error y se dispuso a realizar los últimos ritos.

Debido a que Rama conocía todos los aspectos de la Acción Correcta se hace referencia a El como: "La encarnación misma de la Rectitud". De modo que el Señor asumió la forma humana en Rama y demostró, a través de su conducta y su fidelidad al deber, que éste forma parte integral de la vida diaria de un ser humano. ¿Cómo ha de conducirse uno en una familia? ¿Cómo ha de comportarse uno con un amigo? ¿Cómo ha de comportarse uno respecto de la comunidad? En estas cosas y en todo lo demás, Rama traducía cada momento de su vida en un ejemplo de la conducta ideal.

Al mostrar igual afecto por todas las personas, Rama las atraía. Durante su niñez hablaba muy poco. Se comportaba así para mostrarle al mundo el ideal que supone el lenguaje limitado, justo y necesario. La restricción en el hablar promoverá siempre en el hombre la Fuerza Divina y también la memoria. Logra crear respeto para uno en la comunidad. El hablar demasiado, en cierto sentido, le destruye a uno la memoria. También, cuando se habla demasiado, disminuye la fuerza que hay en los nervios y la persona tiende a debilitarse. Por este motivo es que todos los grandes santos han observado, cada vez que les era posible, la senda del silencio. Guardando silencio se puede lograr fuerza. Se debe a que la juventud de hoy habla demasiado, que se debilite su memoria y, cuando llegan a la sala de exámenes, han olvidado todo lo que han leído. Entre los muchos ideales que Rama le entrega a la juventud, el primerísimo es éste de hablar menos. El segundo es que muestren respeto frente a los mayores. El tercero es obedecer siempre alegres las órdenes de los padres.

Cuando Viswamitra fue a ver a Dasaratha, antes de llevar a Rama y a Lakshmana consigo para proteger su sacrificio, Dasaratha se sintió muy halagado, y mandó llamar a sus dos hijos. En la reunión se encontraban presentes Vasishta, Viswamitra, Kausalya y Dasaratha. Cuando entraron Rama y Lakshmana, fueron de inmediato a tocar los pies de la madre, luego los del padre y a continuación los de Vasishta y de Viswamitra. De acuerdo a nuestros conceptos tradicionales, a uno se le pide considerar a madre, padre, maestro y huéspedes como dioses, y ellos sentaron el ejemplo actuando de esta manera.

¡Estudiantes!: No es justo que se olviden de la cultura tradicional de nuestro país y acepten lo que nos es ajeno y extranjero. Lo primero en que hemos de empeñarnos es en respetar a nuestros padres en casa, y aceptar de buen grado cada una de las órdenes que den.

Cuando fueron completados los rituales en la selva, Rama y Lakshmana se acercaron a Viswamitra y le solicitaron les permitiera retornar a Ayodhya, ya que su misión había terminado. Viswamitra les dijo entonces que recién había recibido noticia de las celebraciones que tendrían lugar en Mithilapura y les sugirió que fueran a participar en ellas.

Lakshmana, que era muy despierto, reaccionó frente a esto diciendo que sus padres los habían enviado para la protección del sacrificio, pero no para ir hasta Mithilapura. Rama se volvió hacia él para decirle que sus padres les habían pedido seguir a Viswamitra y hacer todo lo que éste les pidiera, por lo que le sugería que fueran con él. Hemos de notar aquí cuánto respeto y atención le presta Rama a las palabras de Viswamitra. Más tarde, incluso cuando Rama parte al exilio de la selva, no fue tampoco Dasaratha quien daba las órdenes. Cuando el rey vio a Rama, se sumió en el dolor y ¿cómo podía haberle enviado a la selva en este estado? ¿Cómo podía hablar siquiera, agobiado como estaba por el dolor? Reconociendo la situación, Kaikeyi expresó lo que creía que estaba en la mente de Dasaratha y, aceptando la decisión y las órdenes de Kaikeyi, Rama y Lakshmana partieron. En ello hemos de reconocer a Rama como una persona que obedece implícitamente las órdenes del padre, ya sea que provengan directamente de él o, indirectamente, a través de otro. Debemos considerar cuidadosamente lo sagrado que conlleva la obediencia a las órdenes de los padres y los resultados beneficiosos que provienen de ello. Viéndolo desde una óptica mundana podríamos preguntarnos, "¿por qué habría de respetar continuamente a mis padres? Ya me he hecho mayor, me he convertido en una persona importante y soy fuerte. ¿Por qué tendría que seguir respetando a mis padres?"

¡Estudiantes!: Para cada una de vuestras acciones habrá siempre una reacción, un eco, un reflejo. Si en el futuro ansían tener una vida de paz y de felicidad, ello dependerá sólo de las acciones que realicen en el presente. Si respetan hoy a sus padres, serán respetados por sus propios hijos en el futuro. El tipo de semilla que se plante hoy, determinará el tipo de árbol que va a crecer. De modo que si quieren estar cerca de Dios, vean el bien, hagan el bien y sean buenos: éste es el ancho camino que les llevará hasta Él. Ser bueno, hacer el bien y ver el bien constituye el primer deber de todo ser humano.

Jóvenes: Las riquezas que podamos ganar, la prosperidad que podamos adquirir o las mansiones que podamos construir, son todas cosas transitorias y temporales. Lo más importante en nuestra vida es nuestra conducta. Ella es la que asienta los cimientos para nuestra vida futura. Sólo cuando podemos configurar nuestra conducta por una senda correcta, podemos esperar que nuestro futuro sea tranquilo y feliz. En este contexto podemos tomar como ejemplo un pequeño incidente del Ramayana. Sita, deseosa de estar cerca de Rama, estaba dispuesta a sacrificar todas sus joyas, toda su fortuna y todas sus posesiones. Debido a este sacrificio total, le fue posible estar junto a Rama. Pero cuando en la selva de Panchavati se sintió atraída por el ciervo dorado, Rama se alejó de ella. Cuando se hacen más fuertes nuestros deseos y apegos mundanos, nos vamos alejando de Dios. En la medida en que vamos recortando cada vez más los deseos mundanos, vamos acercándonos también más y más al Ser Supremo.

Ahora, no estamos ni aquí ni allá. Estamos en el medio. Estamos viviendo en el mundo juntamente con los seres humanos. A un lado se encuentra el mundo Divino y al otro, el mundo de abajo, el mundo inferior. Si desarrollamos cualidades como la lujuria y la ira, nos estaremos acercando al mundo inferior y nos estaremos distanciando del mundo Divino. Pero si emprendemos el camino hacia el mundo Divino, nos distanciaremos cada vez más del mundo inferior. Darle importancia a los placeres transitorios viene a ser lo mismo que alejarse de la Divinidad.

¡Encarnaciones del Alma Divina!: Toda vida es algo tan efímero que puede desaparecer en un instante al igual que una burbuja. Todo lo que ven en este mundo es transitorio y no es verdadero. Todo lo que vemos durante el día desaparece cuando dormimos. Todo lo que vemos en nuestros sueños se desvanece al despertar. Lo que vemos y experimentamos durante el día es como una ensoñación y lo que vemos y experimentamos al dormir, no es más que un sueño. Durante la ensoñación del día no se encuentran presentes los sueños de la noche. En nuestros sueños no encontramos nada del día. Sin embargo, cada uno de ustedes está presente tanto durante la ensoñación del día como en el sueño de la noche. Están presentes en ambos sueños. Sólo ustedes están presentes en ambos lugares y deberían reconocerlo.

Aquí hay una guirnalda, una sarta de flores. La hago colgar de mi mano y la comienzo a hacer pasar sobre ella. Vamos a representarnos que el lado derecho de la guirnalda es el futuro y el lado opuesto el pasado. Mientras va pasando sobre mi mano, lo que simbolizaba el futuro ha llegado a la posición del presente. En el momento en que avance un poco más, lo que era presente se convertirá en pasado. Toda esta sarta de flores va convirtiéndose en pasado, presente y futuro, pero la mano permanece en la misma posición todo el tiempo. La mano es omnipresente. Aquello que sigue adelante y cambia con el tiempo se convierte en futuro, presente y pasado. La vida en el futuro, en el presente y en el pasado es una sola. El tiempo es uno solo y se encuentra presente en estas tres situaciones. El tiempo lo es todo, no lo desperdicien. Es en este contexto que el tiempo ha sido descripto como lo más importante. El tiempo lo es todo y ha de ser tratado en este sentido. Es el cambio del tiempo lo que hace que aparezcan el bien y el mal. Si no existiera el tiempo, tampoco existirían ellos. En la esfera espiritual se ha dicho que lo que en realidad existe es sólo Uno, no hay un segundo paralelo. Todas las cosas que vemos en este mundo son manifestaciones que surgen debido a los cambios del tiempo. El hombre es uno solo, pero se producen cambios en él a través del tiempo. Cuando tiene diez años de edad, lo llamamos niño; cuando tiene treinta, lo llamamos hombre; cuando tiene setenta y cinco, lo llamamos abuelo. Estas diferentes etapas de niño, hombre y abuelo se han producido por los cambios en el tiempo. En todos estos momentos hay un aspecto en el individuo que es común a todas las etapas. También se debe a los cambios en el tiempo que aparezcan el bien y el mal. No existen dos cosas separadas que se llamen así. El bien no es más que lo opuesto del mal, la ausencia del bien puede aparecer como mal.

¡Estudiantes!: Les voy a dar un ejemplo que encuentran comúnmente en la vida cotidiana. Esta noche nos serviremos una comida sabrosa y algo de fruta fresca. Cuando vemos esta fruta nos parece atractiva y sabrosa, y decimos que es muy buena. Esto vale para esta noche, pero a la mañana siguiente, la misma fruta habrá sido digerida y se habrá transformado en materia que debe ser excretada, y entonces la llamamos mala. Aquello que consideramos bueno en la noche, lo llamamos malo a la mañana siguiente. No hay sino una diferencia de tiempo. La comida y los dulces que preparamos hoy, estarán rancios y serán tóxicos en tres días. Vemos aquí también algo que es bueno, y que se vuelve malo con el paso del tiempo. No hay nada que sea intrínsecamente malo. Ya que el tiempo es el responsable de todos estos cambios, deberíamos tomar la decisión de usar el tiempo de manera sagrada.

¡Encarnaciones del Alma Divina!: Hay una razón para que los hable hoy sobre un ejemplo como éste. Este es el tercer día de nuestras clases de verano. Por veintisiete días más hemos de recoger una cantidad suficiente de placer y felicidad en estas clases. Dentro de vuestro corazón, en el recipiente de vuestro corazón, deberán crear un espacio suficiente como para recoger todo este buen material durante los próximos veintisiete días. Al hablarles más extensamente hoy, puedo eliminar todo lo que hayan usado antes para llenar vuestro corazón y abrir espacios para que puedan completarlos con las buenas cosas que irán recibiendo. Así también, si la cabeza está vacía, podrán poner en ella todo tipo de cosas, pero si estuviera ya llena ¿les quedaría lugar para poner algo más? Si no quedara sitio disponible en la cabeza, nada más podrían poner en ella. No será posible establecer qué hay de bueno en nuestro cumplimiento del deber. Para restablecer y resucitar nuestra antigua virtud, los estudiantes habrán de hacer la promesa de producir los cambios que sean necesarios en su conducta. Si hay malas ideas que ya han llenado sus cabezas, si tienen orejas que no quieren escuchar sino cosas malas, si usan los ojos sólo para ver cosas obscenas e inadecuadas, si tienen una mente torcida, si quieren engañar a otros con sus ideas, si tienen un corazón que no puede amar sino a una persona, ¿cómo podrían prosperar las cosas buenas en vuestra presencia? Han de ser establecidas la Verdad y la Justicia. Deben ser expulsadas la falsedad y la injusticia.

Mientras son jóvenes, poseerán fuerza física, fuerza espiritual y la capacidad para establecer cosas buenas. Si desperdician esta etapa de sus vidas no podrán volver a recuperar ya esta fuerza y este tiempo. Si dejan que se les escape esta oportunidad, nunca retornará. Tanto la juventud que se ha ido, como el agua que ha corrido río abajo, nunca volverán. Esta época de vuestras vidas es sagrada para ustedes. Deberán llevar a cabo un intento muy sincero por sacralizar este período de sus vidas. Todo el Ramayana, cada uno de los incidentes de la historia que se refiere a Rama y a Lakshmana tiene el valor de poderle ofrecer a la juventud, incluso en estos días, ideales válidos. Empéñense en considerarlos como ejemplos ideales, e intenten seguirlos. Es más importante considerar a Dios en cuanto ideal de un ser humano perfecto que adorarle. No podría llamarse devoción adorar a Dios por un lado y causarle sufrimiento a los seres humanos. Si ansían proclamar al mundo que son verdaderos devotos, deberán demostrarlo en la conducta y en la vida diarias.

Hay mucha gente educada en el mundo, pero esta educación no nos otorga la felicidad necesaria. Salir en busca de verdadera paz mental representa una pérdida de tiempo. Todo lo que deseen adquirir está dentro de ustedes mismos. Ustedes son Dios. Es por ello que a menudo les digo que no son una sola persona, sino tres: aquella que piensan que son, aquella que otros piensan que son y aquella que son realmente. Es por eso que decimos que llevan tres facetas de su personalidad en los aspectos del cuerpo, de la mente y del Alma. En el aspecto del cuerpo llevan a cabo el trabajo físico: tomen la determinación de realizar un buen trabajo. Rama fue siempre devoto del trabajo. La felicidad la derivarán del trabajo bien realizado. En cuanto al aspecto de la mente, promuevan en ella las buenas ideas y los buenos pensamientos. Si tomamos el camino correcto en estos dos aspectos del trabajo y de la adoración, vendrá luego el importante papel que desempeñe vuestro corazón, el que implica la sabiduría. Esta sabiduría representa el tercer aspecto.

El trabajo es como una flor. Si podemos proteger el botón, éste se transformará y florecerá. Esta misma flor llegará a madurar con el paso del tiempo y se convertirá en un fruto. Mas sin cuidar del botón, no conseguiremos ni la flor ni el fruto. Es por esta razón que no hemos de considerar como tres cosas diferentes entre sí al trabajo, la adoración y la sabiduría. Ellas se encuentran inseparablemente conexas. Cualquier trabajo que realicen, háganlo en el nombre de Dios. Llévenlo a cabo como una tarea de Dios y con ello, el trabajo se traducirá en adoración. Así espero que eliminarán las malas ideas, las ideas profanas que llenaron sus corazones en el pasado. Deséchenlas y llenen sus corazones con ideas buenas y sagradas. No estamos recibiendo una educación con el fin de ganar dinero. La finalidad de la educación es el carácter y la finalidad del conocimiento es el Amor. Es por esta razón que debemos desarrollar nuestro carácter con ayuda de nuestra educación. El dinero es algo que llega y se va; la moralidad es algo que viene y se desarrolla.

Jóvenes: Tienen ahora una oportunidad para entender el significado de estas cosas sagradas. Espero que, al entender este significado, se harán capaces de cambiar sus ideas y desarrollar otras buenas, al igual que una buena conducta. Saquen ejemplos de Rama y de su vida, y mejoren sus vidas con ellos.

LA LEY DEL KARMA ES INVENCIBLE

*Si plantan las semillas de un limonero, no podrán esperar
cosechar mangos, ni pueden esperar cosechar limones
si plantan las semillas de un mango. De manera similar,
no pueden esperar obtener un buen resultado si llevan a cabo
una mala acción, y si llevan a cabo una buena acción no obtendrán
de ella una mala reacción. El tipo de semillas que planten será
el que determine lo que vayan a cosechar.*

No sigan imaginando simplemente que harán esto o aquello y que van a alcanzar esto o aquello, como para ir agotándose por el resto de sus vidas. No pueden plantar las semillas en un sitio y esperar que el árbol brote en otro lugar. No pueden plantar un tipo de semilla y esperar que brote un árbol diferente que no corresponda a ella. Sea cual fuere el nivel de vuestra inteligencia, habrán de continuar trabajando con los pensamientos puestos en el Señor. El resultado de todo buen trabajo no podrá ser sino bueno. Cualquiera haya sido el trabajo que realizaron en el pasado, Brahman, el Ser Supremo, unirá todo, lo bueno y lo malo, en una guirnalda que les colgará al cuello cuando nazcan. Nacerán con esta guirnalda de cosas buenas y malas y habrán de sufrir todas las consecuencias de ella.

¡Encarnaciones del Amor!: En este mundo, son nuestras propias acciones las responsables por todo lo bueno y lo malo que encontremos. La causa de vuestro nacimiento es vuestro propio karma[*]. Ya sea que realicen buenas o malas acciones, todas ellas harán que nazcan de nuevo una y otra vez y ex-

---

[*] Ley cósmica de causa y efecto, por la cual cada uno ha escrito y escribe su destino según sus acciones, pensamientos y palabras.

perimenten las consecuencias de vuestro propio obrar. Nuestro deber, el código de conducta hindú, es el que pone su fe en las doctrinas de la ley de causa y efecto, del renacimiento y de las características de un Avatar. Entre todos los credos del mundo, el código de conducta hindú es el único que acepta estas tres doctrinas. En este contexto de la creencia en que la acción de uno determina que vuelva a nacer, puede que se pregunten qué conducta debería haber realizado Dios para llegar a nacer como ser humano. Así como para el nacimiento del hombre la responsabilidad recae en su accionar bueno o malo, deberá haber también buenas y malas circunstancias para que Dios asuma el nacimiento como ser humano. Hay aquí una importante diferencia que cabe subrayar. Si el hombre hace el bien o el mal, las consecuencias no se aplican sino a él mismo. Las causas para la llegada del Avatar son tanto las buenas obras realizadas por la gente buena, como las malas obras realizadas por la gente mala. Ambas se conjugan para el descenso de Dios en forma humana. Esto se evidencia en la historia del Avatar de Narasimha. Hay razones similares para cada Avatar. El Señor toma una forma humana debido al karma de otros. Asume esta forma por su propio libre albedrío, por voluntad propia.

Para el Avatar de Rama hay varias razones. Cuando se libraba la guerra entre los demonios y los dioses protectores, los demonios buscaban refugio junto a la mujer del profeta Bhrigu. Ella les sirvió de ayuda y hasta cierto punto debido a esta ayuda, se salvaron los demonios. Cuando Dios se enteró de esta situación, se enfureció y, yendo hasta donde estaba la mujer, la mató cortándole la cabeza. Bhrigu sufrió muchísimo con la muerte de su mujer y la separación de ella, y por ello, maldijo a Dios para que naciera como ser humano y sufriera la separación de su esposa en ese nacimiento. El sentido interno importante de esta situación, es que cada acción tendrá una reacción y un reflejo. Incluso tratándose del Dios Todopoderoso, los resultados de sus acciones lo seguirán inevitablemente cuando viene en forma humana. Esto vale, por cierto, para ilustrar esta verdad para todo el género humano.

No obstante y debido a maya, el ilusorio Poder Divino, en lugar de extraer una sagrada lección de este incidente, cuestionamos la Divinidad del Señor y no somos capaces de creer firmemente en que la forma humana es la del mismo Señor. Si consideramos en detalle el momento en que Rama, Sita y Lakshmana van caminando a través de la selva, vemos que lo hacen en una fila, uno detrás del otro. Podemos tomar los tres dedos centrales de nuestra mano para ilustrar a los tres miembros del grupo. El primero, el índice, representará a Ramachandra. Rama abre el camino, Sita va tras de El y Lakshmana cierra la fila. Aquí, Rama es el Señor, la Realidad; Sita es la ilusión y Lakshmana tipifica al individuo. En esta situación cuando Lakshmana, el hombre, ansía mirar el Absoluto, Rama, Sita se interpone en la forma de maya (irrealidad). ¿Qué habría de hacer Lakshmana en esta situación? ¿Ha de mostrarse arrogante con Sita y pedirle que se vaya? Eso es imposible. Si lo hiciera, Rama no lo toleraría. De modo que debe implorarle a Sita: "¡Oh Madre, ansío la visión del Divino Ser! Por favor, apártate por un momento para permitir que lo vea". En cambio, si comenzara a discutir con el maya (la ilusión) y a ordenarle que se aparte, el resultado sería que no tendría la oportunidad de mirar a Ramachandra ni tener una visión de lo Divino. El Alma Suprema está siempre rodeada por maya, la imagen ilusoria o irreal. Lleva a esta ilusión atrayente como su cuerpo. Nadie aceptará eliminar o cortarse una parte de su cuerpo. Han de considerar a Sita como maya y, rezándole a ella, uno podrá lograr, a través de ella, una visión de Rama, el Ser Supremo.

En este contexto, Sita es la responsable de nuestra incapacidad para realizar la verdadera forma del Absoluto. También será Sita la razón para llegar a entenderle. Como ya lo dijéramos, por sí sola la mente del hombre es responsable de su liberación o de su esclavitud. Aquí, el aspecto de maya es similar al aspecto de la mente. La mente posee una forma especial que le es propia. Es nuestra propia ilusión, la que toma la forma de nuestra mente.

Aquí hay un trozo de tela. En realidad no es un trozo de tela, es en verdad, un atado de hilos. Si lo miran más de cerca, no es siquiera un atado de hilos, sino que no es nada más que algodón. Si sacamos uno por uno todos estos hilos, desaparecerá la forma de la tela y ya no la veremos. De igual manera, la mente es simplemente un conglomerado de deseos. Estos deseos se juntan como los hilos y constituyen lo que se podría llamar la tela, que es la mente. Así como desaparece la tela cuando le van sacando los hilos, no quedará mente alguna si sacan todos los deseos. La mente no tiene una forma que le sea propia. El resultado de esta operación se llama liberación. También se hace referencia a este proceso como el disminuir y eliminar nuestras responsabilidades y deseos. Nuestra vida representa un largo viaje. Este largo viaje se nos hará placentero si llevamos con nosotros sólo un equipaje ligero. Muchos estudiantes, que hacen un uso frecuente de los ferrocarriles, habrán visto un letrero que dice: "Menos equipaje y mayor confort convierten el viaje en un placer". En esta vida, que viene a ser un largo viaje en tren, los deseos constituyen el equipaje. Con el objeto de minimizar el equipaje, deberíamos minimizar los deseos. Se debe a estos deseos que nos esclavicemos. Esta esclavitud es la que nos acarrea sufrimientos y dificultades.

Como lo mencionáramos el otro día, Rama estaba junto a Sita porque ella lo había sacrificado todo, y había renunciado a todo. Lo único que ansiaba era servir a Rama. Pero tan pronto como comenzó a desear y a pedir el ciervo dorado en Dandakaranya junto al Panchavati, Rama se distanció de ella. Es en este sentido que decimos que cuando aparece el deseo, no puede estar Rama, y en donde está Rama, no están los deseos. La luz y la oscuridad no pueden coexistir en un mismo lugar. En el caso de cada ser humano, son los resultados de su propio accionar pasado los que le producen felicidad o pesares.

En el Ramayana, poema épico, cuando Rama persigue al ciervo dorado, se hacen escuchar los engañosos llamados de "¡Ah Sita! ¡Ah Lakshmana!" Lakshmana sabe muy bien que estos llamados provienen de Maricha y, sabiéndolo, no les presta atención. Estaba cuidando a Sita y cumpliendo con su deber al protegerla. Mas cuando Sita escuchó estos llamados, quedó aterrada y confusa. Comenzó a presionar a Lakshmana, urgiéndole porque Rama estaba en peligro. Le pidió que fuera de inmediato para proteger a Rama, pero él, que sabía muy bien de las tretas y argucias de los poderes maléficos, le dijo: "No, no debes creer en estas cosas; no son más que tretas. Ningún daño le sucederá a mi hermano Rama". Parecía que Sita en esos momentos no podía pensar con claridad, y sus palabras no atendían razones. Comenzó a hablar con dureza y Lakshmana no pudo soportar esta dureza. De ese modo, y no teniendo otra alternativa, se alejó de ahí en contra de su voluntad. Todo lo que Sita le dijo urgiéndolo para partir en ayuda de Rama, fueron palabras que una persona tan inocente como Lakshmana no merecía. Sita no era una mujer común. Era la consorte de Narayana mismo. Era la encarnación de Lakshmi Devi. No obstante y pese a ello, en esta situación había de ser demostrada la ley inevitable debido a la cual uno ha de experimentar los resultados de su propio karma.

Después de la muerte de Ravana, al exigirle Rama a Sita que caminara por el medio del fuego para comprobar su pureza, también pronunció una serie de palabras duras, porque quería probarla y sentar un ejemplo para el mundo. Por diez meses Sita había estado esperando la visión de Rama y cuando Rama apareció, no le mostró compasión alguna e incluso se dirigía duramente a ella. Ni siquiera cuando Sita estalló en lágrimas, le mostró Rama compasión o bondad. Incluso fue tan duro como para decirle: "Sita, no te mostraré gracia alguna. Puedes elegir entre quedarte y vivir con Lakshmana o con Bharata". Sita no era una persona común. Tan pronto escuchó las duras expresiones de Rama, se dio cuenta de que ello no era más que el resultado de las duras palabras que ella había usado al hablarle a Lakshmana. Los resultados de la acción son tan invencibles que uno no puede escapar a ellos. Esta situación en el Ramayana ilustra muy bien la ley del karma y se erige como ejemplo para los seres humanos. Les enseña a ser buenos siempre, a no hacer sino el bien y a no ver sino el bien.

Encontramos también importantes ilustraciones en otras situaciones. En otra ocasión, Sita estaba en avanzado estado de gravidez. En esa época Rama era el monarca y en Ramarajya el gobernante le daba una gran importancia a las palabras del pueblo. Se produce aquí un conflicto entre los deberes de Rama como marido y sus deberes como rey. Rama reflexionó y sopesó para sí mismo: "¿Qué es más importante, mi deber como marido o como rey?..." Llegó a la conclusión de que su deber como rey era el más importante. El deber como marido es un deber individual, en tanto que el deber como rey tiene que ver con la comunidad entera. Después de llegar a la decisión de que era más importante su deber de rey, decidió enviar a Sita a la selva. Pese a que el pueblo pensó que era una acción de gran dureza, Rama no se desvió ni por un momento de la senda del deber, incluso en las circunstancias más penosas.

Si tomamos otro evento de la historia, nos encontramos con que Rama, junto a Sita y Lakshmana iban en un carro rumbo a la selva. Dasaratha, agobiado por el dolor, corría tras el carro gritando: "¡Deténganse, deténganse!" Sumanta, que conducía el carro, volvió sus ojos hacia Ramachandra con una muda interrogación, como si estuviera preguntando: "¿Detengo el carro según las órdenes de Dasaratha, o sigo adelante?" Pero Ramachandra le indicó: "¡Sigue, sigue!" Después de haber recorrido una cierta distancia, Sumanta se volvió hacia Ramachandra para decirle: "Sería bueno que yo hubiera de quedarme también contigo por años en la selva. Pero tendré que volver a la ciudad y entonces Dasaratha me preguntará por qué no detuve el carro cuando me lo pidió. ¿Qué respuesta puedo darle?" Ramachandra le contestó: "Oh, dile que no podías escuchar sus palabras". ¿No es esto una mentira? No, no hay mentira alguna en estas palabras. Hay muchas razones para ellas. Ramachandra había de ir a la selva y mientras antes lo hiciera, mejor. Si hubiera demorado su partida, le habría infligido un terrible sufrimiento y dolor a sus padres. Hay otra razón también. En la batalla entre los demonios y los dioses del bien, Dasaratha le había concedido un favor a Kaikeyi en su capacidad de rey y quería cumplir con él. Para satisfacer y cumplir con esta merced concedida, había exiliado a Ramachandra a la selva. El día en que le ordenaba detener el carro para poder ver una vez más a Ramachandra, lo hacía en cuanto padre. No estaba dando estas órdenes en cuanto rey. Este pedido se refería a la relación que existe entre un padre y un hijo, la cual no tiene nada que ver con el rey.

Entonces le dijo a Sumanta: "Has obedecido las órdenes de tu rey. Aunque no obedeciste las órdenes dadas por mi padre". Deberíamos observar la importante distinción que hace Rama aquí entre rey y padre. Supongamos que una persona llamada Yellaya que tiene cuatro hijos, llega a ser ministro. En los tiempos de antaño, habría pensado que el ministro no tiene hijos, sino que todo el pueblo del país eran sus hijos y se habría preocupado de cada habitante. Pero en la actualidad, tan pronto Yellaya llega a ser ministro, sus cuatro hijos se vuelven importantes. No se reconoce que junto con un cargo de posición, hay una responsabilidad para el que lo asume. De modo que veríamos una gran diferencia entre la situación existente en la actualidad y la de los tiempos de Ramarajya.

Los sabios son los líderes del mundo. Vale decir, ellos son los pioneros que marcan la ruta. Pueden encontrar en la historia variadas cualidades humanas adscriptas a los grandes eruditos. Todas estas cualidades han sido siempre utilizadas por ellos en pro de la prosperidad de la gente. Los individuos que no pueden entender esta verdad se dedican a comentar y a discutir la conducta de estos grandes sabios. Estos eran absolutamente desinteresados. Todas sus acciones se dirigían hacia el objetivo de la prosperidad de todas las personas. Los eventos importantes que se encuentran en la sagrada historia del Ramayana son ejemplos que proclaman estos ideales. Cada una de las palabras del Ramayana tiene la potencia de una fórmula sagrada. Rama mismo se mostró como un ser humano ideal.

¡Estudiantes!: En ustedes recae la responsabilidad del bien del país y es necesario que entiendan el importante significado interno del Ramayana. No es correcto que piensen que no son sino historias que han sido creadas por alguien y que no guardan relación con el contexto de sus vidas. Todos éstos son incidentes que han sido narrados por profetas y que les ofrecen un ideal para que lo sigan en cada una de las etapas de sus vidas, cualesquiera sean las posiciones que ocupen o cualesquiera sean las circunstancias. Hoy en día no hacemos siquiera el intento de mantener nuestro pensamiento y nuestra inteligencia en la senda correcta. La inteligencia que se les ha dado para que puedan entender quiénes son, es utilizada para entender al resto del mundo y no para conocerse a sí mismos. Si la inteligencia que se les ha dado con el propósito de la introspección y la búsqueda de vuestra Alma se emplea en procurarse alimento, vuestra vida pierde sentido. Eso de buscar y procurarse alimento lo hacen también las aves y los animales. Es una vergüenza el nacer como ser humano sólo para buscar alimento para comer. Si se les da un espejo para mirarse en él y sólo lo usan para ver el reflejo de otros, ¿cómo podrían llegar a conocer sus rostros? Dios les ha otorgado esta inteligencia para que sean capaces de entenderse a sí mismos y realizar vuestra propia naturaleza. Hagan, en primera instancia, el intento de descubrir quiénes son. Esta es la indagación que automáticamente se convertirá en la indagación del "sí mismo" y que conducirá a interrogantes como: ¿Quién soy yo?, ¿soy este cuerpo?, ¿soy esta mente?, ¿soy esta inteligencia?, etcétera.

Cuando examinen cada uno de estos interrogantes, se darán cuenta de que no son ninguna de estas cosas. Por ejemplo dicen: "Es mi cuerpo". Al decirlo, implican que son algo separado; el cuerpo es algo separado y ustedes no son el cuerpo. Deben entender esta verdad. Si tomo esto como pañuelo, el pañuelo es algo que puede ser desechado en cualquier momento y me puedo separar por completo del pañuelo. Cuando dicen que esto es mi cuerpo, mi mente, mi inteligencia, etc., ello significa simplemente que son diferentes del cuerpo, de la mente y de la inteligencia. Ustedes están en el cuerpo, están en la mente, están en todas partes, pero nada de ello está en ustedes. Todo eso les pertenece, pero no es lo mismo que ustedes.

Hemos de inquirir aquí en un pequeño detalle. Todo esto es ustedes, pero ustedes no son eso. ¿Cuál es la implicancia? Es correcto cuando dicen que son esas cosas y también es correcto cuando dicen que no son esas cosas. ¿Cómo es posible esto? Hay un pequeño recipiente con agua. Miran el agua y encuentran su imagen reflejada en el agua. Entonces dicen que son ustedes. Aquello que ven como imagen son ustedes mismos. Entonces digo: No, ustedes no son eso. Si sostienen que ustedes son esa imagen y yo tomo una vara y golpeo la imagen, no van a sentir ningún dolor. ¿Cómo pueden decir, entonces, que son ustedes? Es vuestra imagen, no ustedes. Sin embargo, son esa imagen. Si yo insultara a la imagen, ustedes se enojarían. Si la golpeo no sienten el dolor, pero si la insulto, se sienten heridos. Esto significa que están en ella, pero que no son idénticos con ella. De igual manera ustedes están presentes en todas partes. Están presentes en la imagen, son omnipresentes y son divinos. En este contexto y en este aspecto de esta verdad es que digo que no son una sino tres personas: aquella que ustedes creen que son, aquella que otros piensan que son y aquella que realmente son. El cuerpo, la mente y el Alma son los que representan estos tres aspectos diferentes.

Esta mañana, uno de los participantes habló sobre el significado de la letra "M". Muy inteligentemente señaló que la "M" representa a la mujer. En base a esta conclusión, resulta que, ya sea para la prosperidad o la decadencia del mundo, sólo las mujeres son responsables. Ya sea para mejorar al mundo y convertirlo en un grato lugar para vivir y llevarlo a las alturas de la gloria, sólo las mujeres son responsables. En el Bhagavad Gita se dice que las mujeres poseen una cualidad distintiva y que habrían de tener el primer lugar en todo. Nuestro país es descripto como "la madre". La Naturaleza, la Creación, se comparan a una madre. Si nos caemos y sentimos dolor, gritamos "¡mamá!" y no "¡papá!" En todas estas situaciones, al simbolizar a la madre, se manifiesta una posición distintiva especial para la mujer. Una mujer puede llevar a una persona hasta las alturas de la gloria como también puede arrastrarla a los más profundos abismos de la degradación.

Hay tres palabras que son sagradas: trabajo, adoración y sabiduría. Y hay otras tres palabras que pueden sumirles en la destrucción: vino, mujer y riqueza. En el mundo podrán encontrar personas que detentan posiciones de la mayor autoridad, como por ejemplo, un general que comanda a miles de soldados, un juez de la corte suprema que puede impartir castigos a quien sea; en los grandes colegios en los que hay miles de estudiantes, el director tendrá tal poder que la mera mención de su nombre despertará temor entre los alumnos. No obstante, ¿puede este general que comanda a tantos soldados, este juez revestido de tanta autoridad o este director que aterroriza a miles de estudiantes, hacer valer de esta manera una sola fracción de la misma frente a su mujer? Hemos de concluir que existe alguna fuerza divina en las mujeres. Debido a esta fuerza divina fue que Sita pudo conseguir a Rama, que no resulta fácilmente asequible para cualquiera.

Cuando escuchamos el nombre de un tipo de mango que se llama "Rasam", el mismo nombre nos hace sentir que se trata de un fruto agradable. Nos hace pensar en un fruto muy dulce. Pero al verlo realmente y querer probarlo, puede que dudemos acerca de si es dulce o ácido. De manera similar, al oír el nombre de Dios sentimos ciertamente una gran atracción hacia Él. Pero cuando el mismo Dios toma forma humana, comenzamos a sentir dudas. Los cambios que se producen en una forma, característica natural de toda la Creación, son los responsables para que surjan estas dudas.

Todo lo que vemos alrededor nuestro es la creación de la Naturaleza. Ella no es más que una manifestación de la Creación que se denomina Naturaleza. Hay una gran medida de debilidad en esta creación y la fuente para esta debilidad se encuentra en la creación misma. Cada vez que hay debilidades o flaquezas en un individuo, se lo asocia con la acción de una mujer. En este mundo que es como un escenario, tanto el hombre como la mujer no son sino actores y están desempeñando sus roles. Sin embargo, el mero hecho de que uno desempeñe el papel de un hombre y el otro el de una mujer en la obra, no nos puede llevar a concluir que algunos son hombres y otros, mujeres.

Aquí va un pequeño ejemplo. Hay un colegio de niñas en Anantapur. Anualmente, las niñas ponen en escena varias obras de teatro. En cualquiera de ellas, los roles del rey o de cualquier otro personaje masculino son desempeñados por niñas. Se trate del rey o de la reina, de hombres o de mujeres, son sólo niñas las que actúan en los diferentes papeles. Sólo para ese día de festividad se disfrazan con la apariencia de un hombre o un rey sobre el escenario, pero en verdad, no son más que niñas, son mujeres. Sólo actúan sobre el escenario y no desempeñan sino un papel; en la realidad no son hombres ni son reyes. De manera similar sucede en toda la Creación. El mundo es como un colegio de niñas. En el escenario del mundo nos imaginamos que algunos individuos son hombres y otros, mujeres. Esto no es más que una apariencia, pero no es verdad. Todas las personas sufren debilidades como el hambre, la ira, la envidia, el cansancio, etc. Todas estas debilidades se encuentran presentes en cada uno y ello indica que todas son femeninas. Hay solamente una que no muestra ninguno de estos rasgos distintivos y se hace referencia a esa persona como el Ser que es el Alma Suprema.

¡Encarnaciones del Alma Sagrada!: Para ser dignos de lograr una visión del Ser Supremo, deberían deshacerse de todas estas flaquezas humanas, como tener mal genio, andar hambrientos y enojarse. Los jóvenes en particular deberían ser capaces de controlar su ira, su odio, su envidia y su lujuria. Son estas cosas las que deben controlar. Si no hacen el intento y no tienen éxito en controlarlas mientras son jóvenes, les será imposible lograrlo cuando sean mayores. Para llegar a controlar los sentidos, ésta es la edad justa. Son estos impulsos sensuales los que llegan a destruir vuestra ecuanimidad y a ustedes mismos.

Cuando lleguen a ser capaces de controlar sus deseos, tendrán al mundo entero en la palma de la mano. Si se convierten en esclavos de sus deseos y sus ambiciones, se convierten en esclavos de todo lo que les rodea. Al ser esclavos de sus deseos se hacen esclavos del mundo, mas si llegan a conquistar sus deseos y a controlarlos, pueden conquistar al mundo entero. Si desean llegar a controlarlos sólo en apariencia, no conseguirán resultados duraderos. Si fueran a golpear por fuera el montículo de un hormiguero, ¿morirá la serpiente que se esconde en su interior? Controlar sólo superficialmente los deseos no será la manera correcta de actuar. Habrán de ser controlados los malos pensamientos y las malas ideas que surjan dentro de sus cuerpos. La mente es como el montículo de un hormiguero. De este montículo de vuestra mente saldrán varios pensamientos ponzoñosos, como otras tantas serpientes venenosas. Haciendo uso de los sagrados pensamientos en Dios, y de las serenas y calmas ideas de Dios, podrán hacer que estas serpientes se duerman. Vuestra edad es una edad sagrada. Sería deplorable desperdiciarla y no obtener resultados de ella. No han de pensar en imitar o copiar a otros en sus acciones. Si a partir de hoy, son capaces de deshacerse de estas malas cualidades y controlar sus pensamientos, serán capaces en el futuro de adquirir la fuerza que les puede llevar cerca de Dios.

Si estos buenos resultados no se produjeran gracias a la asistencia a estas clases, ¿qué objeto tendría llevar a cabo estos cursos y seminarios de verano? Si un automóvil que ha sido llevado a un taller por problemas mecánicos sale de éste y sigue presentando problemas, ¿de qué sirvió haberlo llevado a reparar? De manera similar, muchos coches en mal estado, sin pernos y sin tuercas, en la forma de jóvenes estudiantes han sido enviados a este taller del seminario sobre el Ramayana, desde todos los puntos de nuestro país. Cuando estos vehículos vuelvan a sus lugares de origen tendrán algún valor, sólo si han sido reparados como para que estén en buenas condiciones. De lo contrario, no tendría sentido venir a este taller.

Estos estudiantes que han venido acá no han de volver en las mismas condiciones en que llegaron. Habrán de transformarse en hombres y en mujeres ideales. Espero que de esta manera serán capaces de sentar un ejemplo para otros que puedan seguirlos en los años venideros.

LAKSHMANA,
EL DEVOTO HERMANO DE RAMA

Aunque uno pueda repetir palabra por palabra el contenido de los Vedas,
Escrituras Sagradas, aunque uno tenga la capacidad
de componer hermosos poemas,
es seguro que se arruinará si carece de pureza mental.
¿Qué otra verdad mayor que ésta podría comunicarles?

¡Encarnaciones del Alma Divina!: Si uno quiere llevar en este mundo la vida de un animal, no le será necesario aprender a controlar los sentidos. Pero para que el hombre viva como un ser humano, le es muy necesario aprender el autocontrol. Al igual que el cochero tiene que hacer uso de las riendas para controlar a los caballos uncidos a un carro o un carruaje, para evitar que se salga del camino, también el hombre, para ir por el camino correcto, habrá de controlar sus sentidos haciendo uso de su poder de discriminación y de su habilidad para distinguir el bien del mal. Esas serán las riendas que llevará en sus manos.

Los animales, como el ganado y las aves, no pueden cambiar los rasgos característicos que adquieren con su nacimiento. El león, por ejemplo, nace como un animal cruel. Vive y muere como un animal cruel. El gato nace y vive con la característica de atrapar ratones y matarlos. A estos animales, hagan lo que hagan, les es imposible cambiar sus características. Pueden hacer que el gato se siente en una silla y darle un alimento armónico como leche y requesón para tratar de modificarlo, pero tan pronto como vea a un ratón, saltará tras él para matarlo. Es así que el animal que nace con características de crueldad no podrá cambiarlas, pese a todos los esfuerzos que hagamos. El hombre, en cambio, no es así.

Puede que el hombre nazca con rasgos de crueldad, pero una persona así podrá cambiarlos por medio del contacto con gente buena, viviendo entre gente buena y en un buen ambiente. Es en este contexto que se ha dicho que, entre todo lo que nace de un útero materno, lo más difícil es lograr el nacimiento humano. Aunque el hombre adquiera características malas por nacimiento, siempre habrá amplias oportunidades para que las deseche a través del contacto con gente buena. Quiso la buena fortuna de Lakshmana que tuviera buenas cualidades por nacimiento y que controlara de tal modo sus sentidos como para adquirir mayores características buenas. Era una persona de buena conducta y de buenos pensamientos y estaba siempre dispuesto a obedecer las órdenes de Rama, el Divino Avatar. Lakshmana era hijo de Sumitra. Nunca supo lo que era estar separado de Rama, desde su nacimiento mismo ni durante su niñez. Durante los dos primeros días después de nacer, no probó alimento y no cesó de llorar por causa de Rama. Para descubrir la razón de este llanto incesante, Dasaratha y Sumitra buscaron todo tipo de atención médica. Echaron mano a muchos cantos y palabras sagradas, pero el llanto de Lakshmana no cesaba.

Cuando el Maestro espiritual Vasishta supo lo que estaba ocurriendo, reflexionó por un momento y trató de entender la situación por medio de su Visión Divina. Captó que la causa estaba en la separación física de Rama y Lakshmana y aconsejó que pusieran a dormir a ambos en la misma cuna. Fue así que Sumitra tomó a Lakshmana, lo llevó a la mansión de Kausalya y lo puso en la misma cuna en que dormía Rama. El niño no sólo dejó de llorar, sino que comenzó a dejarse alimentar y a gozar de la dicha de la compañía de Rama. El estar separado de Rama era tan doloroso y difícil para Lakshmana, como era placentero el estar junto a su hermano.

Desde ese día, Lakshmana seguía a Rama como si hubiera sido su sombra. Ni siquiera podía dormir o comer si Rama no estaba presente. Adondequiera que Rama iba, Lakshmana lo seguía como su sombra. Su devoción por Rama era tan intensa, que su corazón estaba lleno del sentimiento que todo lo presente le pertenecía en realidad a Rama.

Cuando Rama fue exiliado a la selva, Kaikeyi pidió dos favores. El primero fue que su hijo Bharata se convirtiera en el rey y el segundo, que Rama fuera exiliado a la selva y viviera allí como renunciante por catorce años. Lakshmana no había sido mencionado en estos deseos de Kaikeyi, pero cuando Rama se preparaba para el viaje, él se aprontó para acompañarle. Observando el tipo de vestimenta de fibras de corteza que usaría Rama para vivir en la selva, decidió vestir de manera similar y adecuar su apariencia a la de Rama.

Durante todos esos catorce años en la selva, Lakshmana se comportó como si fuera uno con Rama. Todo su tiempo y energía los ocupaba en cuidar y servir a Rama y a Sita. Y, en verdad, ¿si no hubiera estado Lakshmana allí, cómo habrían vivido Rama y Sita? El importante papel desempeñado por Lakshmana fue bellamente descripto por Tulsidas en su narración del Ramayana. Tulsidas cuenta que cuando Rama retornó victorioso a Ayodhya, llevando en alto sus pendones, el pueblo de Ayodhya saludaba reverente los pendones y las astas en los que flameaban. Esta descripción tiene un sentido interno significativo. Aquí el asta representa a Lakshmana. El asta es tan importante como el pendón. De hecho, de no existir el asta, el pendón no podría flamear. De modo que Lakshmana se convirtió en el firme soporte para Sita y Rama. En la historia del Ramayana, así como el Señor en la forma humana de Rama tenía un importante papel que desempeñar, también le cupo un importante papel a Lakshmana. Toda su vida estaba dedicada a obedecer las órdenes de Rama. No obstante y sabiendo que estaba mal lo que hacía, en dos oportunidades hubo de desobedecer las órdenes de Rama. La primera ocasión se refiere al incidente en que Maricha apareció como un ciervo y que, cuando era perseguido por Rama, se escuchó la voz de Maricha imitando a Rama y pidiendo la ayuda de Lakshmana y llamando a Sita. ¿Cuáles eran las órdenes que había dado Rama en esa oportunidad? Lakshmana había de quedarse junto a Sita y protegerla.

Pero Sita le habló con mucha dureza a Lakshmana e incluso lo amenazó con suicidarse quemándose, si él no iba en ayuda de Rama. Entonces, después de escucharla y temiendo que le sucediera algo malo si no partía, desobedeció a Rama para no dañar a Sita.

En otra oportunidad fue cuando se produjo una situación difícil, estando Sita en avanzado estado de gravidez y siendo necesario que Lakshmana la llevara a la selva. No quería hacerlo, pero la llevó de todos modos y lo hizo únicamente por obedecer a Rama. También, en la oportunidad en que Sita retornó de Lanka y se aprontaba para saltar al fuego para probar su inocencia, se le pidió a Lakshmana que preparara el fuego. Aunque Lakshmana no sentía disposición alguna por acomodar los leños y hacer el fuego para la prueba, lo hizo sólo por obedecer las órdenes de Rama. Por muy difíciles que fueran las situaciones a las que debía enfrentarse, siempre acató las órdenes de Rama.

Otra ocasión en que tuvo que desobedecer las órdenes de Rama fue hacia el final de la vida mortal de éste. Rudra, el dios del tiempo, vino a encontrar a Rama. Antes de comenzar a hablar con El, indicó que nadie más podía entrar en la habitación mientras conversaran. De modo que Rama llamó a Lakshmana y le pidió que guardara la puerta para que nadie los molestara. Rama se dio cuenta de que era una misión difícil y que sólo Lakshmana podría cumplirla con eficacia. Mientras estaba montando guardia, llegó Durvasa y quiso entrar en la habitación. Lakshmana le indicó con gran humildad que había alguien más con Rama y que esperara por unos momentos. Durvasa, sin embargo, montó en cólera y amenazó con destruir a Rama, a Lakshmana y a toda la ciudad de Ayodhya en un instante. Lakshmana pensó entonces que era mejor dejar pasar a Durvasa que seguir provocando su ira, como para que terminara creándole problemas a toda la ciudad. Fue así que Lakshmana pasó toda su vida al servicio de Rama y rara vez desobedeció sus órdenes e incluso, al desobedecerle, no fue sino por el bien de otros. Todo lo que hizo en su vida fue por el bien de otros.

Durante la batalla en contra de Ravana, la lucha entre Lakshmana e Indrajit duró tres días completos, después de lo cual Indrajit finalmente fue muerto. Rama vino y abrazó a Lakshmana, diciéndole que se sentía tan feliz como iba a sentirse cuando encontrara a Sita. En toda esta batalla, la más difícil de las empresas era derrotar a Indrajit. En verdad, fue mucho más fácil matar a Ravana. Por eso, cuando Rama vio victorioso a Lakshmana, no cabía en sí de alegría.

A otros, como a Vibhishana, Rama le comentaba frecuentemente que era muy difícil encontrar a un hermano como Lakshmana. A Sugriva le comentó que la misión que había completado había sido manejada gracias a la presencia de Lakshmana y que no habría podido terminar con ella por sí solo. Si deseamos entender hoy en día el tipo de relación que ha de existir entre hermanos, deberíamos tomar el ejemplo de Lakshmana del Ramayana. En estos días, en cambio, es perniciosa la actitud de enemistad entre hermanos. Un hermano no soporta la prosperidad del otro y llegan a envidiarse, de tal manera, que llegan a matarse. Las sagradas y buenas características de Lakshmana, por su parte, exceden cualquier descripción.

Durante todos los años que sirvió a Sita y a Rama, Lakshmana se sentaba a sus pies y nunca osó mirar de cerca el rostro de Sita. Cuando Sita fue raptada por Ravana y transportada a través de la montaña de Chitrakoota, dejó caer varias de sus joyas para que la gente las encontrara y pudiera darle aviso a Rama. Cuando Rama y Lakshmana trabaron amistad con Sugriva, éste les trajo las joyas que habían reunido sus seguidores y se las mostró a Rama. Entonces Rama le preguntó a Lakshmana si las podía reconocer y éste le contestó que sí podía reconocer las que Sita llevaba en sus pies, aunque no las demás. Cuando Rama le preguntó por qué, le dijo que cada mañana iba a tocar los pies de Sita, de modo que esas joyas le eran familiares.

Lakshmana consideraba a la esposa de su hermano como a su madre, de modo que no miraba sino sus pies y nunca su rostro. Siempre bajaba la cabeza cuando se le acercaba alguna otra mujer. Era una persona de carácter ejemplar. En tanto que la mirada y los ojos de los jóvenes de hoy no se bajan, ni aunque les forcemos a ello. Sin embargo, si emplean su visión con propósitos profanos, es seguro que a ello le seguirá la perturbación de la mente. La más importante disciplina espiritual es el control de nuestra vista. Lakshmana tenía este pensamiento y mente sagrados. Si se le toma como ejemplo y se le sigue, no cabe duda alguna que también nosotros nos elevaremos.

Hay otro ejemplo. Una noche en que se discutían asuntos de Estado, las conversaciones se demoraron y Lakshmana volvió muy tarde. Lakshmana, Bharata y Satrughna vivían en la mansión de Rama y, por error, Lakshmana entró a las habitaciones de éste. Cuando vio durmiendo a Sita, se dio cuenta de su equivocación y volvió apresuradamente sobre sus pasos para ir a caer a los pies del Maestro Vasishta, implorándole que le dijera cómo podía enmendar y pagar su error. Lakshmana tenía un corazón tan puro que consideró que entrar en la habitación en donde dormía la mujer de su hermano era el mayor de los pecados que podía cometer. Este tipo de ideal no se vería en la actualidad sino como un raro ejemplo. Si el hermano mayor sale de excursión, es seguro que el menor invitará a su cuñada para ir al cine. Lakshmana, en tanto, era un gran individuo que seguía un código de conducta que podría servir de ejemplo a otros. Aunque Lakshmana tenía una chispa de Divinidad en él, ella surgía y se hacía visible sólo en la presencia de Rama. En todo otro momento, cuando estaba solo, era una persona común y, de hecho, más débil que una persona común.

Aquí hay un pequeño ejemplo al respecto. Hay un tipo de piedra con la que pueden producir fuego. Incluso aunque esta piedra esté mucho tiempo bajo el agua, puede producir fuego tan pronto entra en contacto con otra piedra del mismo tipo. Del mismo modo, la Fuerza Divina presente en Lakshmana y en Hanuman se manifestaba sólo cuando estaban juntos o cuando estaban en compañía de Rama.

Cuando Indrajit y Lakshmana estaban luchando, Lakshmana cayó en un desmayo. Indrajit hizo todo lo que pudo para llevar a Lakshmana consigo a Lanka, pero aun teniendo toda la fuerza, no pudo moverlo ni un centímetro. Entonces entró Hanuman en escena, pronunciando el nombre de Rama. Al oír el nombre de Rama, Lakshmana recobró su fuerza normal y pudo ser llevado hasta el campo de Rama sobre los hombros de Hanuman. Era tal el apego que Lakshmana sentía por el nombre de Rama que su sola mención hacía que reaparecieran sus fuerzas.

Lakshmana exhibía su fuerza sólo en presencia de seres humanos o de demonios pero jamás mostraba ni una fracción de sus fuerzas en presencia de Rama. Tales eran las nobles y buenas cualidades de Lakshmana.

¡Encarnaciones del Alma Sagrada!: Durante estos pocos días hemos podido reconocer y entender, en base a la historia del Ramayana, las grandes cualidades de Rama. También hemos podido reconocer los ideales de Rama en cuanto ejemplos para nosotros. Y sólo cuando lo hayamos entendido, nuestras vidas serán provechosas.

LA TODO-PENETRANTE ALMA

Hay sólo una característica común para todas las cosas vivientes en este mundo, y ella es el Espíritu Eterno. En todas las múltiples formas de la Creación, en la unidad y la diversidad, sólo encontramos el espíritu del Alma y nada más. Es la realización de este aspecto lo que constituye la esencia de todo saber.

La verdad es algo que cada uno ha de respetar bajo cualquier condición. La verdad no puede ser cambiada ni por argumentaciones, ni por comentarios, ni por discusiones. Así también, las eternas verdades que contiene el Vedanta, escritura sagrada, se manifestarán siempre como si no guardaran relación con ninguna religión, ni secta, ni comunidad en particular. El Vedanta representa la sabiduría última. Las palabras sabiduría y conocimiento no se refieren al conocimiento sobre las cosas materiales, sobre la música o sobre alguna rama en particular del saber, sino que representa el conocimiento de la Divinidad. Es el conocimiento y la sabiduría sobre el Alma, el que le será a uno de utilidad en la vida. Le es muy útil al hombre conocerse a sí mismo. No puede haber nada más útil que el conocimiento del propio "sí mismo". ¿Qué queremos decir con el conocimiento del propio "sí mismo"? Hablamos del conocimiento del Alma. Conocer el Alma y conocer al propio "sí mismo" representa el aspecto más útil de nuestro aprendizaje.

¿Qué es esta Alma? ¿Es idéntica al cuerpo de uno? ¿Es lo mismo que nuestra mente? ¿Es lo mismo que nuestra inteligencia? ¿Qué es el Alma? ¿Puede ser identificada con alguna de estas cosas?

Tenemos los ojos. Estos ojos miran el cuerpo y los varios órganos que lo componen. Es muy claro que los órganos que son vistos en el cuerpo y el ojo que ve, son muy distintos entre sí. El ojo no solamente ve el cuerpo y los órganos, sino que mira también hacia todo lo que nos rodea: la mesa, la casa y los alrededores. Resulta obvio que las cosas que son vistas son diferentes y distintas del ojo con que las estamos viendo.

Tenemos el fuego y ese fuego quema la materia. También da luz. Aquello que brilla y que quema es el fuego. El es distinto de la materia sobre la que brilla y a la que quema. ¿Quién es este individuo que mira esta materia que está siendo quemada y al fuego que la quema? Vemos claramente que lo que está siendo quemado es diferente de lo que quema. Esta es una mesa, éste es un vaso. Este es un pañuelo. ¿Qué es lo que hace manifiestas estas cosas y nos permite reconocerlas? Esta es una clase de luz. Este es un instrumento. Este instrumento para la luz brilla sobre estas diferentes cosas y nos las hace visibles. Al igual que en esta analogía, hemos de considerar al ojo como un instrumento. Si este ojo que es un órgano, es considerado como un instrumento, ¿cómo podríamos identificar este instrumento con el Alma? Lo dicho se aplica no solamente al ojo, sino también al oído que escucha, a la lengua que degusta, a la mano que trabaja, a la nariz que huele. Todos estos órganos han de ser considerados como instrumentos. Si todos estos órganos son tratados como instrumentos, ¿cómo podría ser que el cuerpo humano compuesto por ellos sea otra cosa que un instrumento? Resulta claro entonces que ni los órganos ni el cuerpo humano pueden ser idénticos al Alma.

Ahora nos referiremos a la mente e inquiriremos si hay alguna posibilidad de identificarla con el Alma. Podemos ver que la mente no es más que un adminículo por medio del cual uno puede distinguir cosas y pensar. La mente no es más que un atado de deseos. La mente que tiene esta forma de atado de deseos no puede ser, entonces, identificada con el Alma.

Llegamos ahora a la inteligencia. Notaremos fácilmente que la inteligencia también es un instrumento, un instrumento que puede ser usado bajo el mando del Alma. Conocemos la naturaleza de la inteligencia. Supongamos que tenemos un cuchillo en la mano. Con este cuchillo intentamos cortar una fruta, pero podemos cortarla sólo cuando el cuchillo está afilado. Como en esta analogía, podemos considerar a la mente como un cuchillo y sólo cuando esta mente posea agudeza, la que puede referirse a la inteligencia, podemos hacer un uso adecuado de la misma.

Si ya hemos aceptado que la mente es un instrumento en sí misma y que la inteligencia junto a ella no es más que la calidad de la agudeza, al compararla con el cuchillo, ésta también tendría una calidad instrumental. ¿Podría ser que la inteligencia fuese otra cosa que una calidad? Si seguimos inquiriendo por este camino, se nos aclarará que la inteligencia también es como un instrumento.

El próximo paso lo constituye la vida. La vida o el aliento vital en nosotros tiene una característica tal que, si nos vamos a dormir durante la noche, pierde toda facultad incluso de descubrir si el aliento vital existe o no. La vida no sabe si nuestro cuerpo inhala o exhala. Debido a que todos los órganos sensoriales se han vuelto pasivos durante el dormir, no funcionan. En estas condiciones y junto con los órganos tampoco funciona esta cualidad de la vida. ¿Si el amo mismo no realiza trabajo alguno se mostrarán activos los sirvientes? De manera similar, cuando todos los órganos se han vuelto pasivos y no trabajan, ¿podría mantenerse activo el aliento vital? Esto nos muestra con claridad también que el aliento vital habrá de ser clasificado como un órgano más y que no es el Alma.

Entonces nos planteamos un interrogante: ¿Qué es el Alma? Esta Alma que está presente en cada uno, experimenta y vivencia al mundo con la asistencia de los órganos. Hasta en el estado del soñar, el Alma vivencia de manera muy sutil a la inteligencia y a la mente. La experiencia que vive el Alma tanto en el estado de vigilia como en el de soñar, también es posible en el estado de sueño profundo. Concluimos, por ende, que la calidad del Alma es tal que no cambia en ninguno de estos tres estados: el de vigilia, el de soñar y el de sueño profundo.

En nuestra descripción puede que estos tres estados tengan nombres diferentes y presenten aspectos distintos, pero en realidad, el Alma no cambia en ninguno de ellos. En los tres sigue siendo el mismo. Tomemos el ejemplo de un pequeño plato de plata. Si no nos gusta su forma, se lo podemos entregar a un orfebre para que lo transforme en una cuchara. Si después de un tiempo no nos gusta ésta podemos también cambiar su forma y convertirla en una taza. Primero era un platillo, luego se transformó en cuchara y después en una taza. Lo que ha cambiado es la forma y el nombre, pero la plata, que es la base para las tres formas, no ha variado.

De manera similar, el Alma (al igual que la base de la plata) se mantiene invariable a través de los tres estados de vigilia, de soñar y de sueño profundo. Es importante reconocer esta verdad permanente de que el Alma no varía. Cuando hablamos del "yo", notamos que hay dos clases de "yo". En un sentido representa el reconocimiento de vuestra forma humana externa y del cuerpo. Este es el "yo" con el que experimentan el aspecto externo. Existe un segundo "yo" que se refiere al aspecto interno. Estos se relacionan con dos aspectos: el cuerpo y Brahman, el Eterno Absoluto, dentro del cuerpo. Entre estos dos extremos hay también un estado intermedio que es la identificación del "yo" con la conciencia en ustedes.

El decir que uno es idéntico con la conciencia del "yo" en el estado intermedio entre el cuerpo y Brahman es como hablar del estado de soñar. El decir "Yo soy el cuerpo" corresponde al estado de vigilia. El decir "Yo soy Brahman" corresponde al estado de sueño profundo. Las tres formas, el estado de vigilia, el de soñar y el de sueño profundo representan sólo formas diferentes que se le han dado al Alma invariable. Sin embargo, ellos son simples reflejos del Alma y no pueden ser identificados con ella.

Hay un estado que es superior a estos tres, al que se hace referencia como el estado de Turiya. Veamos un pequeño ejemplo. Miramos nuestro rostro en un espejo. Decimos que éste es nuestro rostro. Pero, estrictamente hablando, ese rostro no es idéntico con el propio. Lo que uno ve en el espejo es algo distinto y diferente de nuestro rostro. En la imagen, nuestro ojo derecho aparece como el ojo izquierdo y el izquierdo, como el derecho. No es posible establecer la identidad entre ambos rostros. La conclusión es que lo que se ve en el espejo es solamente una imagen y no uno mismo. La razón para esto es que el instrumento en el que uno se está viendo, el espejo, es algo diferente a uno. Aquí, aquel que ve es diferente de lo que se está viendo. Solamente cuando el que ve y lo que se está viendo son una sola y la misma cosa, se les puede llamar idénticos.

Cuando el "yo" se identifica con el Brahman en uno, viene a ser lo que uno ve desde el aspecto de Brahman. En esta descripción se encuentra la descripción del "sí mismo" como "yo". Esta descripción debería llegar a ser una desapegada descripción de vuestro "sí mismo" para que pueda producir la verdadera identidad. Debería ser un desprendimiento o desinterés en cuanto al "sí mismo". Eso es el verdadero "sí mismo". Cuando identifican vuestro "yo" con vuestro cuerpo, lo dicen con un ego en ustedes. Cuando lo identifican con el Brahman en ustedes, la identificación no será completa si lo expresan con un motivo egoísta. La verdadera identificación deberá situarse por encima del ego y del egoísmo.

En este contexto, el Alma ha de considerarse tan sólo como una conciencia testigo, ya que solamente así será verdadera. Ustedes no son más que un testigo. Ustedes, por medio de la ayuda de vuestros órganos y de vuestro cuerpo, están siendo testigos de todas las cosas en torno de ustedes. El Alma está presente por doquier. No hay lugar en el mundo en donde no haya Alma. Esta Alma omnipresente entra en un contenedor, una forma; y a través de este contenedor, el cuerpo humano, hace uso de ustedes.

Con el objeto de entender y de explicarse la verdadera naturaleza de este tipo de Alma, Rama, Lakshmana, Bharata y Satrughna fueron donde el Maestro Vasishta para discutirlo. Y la enseñanza que se encierra en esta exposición sobre el Alma se encuentra en "Las enseñanzas de Vasishta".

El primer paso o paso de la negación es decir que el Alma no es esto ni aquello, y así, vamos eliminando todas las comparaciones posibles. Fueron éstos los argumentos que utilizaron desde la niñez para discutir sobre la naturaleza del Alma, tanto entre ellos mismos como con el Maestro y todo lo que entregaron bajo esta forma al mundo es lo que se llama "Las enseñanzas de Vasishta".

Por esta vía fue que Rama, el Avatar, tomó a la Verdad como su base y, en este sentido, renunció al reino que le correspondía por derecho. Nunca tuvo aspiración alguna por reinar. Ramachandra hizo de la Verdad su fundamento y basó toda su acción en él. En este contexto es que se dice: "No existe un Deber diferente de la Verdad. Ni hay una Verdad que sea diferente al Deber".

Rama consideró a la Verdad y al Deber o Rectitud como los muros sobre los que fundó su base y también como las dos ruedas del carro de su vida. Proclamó que uno puede llevar adelante su vida en el mundo con Verdad y Rectitud. Es por eso que se le ha descripto como: "Rama es la encarnación del Deber". La forma de Rama es la Rectitud, su conducta es la Verdad. En esto, Rama, Lakshmana, Bharata y Satrughna pueden ser identificados con las cuatro metas de la vida humana: Rectitud, Prosperidad, Deseo, Liberación. Rama consideraba a cada uno de los cuatro como distinto. Tomó a la Rectitud como la base y a la Liberación como el destino final que hemos de alcanzar. Cuando tenemos una escalera para subir a una altura, ella descansa en el suelo como base y tiene una meta hasta la cual debemos subir. Descansa en el suelo de la Acción Correcta y trata de llegar hasta la parte alta de la mansión que es la Liberación. Entre estos dos puntos están los escalones de la Prosperidad y el Deseo. Estos escalones han de unirse ya sea con el Deber por un lado o con la Liberación por el otro. Expresándolo más simplemente, podría decirse que la Rectitud y la Prosperidad se unen para conformar una parte y el Deseo y la Liberación se unen para conformar la otra. Cuando se unen los primeros, podemos ver que a través de una vida recta uno puede adquirir la riqueza o se tiene la aspiración de adquirir riqueza por el bien del Deber. No sientan deseo por el mundo, no tengan el deseo de disfrutar el mundo, sino sientan el deseo por la Liberación. Todo lo que ganen o lo que logren deberá relacionarse con la Rectitud y todos vuestros deseos con la Liberación.

Cumpliendo con la promesa que le hiciera a Rama en la montaña de Chitrakoota, Bharata pasó su tiempo en la aldea de Nandigram. Ninguno de los habitantes de Ayodhya vio más a Bharata, ya que éste llevaba una vida de reclusión en la aldea de Nandigram. La razón para que lo hiciera es que hizo votos para seguir el tipo de vida que habría de llevar Ramachandra, vestir el mismo tipo de ropa que él llevara y alimentarse del mismo tipo de raíces y de frutas con que él se alimentara.

Después de vivir catorce años en la selva y después de haberle dado muerte a Ravana, Rama venía de regreso a Ayodhya junto a Lakshmana, Sugriva y varios otros acompañantes. En el camino, llegó a la ermita de Bharadwaja. Rama sabía muy bien de la agonía mental que estaba sufriendo Bharata. Sabía que si demoraba un poco más de los catorce años era probable que Bharata se inmolara en el fuego. De modo que envió a Hanuman para informarle a Bharata de su llegada inminente. Cuando Hanuman llegó a Nandigram y le informó a Bharata que Rama venía, éste no cupo en sí de alegría y cayó en éxtasis. Luego corrió a Ayodhya para hacer todos los preparativos para recibir a Rama. Llamó a Sumanta y pidió su carro de guerra. Estacionó el carro en las afueras de Ayodhya y esperó con ansias la llegada de Rama.

Tan pronto como Rama, Sita y Lakshmana llegaron, Bharata fue a postrarse ante ellos llevado por su inmensa alegría. Luego abrazó a su hermano Rama, sintiéndose profundamente feliz. Hizo que Rama subiera a su carro y él mismo tomó las riendas para guiarlo. Cuando pasó con su carro por las calles de Ayodhya, los habitantes no sabían distinguir entre Bharata y Rama, debido a que Bharata vestía y llevaba el cabello atado del mismo modo que Ramachandra. Además, tanto el rostro de Rama como el de Bharata estaban igualmente radiantes. Sus cuerpos eran diferentes, pero sus ideas, sus pensamientos y sus puntos de vista eran idénticos. Bharata no hacía más que pensar en Rama y en pronunciar su nombre de continuo, de modo que la forma y el esplendor de Rama se habían integrado al cuerpo de Bharata.

Se dice: "Aquel que tenga el conocimiento de Brahman se hará idéntico a Brahman". Como Bharata pensaba continuamente en Rama, se había transformado en Rama. Los ciudadanos que venían a ponerle guirnaldas a Rama, no sabían distinguir entre Él y Bharata. Le pusieron las guirnaldas a Bharata pensando que era Rama. Bharata era inteligente y enfrentó la situación indicándoles que pusieran las guirnaldas a su hermano y no a él. Pero era tan intensa su devoción por Rama que la gente seguía sin poderlos distinguir. Lo que hemos de notar aquí es que la devoción de Lakshmana era algo visible y palpable en todo momento. Lakshmana tenía atributos y cualidades, en tanto que Bharata carecía de atributos y de gunas (cualidades primarias de un ser consciente). En esto lo que tiene forma y lo sin forma son como las dos piernas. Les daré un pequeño ejemplo. Este es un cojín. Hay una tela que lo recubre. Dentro de la tela hay algodón. Hay algodón como relleno y hay algodón por fuera en forma de tela. La tela es la cualidad y tiene una forma. El algodón carece de cualidades. Podemos ver en esto que lo sin forma está contenido dentro de la forma. En la tela exterior está contenido el algodón. En lenguaje vedanta, podemos decir que la tela y el algodón son una y la misma cosa. Bharata demuestra esta simple verdad.

Así fue que todos llegaron a Ayodhya. Los ciudadanos estaban extremadamente contentos. Llevados por su felicidad, asearon todas las calles e hicieron todos los preparativos para la coronación de Rama. Al día siguiente Rama fue proclamado rey y Bharata fue proclamado yuvaraja. Terminadas las ceremonias, Rama y Lakshmana declararon que todo lo que habían hecho era para la prosperidad y la felicidad del pueblo. En esta situación, había un rey llamado Gandharva que le estaba causando inmensos problemas a los habitantes de dos ciudades del reino, Takshasila y Pushkalavati. Los habitantes se presentaron ante Rama y Lakshmana y describieron las dificultades por las que pasaban, rogándoles que hicieran algo por terminar con ellas. Bharata, sabiendo que la prosperidad y la felicidad del pueblo constituyen también la prosperidad y la felicidad del gobernante, los acompañó para ver la forma de terminar con los problemas.

Bharata desafió a este rey Gandharva y luchó denodadamente con él por siete días y, con la ayuda del nombre de Rama, terminó por vencerle. Después de derrotar a Gandharva, Bharata nominó a uno de los hijos de éste, Takshaka, rey de Thakshasila, y al segundo de sus hijos, Pushkala, rey de Pushkalavati. Retornó adonde estaba Rama declarando que no quería nada más y que no tenía ambiciones. Indicó que sólo quería pasar el resto de sus días a los pies de Rama.

Tanto Lakshmana como Bharata eran de una condición tal que consideraban que sus vidas le pertenecían por entero a Rama y su única ambición era la de estar lo más cerca posible de El. Habían entregado sus vidas al servicio de Rama.

¡Encarnaciones del Alma Sagrada!: Es muy necesario que reconozcan el afecto que se muestran los hermanos en el poema épico Ramayana y lo sagrado que es este afecto. Los hermanos de Rama no mostraron en momento alguno algo de egoísmo. Con una actitud desinteresada consideraban que la mayor preocupación de sus vidas era el servicio al pueblo. Todas estas cualidades las habían adquirido gracias a su Maestro Vasishta e incluso desde su juventud se formaron para convertirse en seres ejemplares para otros en el mundo. Sólo cuando reconocemos y entendemos desde jóvenes la verdadera naturaleza de la Verdad y la Rectitud podemos sacar el mejor provecho de esta comprensión al madurar.

Esta edad vuestra es sagrada, y deben esforzarse por hacer que estas nociones se implanten en sus mentes. Sólo cuando un retoño crece derecho podrá elevarse derecho el árbol, pero si la planta se tuerce cuando es aún tierna, el árbol también crecerá torcido. ¿Cómo podríamos enderezarlo cuando se ha convertido en árbol? Ustedes son como retoños tiernos. Si pueden liberarse de toda desviación en esta etapa, pueden crecer para convertirse en rectos y útiles ciudadanos del país. Esta oportunidad se les ha abierto para darles la ocasión de hacerlo. En verdad, vuestro cuerpo es como el templo de Dios. Deben empeñarse en mantener este templo sagrado y limpio, y usarlo de la mejor manera posible. Van a convertir sus cuerpos en la morada para el Dios Eterno. Junto con vuestro cuerpo, habrán de mantener sagrada la mente.

EL ALMA Y BRAHMAN, EL ETERNO ABSOLUTO, SON IDENTICOS ENTRE SI

Al ser la más pequeña entre las minúsculas partículas
y al ser lo más inmenso entre las cosas infinitamente grandes,
al encontrarse presente y ser reconocido como un testigo
en todas las cosas vivientes y en las inanimadas de la Creación,
el Alma es idéntica a Brahman
y Brahman es idéntico al Alma.

¡Encarnaciones del Alma Divina!: No pueden señalarle un tiempo para venir y otro para irse al Alma y ponerle limitaciones de esta manera. El Alma se encuentra permanentemente presente en todas partes y carece ya sea de buenas o de malas cualidades. Se encuentra presente como lo más pequeño en las cosas minúsculas y como lo más grande en las cosas infinitamente inmensas.

Al igual que el poder quemante en el fuego y el poder radiante del Sol, el Alma es omnisciente. Carece de sufrimientos, carece de apegos, carece de sensaciones especiales como cualquiera de las que proporcionan los cinco sentidos que conoce el hombre. Se encuentra presente en todas las cosas vivientes. Dota a todos los seres vivientes de una cierta cantidad de sabiduría que se llama conocimiento.

El Alma no es visible exteriormente. El Alma no es ni visible ni invisible. Carece de algún tipo de forma que le corresponda. Lo impregna todo. Esto no puede corresponder a algo que sea visto o no sea visto, que sea experimentado o no sea experimentado. Es algo que es y algo que no es, ni manifiesto ni inmanifiesto. Está por encima de todo esto y más allá de toda descripción e, incluso, comprensión posible.

El Alma no puede ser lo que podamos oír por medio de nuestro oído, ni algo que podamos percibir o sentir con cualquiera de nuestros órganos sensoriales. Estos no podrán ser sino medios o instrumentos, en un sentido limitado, para aprehender al Alma.

En la misma forma en que experimentamos la presencia de materia por medio de nuestros órganos sensoriales, el cuerpo experimenta toda la creación que lo rodea por medio de sus sentidos. Al igual que la lámpara le ayuda a uno a descubrir cosas en cuanto instrumento auxiliar, así también todos los órganos le ayudan al cuerpo a experimentar el entorno. No es correcto describir a este cuerpo, que depende de varios instrumentos auxiliares, como Alma. Ya hemos reconocido que la mente, la inteligencia, el cuerpo, la conciencia mental y el cuerpo sutil interno, son todos distintos al Alma. A la inteligencia se le ha otorgado una posición especial, una posición superior a la de los sentidos.

Aquí hay algo que puede ser llamado una pieza transparente de cristal o de piedra. No tiene la capacidad de autoemisión de luz. Como no tiene una radiación o fulgor propios, sólo puede brillar cuando está cerca de la luz. De manera similar, el resplandor le es natural al Alma y cuando la inteligencia está cerca de ella, adquiere la capacidad de brillar. En caso contrario vemos que la inteligencia no tiene brillo.

La Luna no brilla por sí misma. Los rayos del Sol caen sobre la Luna y ésta brilla porque los refleja. Así también, la inteligencia no es autorresplandeciente. Al igual que el cuchillo acepta ser afilado, también la inteligencia puede ser agudizada. También la inteligencia es un instrumento y si se va agudizando, ello queda en el instrumento. Hemos dicho que no podemos identificar al Alma con el cuerpo o con los sentidos. Pero, para que podamos llegar a descubrir y a comprender al Alma, el cuerpo puede hacerse instrumental y prestar ayuda. Podemos controlar los deseos que surgen de los órganos sensoriales presentes en el cuerpo, si ejercitamos y disciplinamos a la mente.

¡Encarnaciones del Amor!: En primerísima instancia deberíamos tratar de entender la naturaleza y la actitud de la mente. Esto es algo que les he explicado muchas veces. Esta es una puerta y hay una cerradura en la puerta. Para abrir la puerta, ponemos la llave en la cerradura. Si giramos la llave hacia la derecha, la cerradura abrirá, si la giramos hacia la izquierda, cerrará. Podemos comparar nuestro corazón a una cerradura. Nuestra mente será la llave. Si ponemos la llave de nuestra mente en la cerradura de nuestro corazón y la giramos hacia el Alma Suprema, logramos el desapego; si la giramos hacia el mundo, logramos el apego. En este contexto, deberíamos hacer el intento de poner la llave de nuestra mente en la cerradura de nuestro corazón y emplear nuestra inteligencia para hacerla girar hacia Dios.

No cabe duda alguna de que aun si seguimos siendo parte de esta Creación, podemos experimentar la Divinidad en nuestro corazón. Como lo dijéramos antes, si tenemos un árbol, lo importante en él son los frutos. Si son importantes estos frutos, para obtenerlos tendremos que proteger al árbol, sus ramas y sus hojas. De manera similar, lo más importante es el Alma, pero habremos de proteger el cuerpo y los órganos sensoriales que nos ayudan a reconocerlo. ¿Qué es lo que buscamos en este árbol de la Creación? Buscamos los frutos de la liberación. Pero este árbol tiene también muchas ramas y hojas en la forma de nuestras relaciones y nuestros apegos. Las hojas que representan las ideas, se encuentran presentes en gran número. Nuestros pensamientos y nuestros deseos son como las flores que brotan en el árbol. Y también en él crece el fruto de la liberación. Para obtenerlo tendremos que cuidar también de las ramas y de las hojas. Pero eso no bastará.

Mientras tengamos el deseo de alcanzar la fruta visible en el árbol, lo que habremos de hacer es cuidar de las raíces invisibles y habremos de regarlas. Estas raíces invisibles pueden compararse con nuestra fe y nuestro credo en el Alma. Todo este árbol con sus hojas y sus ramas se basa en la fe en esta Alma. Sólo cuando nos dediquemos a regar sus raíces y a proteger al árbol llegaremos a conseguir los frutos de la liberación.

El dulce zumo que puede ser extraído del fruto de la liberación es nuestro carácter. Si no se encuentran presentes este carácter y la fe que constituye la raíz del árbol, todo el árbol resultará inútil. Jóvenes: Si no existiera la fe en la forma de raíces ni el carácter en forma del dulce zumo, el árbol ya no sería tal, sino serviría tan sólo como leña. Lo primero que hemos de hacer es promover nuestra fe en el Alma, la fe en el propio "sí mismo", y luego hemos de empeñarnos en alcanzar el fruto de la liberación.

Lakshmana, Bharata y Satrughna lo consideraban importante. La fe en el Alma es idéntica a la fe en Rama e idéntica a la fe en Brahman, el Absoluto.

En el Ramayana, poema épico, se nos muestra que así como Lakshmana seguía muy de cerca a Rama, Satrughna seguía de cerca a Bharata. Este mismo vínculo inseparable existía entre los dos últimos. Cuando Rama no se encontraba presente, Lakshmana no se sentía feliz y así también, cuando Bharata no estaba presente, Satrughna se sentía grandemente apesadumbrado. Al igual que Lakshmana, también Satrughna se alteraba fácilmente. En una oportunidad, al ver a Manthara, su ira llegó a tal extremo que la agarró por los cabellos y la arrastró hasta donde estaba Bharata. Estaba dispuesto a matarla. Bharata le aconsejó que, si quería obtener la Gracia de Rama, había de contenerse de hacer cosas tan severas. Bharata dijo: "¿No podía haber castigado yo a mi madre por su culpa? Pero si Rama llega a saber que nos hemos comportado cruelmente con nuestras madres nos mandará lejos y no nos mostrará su Gracia". Podemos notar aquí que tanto Bharata como Satrughna estaban dispuestos incluso a herir a sus propias madres, pero no a disgustar a Rama con sus actos.

Ambos seguían a Rama en todo momento, porque Rama era la encarnación del Deber y anhelaban complacerlo siempre y merecer su Gracia. En este sentido, Rama, Lakshmana, Bharata y Satrughna eran las encarnaciones de las grandes virtudes de Verdad, Rectitud, Paz y Amor.

Para llegar a experimentar el Amor, el hombre anda en busca de variados métodos. Si realmente queremos experimentar Amor hemos de entender lo que significa la Paz. Si queremos transitar por la senda de la Paz, hemos de aceptar la senda de la Rectitud y si queremos seguir la senda de la Rectitud, hemos de aceptar la de la Verdad. Aquí hay un pequeño ejemplo. Tomemos al Amor como la luz brillante. Para experimentar esta luz, hemos de tener una bombilla. Si queremos que ella se encienda para tener la luz, necesitamos tener una conexión con ella. Mas el conectar simplemente la bombilla a un alambre no hará que ella se encienda, tenemos que tener corriente eléctrica en el alambre. En este ejemplo podemos comparar la corriente eléctrica con la Verdad, el alambre con la Rectitud, en tanto que la bombilla se compararía con la Paz. Tenemos que tener estas tres cosas para obtener la Luz o el Amor. Podemos tener una bombilla nueva, podemos tener el alambre, pero ¿obtendremos con ello la luz? No podremos hacer que la bombilla se encienda si no hay corriente en el alambre.

Fue así que Bharata y Satrughna seguían a Rama y a Lakshmana y demostraban sus ideales en sus vidas a la gente. Cuando ya Rama era rey y Bharata príncipe y reinaba felizmente en sus dominios, después de la destrucción de los demonios, sucedió que se supo que uno de los hijos de Ravana estaba aún con vida. Se trataba de su hijo mayor Lavanasura, el que era muy poderoso y contaba con la Gracia de Shiva. Logró conseguir de Shiva el poderoso tridente. Apoyándose en el poder del tridente, Lavanasura se lanzó a incursionar en contra de los eruditos y de otras buenas personas.

No pudiendo ya soportar las atrocidades que cometía Lavanasura, los sabios le rogaron a Rama que los protegiera y matara a Lavanasura. Rama sabía que los sabios le presentarían este ruego. Miró a Satrughna y éste aceptó de muy buen grado la misión de ir a destruir al enemigo. Satrughna era un hombre muy fuerte y una persona de muchas cualidades buenas. Sus puntos fuertes eran la devoción y la fe, aunque en el Ramayana, lamentablemente, sus virtudes no fueron descriptas de manera prominente. Tan pronto Rama le encomendara esta tarea, Satrughna fue a tocar sus pies y le dijo a Rama que con su Gracia podía emprender la misión de acabar con el enemigo. Rama sabía muy bien lo poderoso que era su hermano, de manera que lo bendijo sonriente. Y no sólo eso, sino que le explicó el secreto del tridente de Shiva. Le indicó a Satrughna que el tridente se guardaba en la casa de este demonio. Cada mañana, éste partía a la selva a conseguir su alimento, que consistía primordialmente de carne. Rama le aconsejó darle muerte antes de que retornara a su casa y comenzara a comer su alimento. De modo que, después de escuchar los consejos de Rama y de conseguir sus bendiciones, Satrughna partió. Pernoctó en el ashram de Valmiki esa noche. Puede considerarse como su suerte especial que, en el mismo ashram, Sita había dado a luz en ese momento a Lava y a Kusha. Satrughna vio a Sita y a los niños, y pensó que no era apropiado darle la noticia a Rama. Decidió guardar el secreto. Se fue con el pensamiento puesto en Sita y en Rama a enfrentar a Lavanasura, el demonio. Luchó con él en la selva y le dio muerte.

Después de matar al demonio volvió al lado de Rama, tocó sus pies y expresó su deseo de pasar el resto de su vida a los pies de Rama. Rama no estuvo de acuerdo, sino que le señaló que debía convertirse en rey de la región que había estado bajo el dominio de Lavanasura. Satrughna obedeció y reinó por doce años para felicidad del pueblo, de los sabios y de los demás habitantes. Pero después de este período no pudo seguir soportando estar separado de Rama y decidió retornar a Ayodhya.

En el camino de regreso, volvió a pernoctar en el ashram de Valmiki: para entonces, Lava y Kusha ya tenían doce años y Valmiki les hizo cantar el Ramayana de manera encantadora. Cuando Satrughna escuchó a los niños recitar los cantos, quedó embelesado y los miró con éxtasis. Olvidó quién era y la conexión que lo vinculaba a los niños, de modo que siguió viaje a Ayodhya.

De regreso, le describió a Rama la gran paz que había experimentado en el monasterio de Valmiki. Pese a encontrarse en la forma humana, Rama era Omnisciente y lo sabía todo. Él también disfrutó de la vívida experiencia de Satrughna, pero le indicó que no debía hablar por el momento de este secreto en Ayodhya. Cada acto de un Avatar ha de ser tomado en cuenta dentro del contexto de la situación, la época y los sucesos que se producen durante el tiempo de su vida.

Todos los sabios sabían que Rama era un Avatar de Dios, pero para que se cumpliera la historia del Ramayana, no compartieron su secreto con nadie. Viswamitra sabía muy bien que Rama era un Avatar y también Bharadwaja y Vasishta. Pero si hubieran difundido la verdad, no se habría cumplido el principal de los propósitos con los que había venido Rama como Avatar. Para ningún Avatar es posible proclamar al mundo su venida y, si lo hace, cuál es el propósito de la misma. Esto es el Maya de Dios, la ficción del Creador.

También Yasoda, la madre, incluso después de haber tenido la visión de toda la Creación en la boca abierta de Krishna, olvidó la Visión Divina por causa de maya y comenzó a creer que era la madre y que Krishna era su hijo. Fue por eso que Vasishta, Viswamitra y todos los demás sabios conservaron el secreto respecto de Rama. Pero cuando estaban solos o reunidos entre sí, cantaban la gloria de Rama. Cuando estaban entre ellos, solían describir las cualidades del Señor y se decían: "¿Podremos entenderte, oh Señor? Eres más pequeño que la más pequeña de las cosas y eres más grande que la más grande de las cosas, estás presente en las ochenta y cuatro cientos de miles de diferentes almas vivientes. ¿Cómo podremos entenderte y explicarle a otros lo que eres?"

El hombre está sumido en el maya y no puede liberarse de él. Se olvida de su origen y no entiende a Brahman. Sin embargo, si no existiera esta situación, no habría razón en absoluto para que el Ser Supremo viniera como Avatar. Lo que existe como realidad no es más que uno, pero lo que vemos es múltiple. Esta cosa única se nos aparece como las muchas cosas. Lo que es real es la Luz Suprema. Esta Luz Suprema es el esplendor del Alma. Aquí va una pequeña ilustración al respecto.

Tenemos aquí la luz de una vela. Cubrimos la luz de esta vela con un recipiente que tiene diez agujeros, y sobre éste colocamos una gruesa toalla. En estas condiciones, la luz que brilla dentro del recipiente no se ve desde fuera. Ahora bien, si vamos levantando la toalla y descubriendo uno a uno los agujeros, podremos ver una luz, otra luz y otra, a medida que van quedando al descubierto. Si quitamos la toalla de una sola vez, veremos diez agujeros diferentes y diez diferentes luces de vela. Pese al hecho de que estamos viendo estas diez luces, si quebramos el recipiente, nos daremos cuenta de que estas diez luces provienen de la luz de una sola vela. Primero, no veíamos luz alguna, luego vimos diez luces, pero al romper el recipiente, vemos nuevamente una sola luz.

Esto representa la base de nuestra vida. Dentro, como todos podemos ver, está la Luz de la vida del Ser, la Verdadera y Suprema Luz. Esta Luz de vida ha sido cubierta por el cuerpo humano con sus diez agujeros. Sobre ella hemos puesto la gruesa cobertura de los deseos mundanos. Si se eliminaran los deseos, lograremos la visión de la llama única: el esplendor del Alma. Ello viene a ser la Luz del Alma. El Alma es la encarnación de la dicha. No pueden sino experimentar la encarnación de la dicha, no es posible exhibirla de ninguna otra manera.

Son muchos los que han hecho lo posible por descubrir la existencia de esta Alma. Si existiera, ¿en dónde se la puede encontrar? Desde tiempos inmemoriales se ha intentado descubrir el Alma de uno, saber lo que es y dónde está. ¿Con qué evidencia contamos como para aceptar la existencia del Alma?

Para llegar a establecer la existencia del Alma no podemos tomar ni siquiera a los Vedas (Escrituras Sagradas) en cuanto autoridad última. Los Vedas solamente han tratado ciertos aspectos relativos al mundo y le han explicado a los seres humanos lo que han de hacer en él a través de distintas acciones. Este es el tema central de los Vedas. En ellos no ha sido posible determinar la naturaleza del Alma.

Aquí hay una pequeña historia al respecto. En el Ramayana, Sita, Rama y Lakshmana se dirigen al ashram de Bharadwaja. Siguiendo la antigua práctica, en el ashram las mujeres se sentaban a un lado y los hombres al otro. Contrariamente a lo que hace ahora la gente que se sienta junta; al entrar al ashram, Sita fue a unirse al grupo de las mujeres y Rama y Lakshmana se fueron a sentar con los sabios. Debido a que habían estado viviendo en la selva, Rama y Lakshmana llevaban atuendos apropiados para esta vida, pero sus rostros radiantes eran similares a los de los sabios y éstos no pudieron diferenciar quién era Rama y quién Lakshmana. Sita, en cambio, se destacaba fácilmente. Como estaba sola, las mujeres la reconocieron y le hablaron para preguntarle cómo era su vida en la selva. En el lado de los hombres, en tanto, se siguió con las exposiciones sobre los Vedas y la discusión se centró en ellos.

En el lado femenino, en tanto, las mujeres hacían preguntas en voz baja y susurraban. Se acercaron a Sita y le preguntaron: "¿Ha venido contigo tu marido?", a lo que ella contestó: "Sí, no habría podido venir sola, no puedo vivir sin él. El vino conmigo y está sentado al lado de los sabios". La segunda pregunta fue: "¿Quién es tu marido? ¿Puedes distinguirlo entre tantos hombres?" Sita era una mujer muy noble y modesta, de modo que no podía haberse puesto de pie entre todos los presentes para señalar a su marido. Simplemente bajó la cabeza y permaneció en silencio. Las mujeres, sin embargo, no se quedaron tranquilas y siguieron preguntando cosas como: "¿Es tu marido el que lleva vestimentas tales o cuales? ¿Es ese hombre que lleva los cabellos atados de manera peculiar?" Apuntaban hacia uno o el otro hombre preguntándole a Sita si ése o el otro era su marido. Sita contestaba negativamente cada vez que se apuntaba hacia la persona equivocada. Este es el procedimiento que habría que seguir para localizar al Alma.

Son muchos los jóvenes de hoy que ambicionan tener una mujer como Sita. Pero el joven que desee lograr una mujer como Sita habrá de hacer el intento de ser él mismo como Rama. No merecerá tener una mujer como Sita si se comporta como Ravana. Si una muchacha quisiera tener un marido como Rama, habrá de empeñarse en ser como Sita. ¿Cómo podría merecer a un marido como Rama si se asemeja a Surpanakha? Sería deseable que en cada familia el marido fuera como Rama y la mujer como Sita. Ciertamente que serán felices si se asisten mutuamente tanto en momentos de placer como durante las dificultades, como lo hacían Sita y Rama.

TODOS LOS PERSONAJES DEL RAMAYANA SON EJEMPLOS IDEALES

Para el Alma no hay ni nacimiento ni muerte.
No hay ni principio ni fin, ni hay un intervalo
que separe el principio del fin para este Espíritu Eterno.
El Alma no muere ni nace, ni es muerta por nadie.
Se mantiene y se mantendrá como conciencia testigo,
siendo testigo de todo lo que sucede en este mundo.

¡Encarnaciones del Alma Sagrada!: El hombre debe aprender a encarar los altibajos de la vida con ecuanimidad y serenidad mental. Sólo así cobrará sentido la vida para él. La paciencia y la paz estarán a su alcance sólo en la marcha común de la vida. Es muy necesaria la senda del Espíritu Supremo o el camino espiritual para que se promuevan estas cualidades de la paciencia y la paz. Nos hemos olvidado de las antiguas tradiciones y escrituras que han trazado la senda espiritual, por eso la vida se ha vuelto carente de carácter. Al sostener que lo sabemos todo, en verdad estamos empañando nuestra propia vida. No es posible encontrar personas que lo sepan todo sobre la vida. El mismo hombre que ahora proclama que puede volar por los cielos, carece de felicidad. ¿Cuál es la razón para esto?

Ello se debe a que no se conoce a sí mismo y no sabe quién es realmente. Puede que salte hacia las estrellas y que vuele por los cielos, pero si ese individuo no entiende su propia naturaleza, jamás podrá ser feliz. Si queremos realmente estar contentos y ser felices, deberemos conocer nuestra verdadera naturaleza y el significado de la esclavitud. Sólo cuando sabemos qué esclavitud nos sujeta, podemos intentar encontrar una vía de cortar con esas amarras. La mayor de las amarras que esclavizan al hombre es la ignorancia, debido a la cual desconoce su propia naturaleza. Mientras se mantenga en esta ignorancia no podrá liberarse del sufrimiento. Y mientras esté sumido en el sufrimiento no logrará la felicidad en la vida. Es importante liberarse del sufrimiento y ser feliz. Este proceso se ha descripto como Sadhana o disciplina espiritual.

Buscando la dicha, Bharata, en el Ramayana, poema épico, buscaba la senda de la Verdad. En nada era inferior a Rama, el Avatar. Bharata era igual a Rama en cuanto a proteger la Verdad, a seguir el tipo correcto de Acción o en cuanto a hacer sacrificios cuando era necesario. En una secuencia normal, Bharata ocupa el tercer lugar. Consideramos primero la parte de Rama, luego a Lakshmana, luego a Bharata y por último a Satrughna. Pero si miramos con cuidado el tipo de fe que cada uno mantenía, nos daremos cuenta de que Bharata ocupa el segundo lugar en esta serie. En los cuatro hermanos encontramos algunos cambios aparentes en el momento de nacer. No nos es posible determinar que éste sea más grande o que el otro sea inferior. Estas pequeñas diferencias no han sido creadas sino para satisfacción del hombre. No somos capaces de reconocer la Divinidad presente en los tres hermanos: Bharata, Lakshmana y Satrughna.

Cuando Bharata estaba junto a su abuelo, su Maestro espiritual Vasishta le envió una carta pidiéndole volver a Ayodhya. Tan pronto vio la carta, Bharata se sintió feliz de que se le pidiera volver para la coronación de Rama. Pero de inmediato le asaltaron las dudas, porque si Rama iba a ser coronado, también habría sido invitado su abuelo. Comenzó a preocuparse por qué sólo a él se le pedía volver. Fue en este estado de intranquilidad mental que él y Satrughna emprendieron el viaje a Ayodhya. Bharata era muy inteligente y un agudo observador. Al llegar a las puertas de la ciudad, notó que los arcos florales de bienvenida no eran frescos. Las hojas de mango estaban secas y esto era más bien un signo de una atmósfera de tristeza, que una proclamación de prosperidad. Siguió encontrando malos augurios y comenzó a preguntarse qué estaba sucediendo. Las calles estaban llenas de suciedad y también las casas lucían descuidadas. Toda esta situación inusual le hizo pensar que las cosas se veían claramente malas, y que alguna tragedia había caído sobre la ciudad.

Su carro fue llevado directamente hacia la mansión de Kaikeyi y, tan pronto la vio, lo desconcertó la expresión perpleja de su rostro. Después de unos minutos comprendió que su padre había muerto y que Rama había sido desterrado a la selva. Sin poder controlar el dolor que le producían estos eventos, corrió a ver a su Maestro Vasishta, el cual le describió en detalle todo lo sucedido. Tan pronto lo supo todo, Bharata se indignó. Sus ojos enrojecieron y le habló con gran dureza a su madre. No pudo quedarse ni un instante más y se fue directamente adonde estaba Kausalya. La encontró sumida en el más profundo de los pesares, incapaz de sobreponerse a la muerte de su marido y a la separación de su hijo. Bharata corrió hacia ella y se postró a sus pies, pidiéndole que le perdonara, diciéndole que era inocente y que no tenía responsabilidad alguna en lo que había sucedido. De muchas maneras suplicó su perdón. Para entonces, tanto Kausalya como Vasishta le recordaron que, ante todo, debía llevar a cabo los últimos ritos por su padre.

Ya hacía catorce días que el rey había fallecido. El cuerpo había sido cuidadosamente preservado. Tienen que pensar que los métodos con los que se preservaban los cuerpos en aquellos días, no tienen nada que ver con los que se usan en la actualidad. Bharata sostuvo que no era él quien merecía celebrar los últimos ritos, sino que lo debía hacer solamente Rama, el hijo mayor. Agregó luego que él no podía vivir en una Ayodhya en donde no viviera Rama.

Deberíamos observar aquí que Bharata incluso olvidó el dolor que sentía por la muerte de su padre. Era mucho mayor para él el dolor causado por la separación de su hermano Rama. No obstante, de alguna forma se acomodó a las órdenes de Kausalya y de Vasishta y celebró los últimos ritos por su padre. Al día siguiente se iniciaron los preparativos para la coronación de Bharata, pero éste no quiso aceptarla. Indicó que todos los preparativos que se hubieran hecho, habrían de ser llevados a la selva. Proclamó que en la dinastía Ikshvaku, había sido solamente el hijo mayor el heredero por derecho al trono y que, siendo él menor, no tenía derecho alguno. Reconoció que era ésta la manera correcta de actuar y le solicitó a Vasishta y a otros que le permitieran ir a la selva. Pensó que la coronación de Rama bien podría llevarse a cabo allá. Como siempre había prestado oídos a las ideas del pueblo y quería seguirlas, llevó a algunas personas de Ayodhya consigo y emprendió el viaje.

Ya desde la distancia vio que Rama tenía su ermita en la montaña Chitrakoota. Su corazón se partió con la visión y casi no pudo soportar el dolor que sentía. Vio que Ramachandra tenía los cabellos despeinados. Se conmocionó al observar que Ramachandra, acostumbrado a dormir en camas de seda, dormía sobre un lecho de hojas y cortezas en el suelo. Rama observó la pena que afligía a Bharata y trató de consolarlo de varias maneras. Pero nada de lo que decía Rama podía consolarle. Cayó a los pies de Rama y le dijo que no se movería de ahí hasta que no accediera a retornar a Ayodhya y aceptara ser rey.

Incluso en esta situación tan triste, Rama le hacía serenas preguntas. ¿Están todos bien en casa? ¿Va bien el reino? ¿Están bien los habitantes del reino? Todo lo preguntaba con una paz mental sin igual.

Durante la conversación, Bharata le contó a Rama que su padre había muerto. Pese a ser Rama la encarnación de Dios, debido a que estaba en forma humana y para demostrar cómo debía comportarse uno en la forma humana en esta situación, pareció también como que sufría mucho con la noticia de la muerte de su progenitor. Rama y Bharata se consolaron mutuamente.

Un alfarero no puede hacer vasijas con greda seca. La greda ha de mojarse y usarse como una pasta suave. De manera similar, después de crear un cuerpo, Dios le ha de insuflar vida. Para darle vida al cuerpo se echa mano de la responsabilidad de los padres. Padre y madre son responsables por el nacimiento de un ser humano. La función de Dios se limita a ser testigo de ello. A estos padres, a este padre y esta madre, uno habrá de pagar una deuda de gratitud. Esta es la razón por la que se nos enseña que la madre ha de ser vista como Dios, que el padre ha de ser visto como Dios y también el Maestro y el huésped han de ser vistos como Dios.

Inmediatamente después, Rama y Bharata se dirigieron hasta el río y llevaron a cabo los ritos tradicionales que corresponden a la muerte del padre. Regresaron luego a la cabaña de Rama y hablaron sobre diferentes cosas. Al día siguiente, Bharata llamó a congregarse a mucha gente y le pidió a todos que oraran. La intención de las oraciones era que Rama retornara a Ayodhya para hacerse cargo del reino, o que, como todos los hijos tenían el mismo derecho, se le permitiera a Bharata quedarse también en la selva junto con Rama. Bharata estaba determinado a llevar a Rama, por uno u otro medio de vuelta a Ayodhya. Por otra parte, repetía que él no era responsable por cualquier pecado que hubiese cometido su madre. Rama le indicó a Bharata que su madre Kaikeyi no era responsable de la situación. Se había propuesto instalar a Rama en el trono al día siguiente mismo, pero esta decisión fue cambiada durante la noche. El cambio repentino en la decisión debía haberse producido por voluntad Divina y no se trataba de una decisión humana. Rama le dio todo tipo de explicaciones a Bharata, pero éste no renunció a su determinación. Cuando Bharata había partido a Ayodhya seguido de tan numeroso séquito, Guha le preguntó si tenía intenciones de causarle algún daño a Rama. Bharata no se sintió en posición de responder y acusó a su madre Kaikeyi, diciendo que debido a haber nacido de ella tenia que someterse a estas humillaciones.

Cuando llegó al ashram de Bharadwaja, éste también mostró algunas sospechas respecto a la motivación de Bharata. Queriendo someterlo a prueba, hizo que se preparara un sillón de trono y un festín. Se pudo notar con claridad la gran devoción de Bharata por Rama. No mostró interés alguno en el festín preparado por Bharadwaja. No pensaba participar en él mientras su hermano Ramachandra se alimentaba de raíces en la selva. Debemos reconocer la estrecha relación y el afecto que existía en esos días entre los hermanos. Viendo el vínculo existente entre Rama y Lakshmana, Bharata se sentía apesadumbrado por el hecho de que sólo Lakshmana era digno de estar cerca de Rama, en tanto que él no había tenido esa oportunidad. El ideal de Bharata era el de servir en todo momento a Rama y alcanzar por esta vía la Gracia del Señor. Esta es la forma en que podemos describir la fe y la devoción de Bharata y llegar a la conclusión de que ellas eran incluso superiores a las de Lakshmana. Son muy escasos en este mundo los hermanos entre los que exista esta relación tan estrecha de fe, devoción y afecto. Los hermanos servían a Rama en todo momento y a través de este servicio estaban sentando un ejemplo para todo el género humano. ¿Cómo han de comportarse los hermanos en cada familia? ¿Cómo han de tratarse entre ellos? Las respuestas a estos interrogantes eran las que entregaban estos hermanos.

Estudiantes: Es necesario que reconozcan el tipo de genuino afecto que existía entre los hermanos en la familia de Rama. Han de extraer una enseñanza de esto y llevar a la práctica esta lección y este ideal. Hemos de entender la clase de ideales que han de unir a una familia. En este sentido hemos de hacer el intento de eliminar nuestro egoísmo y de practicar el sentido de sacrificio. La principal de las enseñanzas del Ramayana es la de desechar el egoísmo y de promover en nosotros el sacrificio desinteresado y las virtudes. Cada uno de los personajes individuales en el Ramayana proclama este tipo de ideal de vida. Y este ideal de vida se hace muy necesario hoy en día. Con este ideal de vida hemos de mostrar algún respeto por las medidas disciplinarias. Sean cuales fueren los ejemplos ideales que integren a sus vidas, ellos carecerán de valor sin disciplina.

Bharata no estaba en posición de objetar las órdenes de Rama. Bharata no deseaba convertirse en rey y gobernar el reino. Rama trataba de consolarle en este conflicto. Entonces, Vasishta dio un consejo intentando satisfacer a Bharata. Vasishta dijo: "Toma las sandalias de Rama y considerándolas como símbolo suyo, lleva a cabo la coronación para las sandalias y hazte cargo del gobierno de Ayodhya". No podía desoír las órdenes y sugerencias del Maestro y tampoco podía contradecir las órdenes de Rama, de modo que con el corazón apesadumbrado, consintió en recibir las sandalias.

La gente de aquellos tiempos era de una índole tal que obedecía de inmediato las órdenes justas. Fue así que todos reconocieron el sagrado corazón de Bharata y aceptaron estas sugerencias. Bharata tomó las sandalias de Rama y las colocó sobre el trono y partió hacia la aldea de Nandigram arrastrando su pesar. Allí anunció que permanecería sin alimentos y sin descanso hasta el momento en que Rama retornara a Ayodhya. De este modo y una vez tomada su decisión, comenzó una vida de austeridades en la aldea de Nandigram, similar a la que Rama llevaba en la selva. Por esta vía es que los sabios y los antepasados nos han estado diciendo que los atributos y los aspectos de Rama y de Bharata se habían convertido en una sola y la misma cosa. Esta conducta ejemplar de Bharata, al aceptar plenamente las órdenes de su hermano y seguir con el gobierno del país, nos demuestra su grandeza.

Si examinamos cuidadosamente a los personajes principales del Ramayana, llegaremos a la conclusión de que Dios fue el que montó este drama en el escenario del mundo. Todos pueden aprender mucho de los numerosos ejemplos que Dios ha entregado a través del Ramayana. Dios también consiente en inclinarse para ayudarle a sus devotos. Para la felicidad de los devotos, Dios está preparado a asumir cualquier tipo de dificultad. Aunque lo culpemos a El, no lo sentirá tanto como cuando culpamos a sus devotos. Dios está por encima de los gunas (cualidades humanas). De modo que no le asigna importancia alguna a los reproches. Dios es Omnipresente. Creemos que tiene una forma en particular por el hecho de que asume alguna forma. El que Dios es Omnipresente es la Verdad. ¿Cómo podemos demostrar esta Verdad? Aquí va un pequeño ejemplo para ello. Sabemos que la tierra, el agua, el fuego, el aire y el espacio son los cinco elementos. Hay atributos para estos elementos. Entre los cinco, el más importante es la tierra. Esta tiene los cinco atributos: las cualidades de sonido, forma, tacto, gusto y olor. Debido a estas cinco cualidades la tierra se vuelve inmóvil, estacionaria y pesada. Si pasamos al segundo elemento, el agua, constatamos algo de movilidad. En el agua ha desaparecido una de las calidades: la del olor. Quedan sólo cuatro atributos y es por ello que posee algo de movilidad. Si pasamos al tercer elemento, el fuego, vemos que sólo conserva los atributos de sonido, tacto y forma. Por haber desaparecido dos de las calidades, el fuego se ha hecho más liviano y puede moverse con mayor ligereza que el agua o la tierra. Al pasar al aire, vemos que ha perdido tres de los atributos. No le quedan sino dos: el sonido y el tacto. Carece de forma. Esto lo hace mucho más liviano, haciendo que pueda moverse rápida y libremente y que ocupe todo el espacio. El último y quinto elemento, es el espacio, el éter. Este ha perdido todas las calidades. Ninguna de ellas está presente en el éter. De modo que se ha vuelto omnipresente. Es tan liviano que está en todas partes, porque no le queda sino el sonido.

Dios carece de todo atributo o guna (cualidad humana) y, por ende, puede estar presente en todas partes. Si el espacio, que tiene sólo la calidad del sonido, está presente por doquier, entonces Dios, que no tiene atributo alguno, puede estar presente, con mayor razón, en todas partes. En cuanto a un punto puede que a uno le asalten las dudas. ¿Si Dios es Omnipresente y está por encima de las cualidades humanas, cómo es que éstas no están en El, pero El sí está en ellas?

Desde el momento en que decimos que Dios está presente en todas partes, es obvio que también está en las características humanas. El está en esos atributos, mas ellos no están en El. ¿Cómo esto es posible? La arcilla, por ejemplo, se encuentra presente en la vasija, pero la vasija no está presente en la greda. La vasija es creada. La vasija tiene una forma. La forma le ha sido dada de manera artificial. Cuando Dios está en su aspecto sin forma, no es fácilmente posible a los seres humanos el reconocerle en este aspecto. De modo que Dios toma una forma humana y viene al mundo. De esta manera quiere demostrarle al hombre la senda ideal que ha de seguir.

Estudiantes: Espero que tomen al menos uno o dos de los grandes ideales que contiene la historia del Ramayana, que se embeban de ellos y los lleven a la práctica en su vida diaria.

LA IGNORANCIA ES LA CAUSA DE NUESTROS PESARES

Una burbuja nace del agua, está hecha de agua y, en último término, se mezcla con el agua y desaparece. Como en esta analogía, el hombre es como una burbuja y Dios es como la fuente del agua. El hombre nace de Dios, está hecho de El y, en último término, se funde en El. ¿Qué más puedo decirles? Esta es la verdad simple y elemental.

¡Encarnaciones del Amor!: La conciencia del "Yo" tiene tres aspectos: uno es el espiritual, otro es el material y el tercero está conectado con la vida diaria. Estos tres aspectos pueden compararse con los estados de sueño profundo, de la vigilia y de soñar. Del mismo modo en que las olas se crean en el agua y forman parte del agua, también la vida mundana está contenida en la vida espiritual.

La dulzura y la frescura son cualidades del agua. Estas mismas cualidades se encuentran en las olas y en la espuma. Sat, Chit y Ananda (la Esencia Divina, la Conciencia Universal y la Bienaventuranza) son tres atributos que pueden encontrarse en una persona. Ellos se manifiestan en esta vida mundana a través del individuo y reflejan el contenido que hay en él. Los aspectos mundano y espiritual se encuentran inseparablemente conectados.

Cuando hablamos del individuo debemos considerar la Divinidad o la conciencia interior que hay en él. Este contenido básico del individuo, el Dios interno, se mantendrá separado y no se mezclará con nada. Esta Alma no requiere de ninguna evidencia directa y se siente en todo lugar y en todo momento en el mundo. Cuando un niño que no haya visto jamás el océano sabe por sus padres que hay un océano y que ellos lo han visto y se han bañado en él, va a creer que existe. No hay evidencia directa ni demostración alguna, en lo que respecta al niño, de lo que le dicen sus padres. Sólo se trata de que el niño tenga fe en sus padres. De igual manera, los hombres que no pueden experimentar directamente al Alma, no llegan a realizar por sí mismos la Divinidad o lo sagrado del Alma. A ellos son los seres divinos, los sabios y los hombres santos que han logrado esta vivencia los que deben comunicársela. No existe una evidencia ni una demostración directa para el hombre común.

Al igual que en el caso del agua, las olas y la espuma que se encuentran todas inseparablemente conectadas entre sí, también están inseparablemente conectados los aspectos espiritual, mundano y divino. El hombre echa mano de una u otra denominación más adecuada, dependiendo del medio y las condiciones que le rodean. En este contexto es que les he dicho también que no son una sola persona, sino tres: aquella que ustedes piensan que son, aquella que los demás piensan que ustedes son y aquella que son realmente. Hay un pequeño ejemplo para esto. Supongan que un alfarero va a un lugar en que hay greda, saca una cantidad de ella y deja un montón de greda frente a su casa. Después de algunos días, utiliza este montón de greda para fabricar ollas, pocillos y otros artículos. Como resultado de su primera labor, ha quedado un hoyo en un lugar y un montón de greda frente a su casa. A medida que va usando greda para hacer las ollas, pocillos, etc., vemos que el montón se va reduciendo y que los artículos van aumentando en número. Cuando le ponemos agua al montón de greda, ella es absorbida fácilmente, mas cuando ponemos agua en alguno de los pocillos, no es absorbida. No obstante, tanto la greda del montón como la utilizada para el pocillo es la misma. Pero las características de la greda que sale del hoyo, de la greda que se ha amontonado y la que se ha convertido en un pocillo, no son las mismas. ¿Cuál es la razón? La razón responde al hecho de que la greda usada para fabricar el pocillo ha sido tratada poniéndola al fuego y este tratamiento le ha dado su forma definitiva al pocillo y el agua permanece en él sin ser absorbida. Después que el pocillo ha sido usado por algún tiempo y uno se ha descuidado, se rompe. Los pedazos seguirán rompiéndose y terminarán por quedar reducidos a polvo y greda. Nuestro cuerpo podrá ser comparado con el pocillo que se rompe y podrá hacerse una analogía respecto de la vida diaria. El fenómeno observado del montón que se va reduciendo gradualmente, puede ser descripto como el aspecto de la Divinidad para el que reconocemos una continua desaparición. Por otra parte, la greda que sigue siendo la misma a través de las tres etapas del hoyo, el montón y el pocillo, puede ser descripta representando a la vida espiritual. Con el tiempo pueden variar el nombre y la forma, pero la esencia, el material básico se mantiene sin cambios. Aquello que no cambia y que continúa existiendo en todas las formas y nombres es permanente y ello es análogo al Alma que está presente en las tres etapas. Debemos realizar varios esfuerzos para poder reconocer la verdadera naturaleza del Alma. No es que no haya una razón para nuestra inhabilidad para reconocer la forma y la naturaleza del Alma. Hay una pequeña historia para ilustrarlo.

Venían diez amigos juntos y querían atravesar un caudaloso río. Se sintieron algo confusos, dada la rapidez de la corriente. Con algo de esfuerzo llegaron a la ribera opuesta. Ahí les asaltó la duda respecto de si todos habían logrado pasar. De inmediato uno se puso a pasarles revista y comenzó a contar uno, dos, tres, llegando hasta nueve, por lo que imaginó que el décimo no estaba presente. En estas circunstancias, pensar en la ausencia del décimo no se debe más que a la propia ignorancia, ya que no se estaba contando a sí mismo. No sólo tuvo la impresión de que faltaba uno, sino que imaginó que ése había sido arrastrado por la corriente y todos comenzaron a lamentarse. Aquí, es ignorancia la sensación de que faltaba la décima persona; es una ignorancia mayor aún imaginar que había sido arrastrada por el río, y pensar que había desaparecido y muerto, es ignorancia completa.

En esos momentos venía caminando una persona que nada tenía que ver con el grupo y se acercó a preguntarles por el motivo de su aflicción. Le dieron la respuesta de que habían venido diez de ellos, que diez habían entrado al río para cruzarlo, pero que lo habían logrado sólo nueve y que el décimo había sido arrastrado por la corriente. Una vez que el forastero hubo escuchado la respuesta y al ver que eran diez los del grupo, les pidió que se contaran nuevamente frente a él. En el recuento de nuevo llegaban de uno a nueve, puesto que el que contaba no se incluía como el décimo. El forastero los contó entonces y les señaló la omisión en que habían caído. Entonces reconocieron todos que la décima persona entre ellos no había sido arrastrada por el río y que no había muerto en realidad. Simultáneamente, desapareció la pena que sentían y todos quedaron felices. ¿Cuál era la razón para el pesar que habían experimentado antes? ¿Cuál la razón para la felicidad que experimentaban ahora? Su ignorancia había sido la causa de su pesar y la eliminación de esta ignorancia era la causa de su felicidad.

La moraleja de esta historia es que el no reconocimiento o el reconocimiento del propio "sí mismo" puede ser, según el caso, causa de pesar o de alegría. En esto también queda establecida esta felicidad que experimentamos en la propia forma o el propio "sí mismo". La dicha permanente que uno obtiene gracias al conocimiento del Alma, ha sido descripta por varias personas diciendo que el Alma es Omnisciente y que está por encima de la dualidad. El Alma es una y no dos, es permanente, es constante, está por sobre toda descripción y por sobre todo sufrimiento. Hay tres maneras diferentes de describir el Alma, pero las palabras no pueden dar abasto para expresar la forma del Alma. Para nadie es posible establecer su forma. Uno no puede sino experimentarlo por sí mismo. No le es posible a nadie entregar una descripción que le permita a otros experimentarlo. En caso de hacerlo, la bienaventuranza o la felicidad que puedan obtenerse no serían comparables a lo que se logre gracias a la experiencia directa. De modo que el conocimiento del Alma no podrá surgir sino de la vivencia y no a través de la lectura de textos. Aquí va otro ejemplo al respecto.

Existe el océano. Cuando sacamos agua del océano y la bebemos, encontramos que sabe salada. Esta misma agua, debido a la acción del Sol, es convertida en vapor, conforma nubes y caerá convertida en lluvia. Esta agua de lluvia sabrá dulce y no salada. ¿En dónde se ha producido este cambio del sabor salado a dulce? La dulzura se habrá producido cuando el agua del océano fue evaporada por la acción del calor del Sol. En esta situación surge la posibilidad de reconocer la diferencia entre el sabor dulce por un lado y el salado, por otro. Este sabor dulce del agua es algo que comprueban por experiencia propia. Con referencia al conocimiento que el agua del océano es salada, podemos decir que es algo que hemos adquirido por haberlo escuchado frecuentemente. El conocimiento que se adquiere escuchando o leyendo no resulta plenamente satisfactorio. Aquel conocimiento que viene de la experiencia propia es el que da verdadera felicidad. ¿Cómo podemos lograr esta experiencia? El conocimiento que contiene el océano de la gracia habrá de ser transformado haciendo uso de la propia inteligencia a la manera del calor del Sol. Cuando ese vapor pueda ser configurado en nubes, será comparable a la Verdad. De estas nubes de Verdad deberían formarse las gotas de lluvia del Amor. Cuando las gotas de lluvia individuales de Amor se comiencen a juntar, formarán una corriente. Esta corriente será la dicha real. Esta corriente de dicha fluirá de regreso para fundirse con el océano de la Gracia. Al igual que el agua proveniente del océano se transforma en vapor, forma nubes y lluvia y fluye luego de regreso al océano, también la Divina Gracia que viene hacia nosotros conforma nubes con sus frutos, se transforma en gotas de Amor que se unen en una corriente de Amor y luego, esta corriente fluye de vuelta al océano de la Gracia.

Los seres humanos actuales no hacen ningún esfuerzo por lograr hacerse una idea del océano de la Gracia. ¿Cómo podrían, entonces, transformarse en nubes de Verdad? Y, ¿si no existen ni siquiera gotas de Amor, cómo podríamos lograr corrientes de felicidad?

La primera cosa que hemos de aceptar es que no hay Acción Correcta que sea diferente de la Verdad. La Verdad ha sido aceptada como la base primordial. Para esta Verdad, el

Amor habrá de convertirse en el soporte. Si se encuentra presente en nosotros el Amor, nos será posible merecer en gran medida la Gracia del Señor. El Amor vive a través del dar y el perdonar, en tanto que el ego vive a través del recibir y el olvidar. En este contexto, Dasaratha representa el ejemplo perfecto de aquel que ha tomado por la senda de la Verdad. El también recibe el apodo de "El Camino de la Verdad" y, asimismo, se le llama también: "Aquel que ha sido amarrado por la Rectitud". Hay otros apodos que también le fueron aplicados, como: "Aquel que podía otorgar una amplia medida de felicidad". O "Rey sabio, que resplandece gracias a las múltiples virtudes que posee". Como rey en su reino, se apoyaba siempre en ocho personas que eran sus consejeros. Estas ocho personas eran de una calidad tal que siempre practicaban el más sublime de los deberes. La última de ellas era Somantara. Además, recurría a Vasishta y a Vamadeva en cuanto sus Maestros espirituales. Además, cuando le asaltaba alguna duda, cuando encontraba que la prosperidad de la gente se veía obstruida o cuando requería de algún consejo, recurría a seis personas como sus consejeros principales. La primera de ellas era Suyagna y las demás, Jabali, Kasayapa, Pascheya, Markandeya y Gautama. Dasaratha reinaba por sobre toda Bharat (India). Bajo su reinado no había injusticias, no había falsedades ni se cometía crimen alguno en todo el reino. Junto a estos seis consejeros, tenía ocho ministros. Dasaratha se preocupaba en especial de la prosperidad de la gente. Si profundizamos algo en la situación y tratamos de entender su significado y su sentido interno, hemos de notar que el hombre cuenta con cinco órganos de acción y cinco órganos sensoriales. En conjunto cuenta con diez sentidos y, literalmente, Dasaratha representa al cuerpo humano con estos diez órganos. Dasaratha simboliza a este carro del cuerpo humano con sus diez órganos. También atrajo hacia sí a tres gunas (características humanas) representados por Kausalya, Sumitra y Kaikeyi. Las cuatro metas de la vida humana: Rectitud, Prosperidad, Deseo y Liberación, son simbolizados por los cuatro hijos de Dasaratha. Fue él quien le proclamara al mundo este importante sentido interno y quien urgió a la gente a llevar una vida ideal.

Sita era la hija del rey de Mithilapura cuyo nombre era Videha. Videha significa "aquel que no tiene cuerpo o que no tiene conciencia de su cuerpo humano". La capital de Dasaratha era la ciudad de Ayodhya y esta palabra significa "una ciudad a la cual no pueden entrar enemigos". Con tales nobles cualidades e ideales, Dasaratha gobernaba de manera ejemplar su reino. Sita puede ser identificada con la Sabiduría y ella se casa con Rama o se convierte en una con Rama, quien es la Rectitud. En el curso común de los eventos, una circunstancia tan auspiciosa habrá de enfrentar algunos obstáculos. Resulta natural y es habitual que cada cosa buena se vea confrontada por ciertos obstáculos. Como lo he declarado frecuentemente, el placer no es más que un intervalo entre dos pesares. Si no hubiera dolor alguno, el placer carecería de valor. Sita, como personificación de la Sabiduría, fue raptada por Ravana, quien simboliza el egoísmo y el ego.

Si alguien quiere que desaparezca la poca sabiduría que posea, todo lo que tiene que hacer es promover su egoísmo, su envidia y su ego. Son justamente estas cosas las que simboliza Ravana. Para ir en busca de Sita que ha sido secuestrada por las cualidades negativas, Rama, representando a la Acción Correcta, emprende un viaje llevando consigo las metas de la vida humana. Aquí, Lakshmana ha de ser identificado con la mente. Hemos de notar que Rama, la encarnación de la Rectitud, se combina con Lakshmana, identificado con la mente, y se dirige a la selva que significa la vida. En esta selva de la vida, Rama va en busca de la Sabiduría personificada por Sita. Siguiendo con la interpretación, nos encontramos con una discusión entre los hermanos Vali y Sugriva. A Sugriva lo podemos comparar a la facultad de poder distinguir entre el bien y el mal. La incapacidad o la debilidad para establecer esta distinción, es destruida en la forma de Vali y Sugriva resulta victorioso. Junto a Sugriva, que simboliza la facultad de distinguir entre el bien y el mal, tenemos a Hanuman. La combinación de Sugriva con Hanuman es comparable a la combinación del discernimiento y el valor. El discernimiento y la valentía salen juntos en busca de Sita, la Sabiduría. El primer obstáculo lo encuentran en la forma de un océano de ilusión engañosa. Este océano ha de ser cruzado y este cruce se efectúa con ayuda del coraje en la forma de Hanuman.

Después de cruzar el océano se encuentra con los tres gunas (atributos humanos) en la ribera opuesta representados por Ravana, Kumbhakarna y Vibhishana: rajas (inquietud), tamas (inercia) y satva (pureza), respectivamente. Los dos primeros gunas, rajas y tamas, Ravana y Kumbhakarna, son eliminados de la escena y el guna sátvico (la pureza) triunfa en la forma de Vibhishana, que es coronado rey. Después de convertir a Vibhishana en rey de Lanka, Rama tiene la visión de la Sabiduría nacida de la experiencia en la forma de Sita. Antes de encontrar a Sita, Rama podía ser llamado un Realizado en Dios, mas al encontrar a la que simboliza el conocimiento de la experiencia, se produce la unión de ambos y su culminación la constituye la coronación que llamamos Sahasrartha Ramayana. Esta descripción que hemos dado puede llamarse también el Espíritu Supremo del Ramayana y sólo cuando lo logramos entender, obtenemos algún beneficio y la posibilidad de que lleguemos a realizar la naturaleza del Alma. Pero si siguiéramos pensando en el Ramayana con referencia a las formas humanas del rey Dasaratha, de un hijo suyo Rama y los demás personajes y no lo miramos sino superficialmente, ¿cómo podríamos desentrañar su real importancia y significado?

¡Estudiantes!: Hasta Rama que estableció el Ramarajya en una ocasión histórica, hubo de abandonar este mundo y morir. Todo ha de morir algún día. En este mundo, nada puede quedarse de manera permanente. Incluso el Ramarajya hubo de desaparecer y cambiar. Todo cambia con el tiempo y nada permanece inalterable. Hasta Harischandra, quien fuera un ardiente adherente a la Verdad en todo momento, hubo de desaparecer de este mundo. Nala, quien regía sobre todo el mundo, hubo de morir. ¿Pudo llevar consigo un sólo pedazo de tierra al morir?

Rama construyó un enorme puente por sobre el océano. ¿Lo vemos vivo en estos días? Fueron muchos los que gobernaron este país, ¿pudo alguno de ellos llevar consigo algo del territorio? La única cosa que pueden llevar consigo y que deberían llevarse, es la permanente Gracia del Señor. Un buen nombre es todo a lo que han de aspirar durante sus vidas.

Pese a que Rama desechó su cuerpo mortal, seguimos hablando de Rama tantos años después, en esta Era. Obviamente, es el bien que Rama hizo el responsable de que esto suceda.

Hemos de ganarnos un buen nombre y hemos de hacer el bien. Hemos de llevar una buena vida. Hemos de hacer el bien a los demás. Este es el ideal que debemos entregarle al resto del mundo.

EL PESAR NO ES NATURAL EN EL HOMBRE: LA FELICIDAD REPRESENTA SU NATURALEZA

Cada ser humano nace en el karma*, crece en el karma y obtiene la Liberación a través del karma. De hecho y para cada uno, el trabajo es Dios y el trabajo es causa tanto para su pesar como para su placer. En este mundo, todos los pesares y todos los placeres son causados únicamente por el trabajo del hombre.

¡Encarnaciones del Alma Sagrada!: Hay algunas cualidades que acompañan siempre al individuo. Sus penas, su nacimiento, su trabajo, su odio, sus agrados y desagrados, su falta de poder de discernimiento y su ignorancia son cualidades que siempre le acompañan. La ignorancia se mezcla con la falta de poder de discernimiento. La falta de poder de discernimiento le da pie al apego. El apego hace surgir la ira. La ira le da pie al odio. El odio le da pie al nacimiento y al pesar. Todas estas cualidades se relacionan entre sí de manera inseparable.

Para el pesar el responsable es el nacimiento y, para el nacimiento, es responsable el propio karma de uno. Sin embargo, podríamos preguntarnos si el pesar es algo natural en el hombre o si aparece a medio camino de la vida. En ver-

---

* Ley cósmica de consecuencia, de causa y efecto de las acciones, de esta vida y vidas pasadas, mediante la cual cada uno ha escrito y escribe su destino.

dad, si el pesar fuera algo natural en la vida del hombre, no podría liberarse de él en toda su vida. No hay base alguna que nos permita pensar que el pesar sea una cualidad natural para el ser humano. Porque, si lo fuera, no podría liberarse de él por método alguno.

Una vez que se destruye la cualidad natural, también será destruida la sustancia misma. Ningún hombre hará el intento de destruir su forma verdadera propia. Para el azúcar de palma, la cualidad natural es la dulzura y, ¿si desapareciera esta cualidad natural de la dulzura, no desaparecería también el azúcar de palma? Si desaparecen ambos, tanto el azúcar de palma como su cualidad de dulzura, el azúcar de palma mismo no existiría.

La capacidad de quemar y la de brillar son cualidades naturales del fuego, y si se eliminaran o fueran destruidas estas capacidades, también dejaría de existir el fuego. Cuando se eliminan tanto el fuego como sus capacidades naturales, el fuego desaparece y queda el carbón. La forma y las cualidades naturales están inseparablemente conectadas entre sí. A través de este análisis podemos llegar a la conclusión de que el pesar no es una cualidad natural del hombre. Es algo que llega accidentalmente desde fuera.

Hay un muy buen ejemplo para ello. Cuando el hombre está feliz y cuando le va bien, nadie va a ir a preguntarle por qué está feliz. No obstante, cuando está sumido en el pesar, los demás irán a preguntarle por el motivo. Esto nos demuestra que el pesar no es algo natural. En cambio, la felicidad y la dicha sí son naturales para nosotros. En verdad, aunque somos encarnaciones del Alma y nos encontramos naturalmente ligados a la dicha y la felicidad, a veces, debido a nuestras conexiones con el mundo exterior, sufrimos de pesares. Todo pesar no es más que algo similar a una nube pasajera.

Si una madre pone a su hijo en la cuna y el niño juega y está feliz, la madre no siente preocupación alguna. Seguirá dedicada a sus quehaceres. Si después de unos minutos, escucha el llanto del niño, vendrá corriendo y se apresurará a buscar en la cuna para ver si halla algún insecto, mosquito o algo que le haya causado dolor al niño. Vemos que, cuando el niño está feliz, la madre lo acepta de manera natural e indiferente. Pero si el niño llora, piensa de inmediato que hay algo inusual y lo investiga. Se debía a que Dasaratha reconocía que la felicidad es una cualidad natural de los seres humanos, el que los cuatro Vedas, en la forma de Rama, Lakshmana, Bharata y Satrughna, jugaban felices. Ellos son las encarnaciones de los Vedas, las Escrituras Sagradas. Sri Ramachandra representa al Yajur Veda cuando dice que la Rectitud es muy importante y que la práctica de la misma es necesaria para nosotros durante toda nuestra vida. Lakshmana aceptaba las órdenes de Rama como finales, por lo que repetía sus mandatos de la misma manera y, de este modo, Lakshmana representa al Rig Veda. Bharata sostenía siempre la idea que entonar el nombre del Señor Rama otorga la salvación y, por ello, representa al Samaveda. Satrughna se atenía a los consejos de sus tres hermanos: Rama, Lakshmana y Bharata, e intentaba destruir a todos los enemigos. Por este motivo se le puede comparar al Atharva Veda. En este contexto, Rama, Lakshmana, Bharata y Satrughna representan, respectivamente, al Yajur Veda, al Rig Veda, al Sama Veda y al Atharva Veda. Nacieron como hijos de Dasaratha. En verdad, el Sol resplandeciente en la forma de Rama iluminaba la Luna, la mente, en la forma de Lakshmana y la ciudad de Ayodhya y sus habitantes podían disfrutar del frescor de la Luna y del brillo del Sol, provenientes, en último término, de Rama. Los ciudadanos eran afortunados y vivían en esta sagrada atmósfera, jugando, cantando y disfrutando de esta santidad.

Para todo trabajo habrá una consecuencia y un resultado. Habrá un eco y un reflejo para todo lo que hagamos. Dasaratha nos muestra un buen ejemplo para esto. En una ocasión, siendo aún joven, fue de cacería a la selva. Mientras estaba al acecho de una presa, de noche en cierto lugar, escuchó algunos ruidos y, siendo un cazador experto, pudo ubicar a la presa por la dirección del sonido. Disparó una flecha en esa dirección, pero pronto descubrió que le había dado muerte al hijo de un hombre sabio. Lo lamentó profundamente y llevó el cuerpo del muchacho hasta donde estaba su padre, solicitando su perdón. Cuando el sabio vio a su hijo muerto, se sumió en el dolor y lloró desconsoladamente sosteniendo el cadáver. En medio de su agonía, maldijo a Dasaratha y le dijo que, por este pecado, sufriría de manera similar y que moriría al tener a su hijo lejos de él. Dasaratha reconoció que para todo lo que uno haga, las consecuencias serán inevitables e insoslayables. Dasaratha se purificó, convenciéndose de que había de sufrir las consecuencias de lo que había hecho. Dasaratha era un sabio entre los reyes. Se daba cuenta y sabía que el pesar es algo que viene y se va, y sentó un ejemplo para el mundo a través de su propia vida.

Cada personaje individual en la historia del Ramayana proyecta un importante ideal. Otra muestra ejemplar de conducta es Dasaratha. Cuando Dasaratha se dio cuenta de que estaba envejeciendo y que disminuían su fuerza y su vitalidad, le mostró al mundo que no podía ya seguir con la tarea de ser gobernante.

Una noche, despertando y sintiendo sed, tomó un jarro con agua y trató de vaciarla en un vaso para beber, pero constató que al intentarlo, sus manos temblaban. No pudo seguir durmiendo esa noche. Tan pronto como amaneció, envió por sus Maestros espirituales Vasishta y Vamadeva. Le confió a los gurús (Maestros) que su vitalidad y la fuerza de sus órganos había menguado y que, por ende, no podía seguir gobernando el país. Les pidió que hicieran todos los preparativos para instalar a Rama en el trono. Con esta actitud demostró la verdad de que un individuo que no está en pleno control de sus propios órganos no tiene derecho a gobernar un país. En cuestiones de gobierno, Dasaratha realizó el código de conducta correcto para el rey y el código de conducta correcto para el pueblo. Sea cual fuere el individuo, por muy grande que sea, habrá de reconocer las condiciones que le rodean y ajustarse a ellas. No obstante, en algunas instancias del Ramayana, en especial cuando Rama partía a la selva, se ha dicho que Dasaratha no podía soportar el dolor y que cayó desvanecido. También aquí Dasaratha estaba proclamando que tales pesares son incidentales y que se producen debido a nuestra relación con el cuerpo humano y a nuestro apego por él. Para un individuo no existen los hijos antes de que hayan nacido. En tales condiciones, ¿cómo se entiende ya sea el pesar o el dolor que pueda causar el propio hijo? Se debe únicamente a la relación corporal que el padre experimente el pesar. Resulta obvio aquí que cualquier pesar o dolor causado por un hijo, es algo que se produce a medio camino de la vida de uno y que no le es connatural.

Antes de que uno se case, nada sabe respecto de las actitudes de la propia mujer. Antes del matrimonio, cualesquiera sean las dificultades que pueda enfrentar la joven mujer, nada de ello le causará preocupaciones al futuro marido. Pero una vez llevado a cabo el matrimonio, aunque la mujer no sufra sino un pequeño dolor o tenga una nimia dificultad, el marido también sufrirá un gran pesar. Este ejemplo nos muestra claramente la verdad de que estos pesares y dificultades llegan hacia la mitad de nuestras vidas y que para nosotros no son connaturales. Por el hecho de entender esta verdad, Dasaratha pudo bendecir a Rama cuando estaba por partir. Pudo aconsejarle cómo evitar dificultades en la selva y pedirle que volviera pronto y felizmente. Esta fue la bendición que le impartió por conocer la situación. Rama adhería en todo momento a la Verdad, y debido a estas cualidades, no habría de tener problemas en la selva. Rama era un hijo ideal. Se cree a menudo que si uno tiene un hijo, no habrá dificultades para que el padre logre la salvación. Pero ello no es siempre correcto. ¿No tenía muchos hijos el rey de los Kauravas? ¿Qué beneficio obtuvo de todos sus hijos? Suka no tuvo hijo alguno y, ¿no obtuvo la salvación? Dhritarashtra tuvo cien hijos y no le quedó ninguno siquiera para celebrar para él los últimos ritos, en tanto que Suka alcanzó la salvación sin tener hijo alguno. Esto no quiere decir que deba llegarse a la conclusión de que, ya sea el bien o el mal, provendrá de los hijos. Sólo cuando los hijos tomen por la senda correcta, el bien recaerá sobre los padres. El hijo que haya gozado de la gracia y la bondad de su padre, deberá retribuirlas con gratitud, llevando a cabo las mismas buenas cosas a su vez. La causa principal para el sagrado nacimiento de un ser humano, son los padres. Si el hombre no le muestra gratitud a sus padres en retribución por haber alcanzado tan sagrado nacimiento humano, su vida será inútil.

Para establecer la verdad de tales declaraciones ante el mundo, le dijo Dasaratha lo siguiente a Rama en el Ramayana: "Vete a la selva por el bien de la adhesión a la Verdad". Dasaratha no tenía ningún tipo de apego y tenía la facultad de discernir entre lo justo y lo injusto. No era de manera alguna un ignorante. Reconocía que todos los apegos no son sino relaciones entre un cuerpo y el otro, y esto no representa sino un apego mundano. En una ocasión en que el sabio Durvasa visitó a Vasishta, Dasaratha le preguntó sobre la cronología de su dinastía. Dasaratha le hizo esta pregunta a Durvasa con el afán de saber si su familia seguiría sosteniendo la Verdad y la Rectitud. Ya entonces, Durvasa le confirmó a Dasaratha que los hijos que tendría serían encarnaciones del Dharma (la Acción Correcta), que protegerían la Verdad y que estarían dotados de numerosas buenas cualidades. Desde aquel día no pensó sino en que aun no teniendo sino un solo hijo, se daría por satisfecho, siempre que este hijo le trajera reputación y gloria. Es en este contexto que se ha dicho que más vale ser un cisne de corta vida que un cuervo longevo. ¿De qué sirve tener barriles de leche de burra? Mucho mejor es tener una cucharada de leche de vaca. Así también, aunque no haya sino un individuo, si este único individuo puede dedicar su tiempo al servicio de la comunidad que le rodea, eso basta.

Cuando las fuerzas de vuestro cuerpo, las de vuestra mente y las de vuestra inteligencia están bien y son poderosas, ¿de qué les sirve la vida si no la pueden usar para ayudar a otros? Ella no sería más que un desperdicio. No pueden llevar una vida como la de una gota de aceite sobre la superficie del agua, sin tocar nunca el agua. Vuestro nacimiento, vuestra vida, vuestro estilo de conducta están todos íntimamente conectados con la comunidad que les rodea. Si no se acuerdan de esa comunidad a vuestro alrededor y si en todo momento no piensan sino en los propios intereses egoístas, no le significarán ningún bien a nadie.

En verdad, habiendo nacido en el sagrado país de Bharat, habiendo vivenciado sus tradiciones y su cultura, si no son capaces de embeberse de esa cultura, vuestra vida misma no será más que un desperdicio. Pueden prestarle oídos a muchos discursos, pueden pronunciar ustedes mismos muchos discursos, pero si todo lo que oyen y todo lo que dicen no es puesto en práctica en sus vidas, esta misma vida se tornará irreal y artificial. ¿Se aliviará el hambre que sientan con que sólo oigan hablar de deliciosos alimentos y exquisitos platos? ¿Eliminarán la miseria de un pobre contándole historias sobre dinero? ¿Si les enumeran las bondades de una serie de medicamentos, curará ello vuestra enfermedad? ¿Se arreglarán vuestras finanzas con que sólo les hablen de los depósitos en un banco? Si están sentados en la oscuridad, ¿desaparecerá la oscuridad hablando de la luminosidad de mil velas? Del mismo modo, la ignorancia y la envidia que anidan en la oscuridad de vuestros corazones habrá de ser eliminada, no a través de la prédica, sino a través de la práctica de la buena conducta. Después de su eliminación, hasta la más pequeña bombilla que posean les será útil.

Jóvenes: En lugar de relatar cientos de cosas, y de hablar sobre cientos de cosas deberán estar preparados para llevar a cabo al menos una, y mostrarla a los demás a guisa de ideal. En verdad, deberían reconocer que el pesar, los dolores y las pérdidas aparecen hacia la mitad de sus vidas. No han nacido con ustedes. Estas cosas aparecen a medio andar por la vida y también se van a medio andar, no se quedan con nosotros de manera permanente. Cuando podamos reconocer muy bien esta verdad, ningún dolor ni ningún pesar nos preocuparán ya.

¡Encarnaciones del Alma Divina!: Han estado prestándole oídos a una serie de historias del Ramayana. De todos estos ideales que hemos encontrado en Rama, Lakshmana, Bharata, Satrughna y Dasaratha, deberán extraer al menos uno o dos para ponerlos en práctica en sus vidas. Si no pueden hacerlo, habrán perdido su tiempo. No solamente habrán perdido el tiempo, sino que le habrán restado propósito a sus vidas y se les habrá escapado el hacer buen uso de lo que les ha caído en suerte. No anden siempre en busca de la autoridad. Lo que deben intentar y llevar a cabo es servir. Hagan uso de su cuerpo, su mente y su inteligencia en la senda de prestarle Servicio a otros. Han de reconocer que este cuerpo humano les ha sido dado con el objeto de ayudar a otros. Día tras día hemos estado oyendo hablar de los grandes ideales que han sido enseñados por grandes preceptores espirituales. Si después de haber escuchado tantas cosas buenas no se produjera cambio o transformación en ustedes, toda vuestra vida no sería sino dilapidada. Todas las religiones no enseñan sino un destino común y una sagrada y beneficiosa senda. En su conjunto, todas las religiones no nos han enseñado sino lo bueno. Si las mentes de los hombres son buenas, ¿cuál religión sería mala? Las tachas y las fallas están en nuestras mentes y no en cualquier religión. Rama gobernó su reino en paz, reconociendo que la felicidad del pueblo era su felicidad y que la prosperidad del pueblo constituye la preocupación primordial del rey.

Rama jamás pensó en que El era el rey y que el pueblo le estaba sometido. Nunca sintió envidia ni tuvo ego en su mente. Se consideraba a sí mismo como un conductor que había de guiar al pueblo. A través de su propia conducta hacía que el pueblo siguiera por la senda correcta, mostrándola a todos. Para sentar un ejemplo para el pueblo, envió a su propia mujer a la selva, con el fin de proteger la Verdad. Si se trataba de adherir a la Verdad y al Dharma (la Rectitud), Rama no paraba mientes en que la persona involucrada fuera la mujer a la que había desposado o el hijo suyo que estaba por nacer.

Jóvenes: Es mi esperanza que ustedes restablezcan el triunfo de Rama en esta sagrada tierra nuestra. Han de sincronizar sus pensamientos, palabras y obras. Estarían traicionando a vuestro propio país si siguieran por un camino en el que vuestro pensamiento sea uno, las palabras que pronunciaran fueran diferentes y vuestra acción se apartara de ambos. Si traicionan a vuestro país, toda vuestra vida será inútil. Si no pueden proclamar con orgullo que ésta es vuestra madre patria, que ésta es vuestra lengua materna y que cumplen con sus deberes para con ellas, ¿de qué serviría vivir? Ello vendría a ser como estar muertos.

SEAN BUENOS, HAGAN EL BIEN, VEAN EL BIEN: ESTE ES EL CAMINO HACIA DIOS

Si no se desecha el guna tamásico*, uno jamás podrá lograr un atisbo del concepto de la Divinidad. Si no se desecha el guna rajásico**, uno jamás podrá convertirse en un verdadero devoto. Si se acepta únicamente el guna sátvico***, uno podrá seguir la senda de la devoción. Esta es la simple verdad del mundo.

¡Encarnaciones del Amor!: Sólo el trabajo puede hacer manifiesta la verdadera fuerza del hombre y mostrarle a los demás de lo que es capaz. Al igual que un espejo puede utilizarse para mostrarnos la verdadera naturaleza de nuestro rostro, así también el tipo de trabajo que un hombre realiza mostrará las cualidades que tenga. El trabajo mostrará si el

---

* Guna tamásico: Cualidades primarias de un ser consciente que se caracterizan por la pereza, la ignorancia, la inercia y todos los males que surgen de estas cualidades. Ciega a las personas llevándolas a la negligencia y al error. Esclaviza en vez de liberar. Aquéllos poseídos del tamoguna se ven vencidos por la oscuridad y la ignorancia, se confunden fácilmente, considerando lo falso como verdadero.

** Guna rajásico: Se caracteriza por la actividad, pasión, movimiento, aspiración, lucha, etc. Sus efectos en el mundo objetivo son movimiento y energía, en el subjetivo se manifiesta como sufrimiento, dolor, ansiedad, inquietud, disgusto, celos, envidia, ambición, deseo, pasión, odio, desequilibrio, violencia, esfuerzo y actividad.

*** Guna sátvico: La cualidad de satva, conocimiento intuitivo consciente. Es la primera de las tres cualidades de la Naturaleza, la cualidad de la bondad, pureza, armonía, etc., que es causa de todo conocimiento e iluminación.

hombre posee las cualidades de tamas (indolencia), de rajas (impulsividad) o las sátvicas (equilibrio). El trabajo que un hombre lleve a cabo viene a ser como un barómetro. El barómetro del trabajo tiene la facultad de evaluar las condiciones del hombre y el estado de su mente. En este contexto podemos aceptar que no hay un test de las cualidades humanas que sea más riguroso que el examen del trabajo que el hombre realiza.

Desde tiempos inmemoriales nuestros antepasados han estado adoptando el camino del trabajo. Siguiendo por esta senda es que han llegado a ser capaces de entender y de realizar la existencia de lo divino. Algunas personas pueden parecer muy "sátvicas" (apacibles), mas cuando emprenden un trabajo, podemos ver que bajo el manto de esta aparente cualidad "sátvica" se oculta una cierta medida de aspereza. Algunas personas parecen ser duras y crueles en lo que respecta a sus expresiones, pero cuando emprenden algún trabajo, se vuelven dulces y bondadosas. En estos ejemplos se nos aclara la verdad sobre la verdadera naturaleza humana del hombre que se hace patente en su trabajo activo y que no puede ser juzgado únicamente por su apariencia externa o sus palabras.

¡Encarnaciones del Alma Divina!: El tipo de trabajo a que se dedican los hombres sabios puede parecer igual al que llevan a cabo los hombres comunes. Pese a que en apariencia puedan parecer lo mismo, el resultado será distinto en ambos casos. El trabajo a que se dedique el que no es sabio estará siempre acompañado por un sentimiento de su parte de que trabaja para su propio beneficio y desea obtener el fruto de este trabajo para sí mismo. Este tipo de trabajo estará mezclado con ego y con un sentimiento de beneficio egoísta que llevará a dificultades y pesares. El trabajo que emprenda un hombre sabio, en cambio, encerrará siempre un sentimiento que lo hará idéntico con el aspecto Divino y que lo está llevando a cabo en el nombre y en beneficio de Dios. Pensará que realmente es Dios quien ejecuta el trabajo y que él no es más que el instrumento. Esto siempre dará buenos resultados y satisfacciones para todos.

Algunas personas muestran una cierta dosis de síntesis

entre sus pensamientos y el trabajo que realizan. Esto representa el verdadero tipo de la buena naturaleza humana. La unidad y la síntesis entre pensamiento, palabra y obra es importante. Las ideas, las expresiones y las acciones del hombre deberán ser una sola cosa. Esto constituye la verdadera base de la real naturaleza humana.

Estudiantes: Puede que parezcan lo mismo los trabajos que realicen en la esfera espiritual y en la material, pero en realidad, cuando los miramos en profundidad, encontramos que toman por dos sendas distintas. Aquí va un pequeño ejemplo al respecto. En el caso de un paciente diabético, puede aparecer una ampolla en su mano, la que puede empeorar y terminar por convertirse en gangrena. En tal caso, el médico aconsejará que la mano sea amputada. Si no se amputara, la gangrena se extendería al resto del cuerpo y causaría un terrible daño. En pro de la salud del cuerpo total, el paciente deberá estar dispuesto a dejarse amputar la mano en ese momento. En otra situación, alguien puede llevar bellas pulseras de oro en una muñeca y llega un ladrón que quiere robarlas. Si no pudiera arrancarlas de la muñeca, puede que trate de cortar la mano para robarlas. En estos casos podríamos decir que el médico ha hecho uso de un cuchillo para cortar la mano y que el ladrón ha hecho lo mismo. Aparentemente, ambos han hecho lo mismo, pero lo que hiciera el médico constituye una ayuda, en tanto que el ladrón ha hecho algo perjudicial. Hay otro ejemplo para esto. Movida por una cierta maldad, una persona puede que vaya hasta una casa en la que vivan otros y la incendie. El mismo tipo de destrucción por medio del fuego la llevó a cabo Hanuman en Lanka: destruyó todas las mansiones y casas de Lanka prendiéndoles fuego. Aquí parecieran ser lo mismo los actos de Hanuman y los del individuo malvado, pero lo que hiciera Hanuman fue beneficioso, en tanto que lo que hiciera el malvado causó perjuicio. Pese a que estas tareas parecieran ser iguales cuando las observamos superficialmente, los resultados son diferentes debido a la actitud mental que se tenga antes de pronunciar las palabras y ejecutar la acción.

Sólo la mente del hombre es responsable tanto para su esclavitud como para su liberación. El resultado final del trabajo dependerá de la actitud con la que se lleve a cabo. Hanuman representa a quien ha sintetizado sus pensamientos, sus palabras y sus obras, por lo que llegó a ser un personaje importante. Era docto en todos los diferentes tipos de gramática. Era un erudito conocedor de los cuatro Vedas (las Escrituras Sagradas) y los seis Códigos Morales. Su erudición le hacía mirar todas las cosas con ecuanimidad y serenidad mental. Tanto Sugriva como Hanuman vieron a Rama y Lakshmana cuando venían hacia ellos, buscando a Sita. Sin embargo, Sugriva sintió que Rama y Lakshmana eran mensajeros de Vali que venían a espiarle y a hacerle daño. Hanuman, por el contrario, llevado por sus grandes virtudes y su paz mental, le indicó a Sugriva no agitarse, indicando que él mismo iría a averiguar quiénes eran estas personas y que volvería a informarle. Su consejo fue que, sea lo que fuere lo que queramos hacer, nunca debemos actuar apresuradamente. El apresuramiento no representa la cualidad natural correcta de la propia mente. La premura siempre conduce al desperdicio y el desperdicio siempre causa problemas, de modo que uno no ha de apurarse. Hanuman estaba muy al corriente de estas máximas, de modo que nunca se apresuraba. Indicó que iría a indagar y que volvería. Cuando se encontró con Rama y Lakshmana, los enfrentó con gran humildad y, con palabras deliberada y cuidadosamente elegidas, les preguntó quiénes eran, por qué habían venido a la selva y cuál era su propósito. Todo ello manteniendo la mente estable y sin apresurarse. Debido a que Rama le dio una respuesta adecuada a sus preguntas, Hanuman se sintió complacido y ofreció cargarlos a ambos sobre sus hombros para llevarlos hasta Sugriva. Tan pronto como Rama y Lakshmana se acomodaron sobre sus hombros, sintió que todos sus pecados habían desaparecido. Debido a la Visión Divina del Señor, sintió que todos sus pecados anteriores habían sido de raíz. Se sintió inmensamente feliz tan pronto la Divina personalidad de Rama tocara su cuerpo. De inmediato una serie de buenas ideas comenzaron a brotar en la mente de Hanuman. Pensó que Sugriva estaría encontrando a muy buenos amigos en Rama y Lakshmana. Pensó también que los deseos de Sugriva se verían cumplidos y que saldría victorioso. "Las acciones de uno reflejarán el tipo de ideas que alberga en la mente". Debido a todas estas buenas ideas que cruzaban por la mente de Hanuman, también las buenas ideas en la mente de Dios se sincronizaron con ellas y ambos pensaban al unísono. De inmediato Rama le indicó a Lakshmana que, puesto que habían logrado tan buen amigo, sus esfuerzos resultarían exitosos.

Entre los mensajeros se encuentran tres tipos de ellos. Los primeros son aquellos que escuchan las órdenes del Señor, pero no le obedecen, sino que emprenden acciones contrarias a sus deseos. Los segundos son los que toman literalmente lo que el Señor ha dicho y se atienen a ello sin poner ni quitar nada de lo ordenado. El resultado de tal tarea será aceptado y llevado de vuelta al Señor. El tercer tipo corresponde a los que toman las órdenes del Señor y llevan a cabo la tarea asignada de tal manera que se vean cumplidos todos los deseos y los costos. Estos resultarán victoriosos y le traerán al Señor el mensaje de la victoria. Rama y Lakshmana se dijeron que Hanuman respondía al tercer tipo de amigo, el que se ocupará de que las órdenes del amo sean llevadas hasta un punto en que se encuentre asegurada la victoria. En verdad, Hanuman, en todo momento, no hacía sino pensar en Rama y al estar sumido en pensar en Rama no permitía que nada más entrara a su mente. Debido a que sabía muy bien del poder y la fuerza de Rama, siempre seguía sus pasos. Desde el momento en que Rama y Lakshmana se sentaron sobre sus hombros, comenzó a sentir que algún tipo de Fuerza Sagrada y Divina se había adentrado en su corazón y se sintió muy feliz. Con esto establece el sentir que, junto con el cuerpo, la mente también se hace igualmente fuerte y poderosa. En donde se combinan un cuerpo fuerte y una mente fuerte, habrá Divinidad y Fuerza Divina. Veamos un ejemplo.

Aquí tenemos un alambre y sobre él hay un revestimiento de plástico o de goma. Dentro de esta cubierta exterior hay un alambre de cobre. Por este alambre fluye una corriente. Si tomáramos simplemente otro alambre y lo juntáramos con éste, la corriente no fluirá. Fluirá sólo si cortamos la cubierta exterior de plástico en ambos y unimos los alambres de cobre. La cubierta de nuestro cuerpo es similar a esta cubierta de plástico sobre el alambre. Nuestra mente es como el cobre. Es así que junto con el cuerpo, si se une también la mente, entonces puede fluir hacia nuestro interior la Fuerza Divina. Sólo cuando se juntan lo sagrado del cuerpo con lo sagrado de la mente se puede generar Fuerza Divina. Debemos dedicarnos a ejecutar tareas sagradas con la ayuda del cuerpo. Con la ayuda de la mente hemos de desarrollar el pensamiento Divino. Este cuerpo nos ha sido dado y está para ayudarle a otros. Con la ayuda del cuerpo deberíamos ser capaces de prestar buenos servicios y ayudar a la comunidad. Cualquier trabajo que emprendamos ha de ser ejecutado con el sentir de que está siendo realizado para complacencia del Señor. Hanuman fue alguien que estaba imbuido de estas sagradas ideas y que siempre le dedicaba su trabajo al Señor y llevaba a cabo las tareas con este sentir. Después de haber tenido la Divina Visión de Rama, de inmediato emprendió la sagrada tarea de buscar a Sita. Con la ayuda del nombre de Rama y poniendo su fe y su confianza en El y en su Divina Fuerza y Poder, pudo saltar por sobre millas y millas de océano. Estos extraordinarios logros de Hanuman produjeron gran sorpresa y causaron el asombro de otros como Jambavan y Sugriva. Los jóvenes habrán de comprender en estos ejemplos, la forma implícita en que Hanuman obedecía las órdenes de Rama. Para reconocer los deseos de su Maestro, Hanuman tuvo en gran medida la ayuda de su devoción y de su fe. Junto con la devoción y la fe, Hanuman tenía una gran confianza en sí mismo. Si uno no tiene confianza en sí mismo, no será mucho lo que alcance, por mucha devoción y fe que tenga. Por otra parte, uno puede tener gran confianza en sí mismo, pero si carece de devoción y de fe, ello tampoco le ayudará. La devoción y la confianza en uno mismo vienen a ser como el polo negativo y el positivo. Es la combinación de ellos lo que nos capacitará para consolidar nuestro pensamiento sagrado. En este caso, se debió a que Hanuman poseía la noción Divina en su corazón, además de la confianza en sí mismo de que podía lograr la visión de Rama, el Señor, adondequiera que fuese. Cualquiera fuera la orden que se le diera a Hanuman, nunca cuestionaba si tenía la fuerza o la capacidad para cumplirla. Tenía la fe inconmovible de que las mismas órdenes de Rama le proporcionarían la fuerza necesaria para cumplirlas. Lo primero que hemos de hacer, en este contexto, será promover y fortalecer el aspecto de la confianza en nosotros mismos. Esta confianza en uno mismo viene a ser como el cimiento por debajo de nosotros. Sobre el cimiento de esta confianza hemos de levantar el muro de la satisfacción de uno mismo y sobre él, el techo del sacrificio de uno mismo. En esa mansión podrán alcanzar la autorrealización. Hanuman mostró de manera clara la necesidad de la confianza en uno mismo y la fuerza que ella tiene, para todo el mundo. Mas hoy en día, en el contexto de la naturaleza humana, los hombres se comportan de una manera que nos hace pensar que no entienden en absoluto la necesidad de confianza en uno mismo. Los seres humanos individuales se han vuelto tan débiles que no son capaces de entender su propia naturaleza, su propio "sí mismo", y es por ello que tratan de escudriñar en la naturaleza de otros y de encontrar las faltas en otros. Por el hecho de que estas cualidades tan profanas se han multiplicado, es que el hombre sufre y no puede entender su propia naturaleza y es también por ello que se está degradando la calidad de la vida humana.

Después de que Hanuman encontrara a Sita en Lanka, de volver para darle las buenas noticias a Rama y a Lakshmana, ellos, Hanuman y Jambavan descansaban a orillas del océano. Miles de otros monos se les habían unido en su marcha hacia Lanka. Era una noche de Luna llena. La fresca luz de la Luna los mostraba a cada uno de manera claramente serena. Como Rama estaba algo agotado, descansaba con la cabeza apoyada en el regazo de Lakshmana. Nadie pudo dormir esa noche, ya que todos debían partir hacia Lanka al día siguiente y participar en la lucha en contra de Ravana, de modo que Rama y Lakshmana les daban palabras de aliento a los demás. Rama, pese a estar recostado apoyándose en Lakshmana, no podía relajarse. Le preguntó a Lakshmana y a Sugriva qué pensaban de la mancha oscura que se ve en la Luna. Cada uno comenzó a dar su propia versión. Alguien dijo que, debido a que la Luna se había separado de la Tierra, el polvo que quedó sobre ella se veía de este color azulado. Alguien más señaló que se trataba de conglomerados y de polvo sobre la Luna. Cada uno comenzó a entregar su propia interpretación. Todos los guerreros, Angada, Nala y Neela comenzaron a dar sus respuestas. Rama se encontraba con el ánimo relajado y complaciente y por ello, todos los que le rodeaban disfrutaban dando respuestas. Hanuman no pronunciaba palabra. Para mostrarle a los demás algo de la actitud y el comportamiento de Hanuman, Rama le planteó hacia el final la misma pregunta. Hanuman tenía los ojos llenos de lágrimas y en su corazón no había otra cosa que el nombre y la forma de Rama. Contestó que, debido a que Rama reclinaba su cabeza sobre el regazo de Lakshmana, el reflejo de su rostro en la superficie de la Luna aparecía como una mancha oscura. Ello mostró que los pensamientos y las palabras de Hanuman eran tales que cualquier cosa que dijera, cualquier cosa que viera o cualquier cosa que pensara, no era más que Rama y el nombre de Rama. Cada pelo sobre su cuerpo estaba impregnado con el nombre de Rama.

Hanuman era alguien que se encontraba en todo momento inmerso en el espiritual y sagrado nombre de Rama. Porque es muy equivocado pensar que Hanuman pertenecía a la tribu de los monos y que poseía una mente siempre inquieta. Hanuman era la personificación del aspecto del Creador Universal que está quieto y es un testigo. Si tal Divinidad se reúne con otro aspecto de la Divinidad, no cabe duda de la fuerza redoblada que se produce. En cada ser humano la Divinidad se encuentra presente en la forma del Alma. Para que podamos entender al Alma Sagrada que está presente en nuestro cuerpo, hemos de considerarla simplemente como un contenedor para el Alma.

Hemos de tratar de suprimir y de controlar los deseos que se generan desde el interior del cuerpo. Aquí va un pequeño ejemplo al respecto: A veces salimos de picnic al jardín. Nos rodeamos de varias comodidades, cocinamos nuestro alimento, nos sentamos por ahí y nos relajamos placenteramente. Si quisiéramos preparar nuestro alimento en la selva, ¿qué habríamos de hacer? En esta época moderna, llevamos con nosotros una cocinilla, cacerolas y otros implementos. En los tiempos de antaño estos implementos no existían. Se solía llevar algunos recipientes y algunos materiales necesarios para preparar los alimentos. Cuando queremos cocer alimentos, preparamos un fogón con tres piedras. Sobre las tres piedras apoyamos una olla. Echamos agua en la olla y al agua le agregamos arroz. Bajo el recipiente apoyado en las tres piedras encendemos fuego. Encendemos el fuego para que el agua pueda hervir y se cueza el arroz. El fuego que hemos encendido entre las tres piedras no toca directamente el arroz, sino que toca el recipiente, a través del recipiente toca el agua y a través del agua toca el arroz que se cuece. En esta analogía hemos de reconocer que nuestra vida es un ejemplo de la senda del Espíritu Supremo. La vida es como una selva. En esta selva de la vida, las tres piedras son los gunas de satva, rajas y tamas (atributos del equilibrio, la inquietud y la inercia). En la selva de la vida ponemos el recipiente de nuestro cuerpo sobre estas tres piedras. Dentro del recipiente de nuestro cuerpo los deseos que albergamos en él vienen a ser como el arroz. El arroz está cubierto de Amor que puede ser comparado con el agua. Entonces echamos mano del fuego de la Sabiduría entre las tres piedras. Ese fuego de la Sabiduría cocerá el arroz utilizando el agua del Amor y ahuyentará todos los deseos. Cuando este arroz está bien cocido, ya no hay un renacimiento. Cuando los deseos se han eliminado por completo, no queda oportunidad alguna para conseguir malos deseos. Sin embargo, uno podría hacerse la pregunta de: ¿será posible eliminar completamente todos los deseos? Es imposible. Pero tenemos que hacer el intento de orientarlos en la dirección correcta. Cualquiera sea el trabajo que podamos hacer, debemos llevarlo a cabo con el aspecto de Amor. Sólo así seremos capaces de obtener la sagrada dicha.

*El secreto de la felicidad reside no en hacer lo que a uno le guste, sino en que a uno le gusto lo que deba hacer. Cualquiera sea el trabajo que deban llevar a cabo, habrán de hacerlo con placer y con gusto. Tomando este tipo de Amor como base, Hanuman era el que siempre se encargaba, con una obediencia completa, de las órdenes de su Señor. Nunca dejó lugar a dudas o vacilaciones en su mente con respecto a las órdenes de Ramachandra.

Hoy en día, la vida del hombre se ha convertido en un atado de dudas y vacilaciones. En verdad, el hombre ve las cosas con sus propios ojos, pero no es capaz de creerle a sus propios ojos. A veces le cree a su oído, pero en ocasiones tampoco es capaz de creerle. Un individuo débil, incapaz de creerle a su propio oído ni a sus propios ojos, ¿cómo podría creer ni tener fe en alguien más?

Jóvenes: Ustedes son los futuros ciudadanos de este país; deberían tratar de ver y de disfrutar con sus propios ojos y gozar vuestra propia experiencia. No intenten hacer uso de ojos occidentales, oído occidental y pensamiento occidental. Aquellos que son ciudadanos de Bharat deberán aceptar y reconocer las condiciones de nuestro país y sus necesidades, y seguir por una senda consistente con los ideales de nuestro país. El tipo de cultura que absorbamos y el tipo de senda que aceptemos deberán ser apropiados para nuestro país. Lo que sea apropiado para otros países será adecuado para ellos y no para nosotros. Puesto que los países son diferentes, que las épocas y el medio ambiente son diferentes, no nos es posible establecer una conducta de vida común para toda la gente. Aquí va un pequeño ejemplo al respecto.

Esta tarde, la hora en este lugar y este país, son las 18.30. Van a un club y puesto que un amigo vuestro vive en América, quieren hablarle por teléfono a esta hora vuestra de las 18.30, pero no obtienen respuesta, porque a esa hora está profundamente dormido en su dormitorio. En este punto del tiempo, cuando es de madrugada en otro país, es la tarde en éste. Es por ello que la conducta apropiada dependerá del contexto del país y de los tiempos que corran.

¡Encarnaciones del Alma Sagrada!: Hemos de reconocer lo sagrado de nuestro país de Bharat y, aceptando la sagrada cultura de esta tierra, recordando sus sagradas tradiciones, los estudiantes deben estar preparados para llevar a la práctica el ejemplo ideal que ellas ofrecen. La Verdad es nuestra vida, la Verdad es Dios para nosotros. La Verdad lo es todo para nosotros. Mas si por motivo de alguna razón egoísta nos volcamos hacia la falsedad y nos comportamos de manera injusta y ruda, ¿tendrá nuestra vida algún ideal que mostrarle a los demás?

Estudiantes: El tipo de ideales que contiene la historia del Ramayana es muy necesario para cada individuo, para cada país y para cada grupo de personas. Ya sea para nuestro pesar o para nuestra degradación, somos responsables del tipo de trabajo a que nos dediquemos. Es por ello que decimos: "Sean buenos, hagan el bien y vean el bien", éste es el camino hacia Dios. Lleven a cabo un buen trabajo, vean buenas cosas, vivan de buena manera y mueran como un buen hombre.

NADIE PUEDE SEPARAR
A UN DEVOTO REAL DE SU SEÑOR

*Los niños que no tengan buenas cualidades,
la educación que no tenga un propósito y una comunidad
que no tenga moralidad, son todos perfectamente inútiles.
Asimismo, son igualmente inútiles una vida en la que no haya paz mental
o una noche en que no brille la Luna.
¡Escuchen esta verdad, oh valientes hijos de Bharat!*

Estudiantes: En todos los seres de este mundo hay un pensamiento común que se expresa libremente en sus mentes. Sienten que no han de cometer pecados, que no han de mentir y que no deben dañar a nadie. No obstante, se ha convertido en un rasgo característico, en todos ellos, que esto sea un pensamiento y no una práctica. Sabiendo que mentir causará daño, la gente sigue mintiendo. ¿Qué significa esto? Incluso después de reconocer que el causar daño o perjudicar a otros se reflejará de vuelta en uno en cualquier momento, la gente sigue dañando y perjudicando a otros. ¿Cuál es la motivación interna que le hace a uno hacer estas cosas malas, incluso sabiendo que son malas? El hombre desea alcanzar frutos positivos llevando a cabo obras meritorias y virtuosas y, sin embargo, en la práctica no lleva a cabo sino actos indignos y de maldad. El hombre no desea sufrir los resultados del pecado y, sin embargo, sigue cometiéndolos. ¿Qué es lo que hay dentro de él que lo lleva a cometer tales acciones? En general, hay tres tipos de características: satva (pureza), rajas (inquietud) y tamas (inercia). Las dos últimas crean dificultades y son muy perjudiciales. La cualidad de rajas tiene un hijo que tiene rasgos demoníacos. Su nombre es lujuria. Este hijo que lleva este nombre, entra en la mente y el corazón de muchas personas y les hace caer en todo tipo de cosas malas. Tiene la cualidad de poder destruir a mucha gente acercándose a ella. Si la lujuria se acerca a una persona, eliminará y someterá incluso a las buenas cualidades que tenga. Ravana era un gran sabio. Era una persona devota. Hacia el final y debido a esta mala cualidad de la lujuria, hizo cosas que destruyeron a su dinastía y a todos sus amigos. También la tercera cualidad, la inercia, tiene un hijo que es muy cruel y es aquél a quien podemos llamar ira. Tan pronto como la lujuria logra tomar la mente del hombre, este otro hijo, la ira, también lo someterá y romperá la vasija de la sabiduría que hay dentro del ser humano. Estas cualidades, la lujuria y la ira, no contribuyen a promover una buena naturaleza humana. En cambio, la destruyen y arrastran hacia lo profundo de la degradación y la barbarie.

La cualidad de la lujuria no encuentra satisfacción bajo ninguna circunstancia. A menudo se la ha comparado al fuego. A veces el fuego puede ser insaciable. En este sentido significa que por mucho que lo experimenten y lo disfruten nunca los satisfará. Siempre querrán más y más. Mientras más combustible le agreguen al fuego, más se incrementará. Jamás se lo podrá extinguir poniendo más combustible. De manera similar, mientras más hagan por satisfacer sus deseos, más los incentivarán. Jamás menguarán por mucho que se haga por satisfacerlos o apaciguarlos. Al no someterse al imperio de la lujuria, Hanuman se hizo digno de la gracia de Rama.

Buscando a Sita, ingresó a Lanka y comenzó a buscar en varias de las mansiones. Si desea encontrar a Sita, es obvio que tiene que buscarla entre las mujeres y no entre los hombres. Ramachandra le había entregado la descripción, como para que pudiera identificarla, de modo que Hanuman trataba de descubrir las características detalladas, entre las muchas mujeres que veía. Examinaba los ojos y las orejas de las mujeres que vio en las dependencias del rey, para ver si descubría los signos que le había descripto Ramachandra. Pero pasado algún tiempo sintió un disgusto en su propia mente. Llegó a orillas del océano y se preguntó cuántos pecados habría cometido teniendo que mirar los rostros de todas esas mujeres. En estas condiciones pensaba cómo podría volver junto a Ramachandra, y se decía que prefería suicidarse a volver junto a El. Por algún tiempo pensó en el sagrado nombre de Rama y lo repitió purificando así su mente. Reconociendo que Rama se encontraba presente como el "sí mismo", concluyó que, al suicidarse, estaría dándole muerte a su "sí mismo", a Rama en cuanto el Alma, y se quedó satisfecho pensando que, al entrar a Lanka, no había hecho sino obedecer las órdenes de Rama. Tuvo la valentía de llegar a la decisión de que todas las cosas que hiciera obedeciendo solamente las órdenes de Rama, jamás le perjudicarían. Tomada su decisión, se internó en el Ashoka Vana. Hanuman poseía tal claridad mental que se sintió completamente seguro. Sabía que acatando las órdenes de Rama, no cometería pecado alguno.

Es necesario que los jóvenes de hoy reconozcan y entiendan la senda seguida por Hanuman, como para que no pueda señalarse falta alguna en el trabajo que realicen. Cuando Hanuman miraba a una mujer, le invadía el sentimiento de que era su madre. Se hacía la pregunta: "¿Podría esta dama ser mi madre Sita?" y en esta forma miraba a todas las mujeres. Fue esta sagrada idea que llevaba en la mente la que mantuvo a Hanuman alejado de todo pecado. En lo que se refiere a Hanuman hay una serie de incidentes que constituyen ejemplos ideales para nosotros. Rama quería proclamarlo al mundo como un ser ideal. En el momento de su coronación, Rama le obsequió presentes a muchos. Pese a que los distribuyó a todos, nada le dio a Hanuman y ello hizo que, en su fuero interno, Sita tuviera problemas. Como había estado involucrada en la vida que llevaron en la selva, era testigo de cómo Hanuman estaba siempre cumpliendo las órdenes de Rama, así que se preguntaba por qué Rama no le había hecho ningún regalo y lo lamentaba. No pudiendo callar lo que consideraba una injusticia, se acercó quedamente a Rama y le dijo lo que sentía. Rama le dijo que siendo sus sentimientos tan fuertes, podía entregarle a Hanuman el presente que quisiera. Sita llevaba al cuello un valiosísimo collar y se lo quitó, obsequiándoselo a Hanuman.

Este sostuvo el valioso collar de perlas en sus manos y comenzó a sacarlas una a una para partirlas, luego las sostenía un momento junto a su oreja y entonces las lanzaba lejos. Así fue desechando una a una las perlas. Rama y Lakshmana lo miraban con sorpresa. Sita se enojó algo y, conociendo la situación, llamó a Hanuman para proclamar ante todos su naturaleza, por lo que le preguntó por qué estaba lanzando lejos las perlas, comportándose así como un mono.

Hanuman le contestó que, al partir las perlas, buscaba ver si podía escuchar en ellas el nombre de Rama. Indicó que, si no podía escuchar el nombre de Rama, la perla carecía de valor para él y por eso la desechaba. Indicó que aunque se tratara de una perla, si no surgía de ella el sonido de Rama no era más que una piedra para él. Sita le preguntó entonces si podía escuchar el nombre de Rama hasta en las cosas inanimadas, y Hanuman le contestó que no quería nada sobre sí que no produjera este sonido. Sita inquirió entonces si quería significar con eso que todo su cuerpo estaba lleno con el nombre de Rama. Hanuman se arrancó entonces un pelo y lo acercó a los oídos de Sita y de Rama. Sita pudo escuchar que hasta ese pequeño pelo entonaba el nombre de Rama. Podemos ver con esto que todo el cuerpo de Hanuman estaba lleno del nombre de Rama. ¿Habría, entonces, espacio para la lujuria en su cuerpo? Es una verdad establecida que donde está Rama no puede estar la lujuria y en donde hay lujuria no queda lugar para Rama.

Hanuman determinó y proclamó que mirar y hablar a otras mujeres constituía un gran pecado. Cuando Hanuman iba atravesando la selva de Ashoka, todos los demonios lo rodearon, lo capturaron y atándolo fuertemente lo llevaron ante Ravana. Ravana le hizo una serie de preguntas, pero Hanuman no contestó ninguna. Tan pronto como vio a Ravana, Hanuman se enfureció, pero así y todo se dedicó a hablarle a Ravana sobre las buenas cualidades y virtudes y a explicarle cómo uno habría de empeñarse en conseguirlas. Dirigiéndose a Ravana le pidió que reconociera que lo que había hecho era erróneo. Le señaló que al raptar a Sita, había traído a la madre misma de la Creación a Lanka, y la mantenía cautiva. Le amenazó con destruir por completo a Lanka para darle lección a Ravana.

Las mujeres pueden ser equiparadas a madres de la Creación. A nuestro país lo llamamos "madre patria" y no "padre patria". Con esto Hanuman le está enseñando a los jóvenes el por qué han de tratar a las mujeres como a madres. Este tipo de actitud se hace esencial para los jóvenes de hoy. Sólo cuando podamos promover tales cualidades, seremos capaces de resucitar a la gloriosa cultura de Bharat. Si carecemos de buenas cualidades o virtudes, toda nuestra vida será inútil. Por el bien del mundo son necesarias las personas dotadas de buenas cualidades. Como dijo una de las personas que intervino en la mañana, puede que adquieran muchos títulos, que logren las más altas calificaciones y rangos, mas ¿de qué sirve todo esto? Cualquiera sea el grado de educación que tengan, si carecen de buenas cualidades, de moralidad y de una actitud ética, toda vuestra instrucción no valdrá nada y será inútil. La verdad y la moralidad son cosas que vuelven sagrado el corazón del hombre.

En el mundo actual hay muchas clases de poderes que podemos ver. Todo poder con el que generalmente nos topamos es poder mundano, poder material y poder conexo a la política. De todas las clases de poder, el más poderoso es el poder político, que representa la fuerza que ha de adquirirse al gobernar un país. En este sentido, es posible que pensemos que el poder dhármico (de la Acción Correcta) o el espiritual no bastan. ¡Estudiantes!: El que pensemos que el poder político, la fuerza basada en la política, sea más potente que la fuerza del Alma o de la dhármica (Rectitud) es un error. Debemos mantener la actitud de considerar que todas estas clases mundanas de poder derivan de la Fuerza Divina. Los poderes políticos no pueden sino lograr cambios en el cuerpo de uno. Mas los poderes espirituales y dhármicos (correctos) pueden transformar la mente y producir un efecto en ella. Sin que se transforme la mente, no será suficiente ningún cambio en el cuerpo. Hoy en día es muy necesario el cambio de la mente. El poder político es como una casaca que visten hoy en día y que se quitan mañana. El día que usen una casaca en particular les puede parecer que les sienta, pero cuando se la quitan puede que les parezca fea. Las casacas no son permanentes. En cambio, el efecto del poder dhármico y del poder espiritual se produce en la mente, y cualquier transformación o efecto que produzcan será permanente.

¡Encarnaciones del Alma Sagrada!: Hombres como Lal, Bal y Pal pueden haber tomado parte de muchas maneras en la política del país y le han servido a través de ella. Pero ¿por cuánto tiempo perdurará su reputación o el valor de su acción en este país? De ellos, Balangadhar Tilak, a quien nos referimos como Bal, tradujo el Bhagavad Gita y escribió comentarios sobre las Escrituras y por eso su nombre se ha mantenido en vigencia en este país, hasta cierto punto. Buda y Ramakrishna Paramahamsa, por otra parte, son nombres que han permanecido de manera constante, porque ambos siguieron la senda espiritual. Personas como Guru Nanak y Guru Gobind ayudaron a darle prosperidad y fuerza espiritual al país. Es por esta razón que son tan respetados. Así también Jesucristo trabajó por el bien de toda la humanidad y le entregó felicidad a los seres humanos. Sacrificó hasta su vida misma y es por esta razón que su nombre ha permanecido. Deben reconocer que vuestra educación no habrá de concentrarse exclusivamente en asuntos mundanos. La instrucción también habrá de contener los aspectos espirituales y éticos. Sólo cuando se reúnen estos tres aspectos, el del mundo, el espiritual y el ético, la educación adquiere algún sentido. El pensar que sólo vale para adquirir diplomas no es correcto. No orienten su ambición sólo hacia la adquisición de diplomas. Deberán esforzarse y trabajar por la prosperidad del país. Han de conseguir los diplomas, pero sin dejar de trabajar con sus manos en beneficio del pueblo. Un diploma de Bachiller en Artes es como un pocillo de limosna, de modo que si en lugar de sostener el pocillo en la mano yendo de una oficina a la otra mendigando por un puesto, trabajan con sus propias manos ayudándose a sí mismos y también a otros, ello resultará mucho más útil.

El propósito que tuvieron los gobernantes extranjeros al establecer el actual sistema educacional, fue para que pudiéramos servirles y también llevarnos a imitar y seguir sus métodos y su estilo de vida. El objetivo de esta educación que nos entregaron personas foráneas, no servía sino para responder a sus necesidades egoístas, pero no al bien del país. La educación no debe desembocar en la esclavitud del pensamiento y la mente propios. La educación real, la que es de importancia para el país, es aquella que les confiere el coraje para ir a actuar en dondequiera que haya injusticia, desconsideración o falsedad. Nuestra educación vinculada con la cultura de Bharat deberá ser aquella que les permita pararse sobre sus propios pies.

Debemos llevar a cabo el intento que en aquella educación que sea apropiada para nosotros, no se inserte el aspecto de la lujuria en sus mentes, sino que se integre a ellas el aspecto de Amor. Hemos de integrarnos a la sociedad del país con esta esencia de Amor y ser capaces de prestarle servicios a la sociedad con Amor.

Una persona que habló en la mañana indicó que, puesto que se han juntado mil estudiantes aquí, ustedes habrían de transformarse en otros tantos mensajeros. En verdad, todos los estudiantes deberían capacitarse para proclamar los ideales que se enseñan aquí y para ponerlos en práctica. Habrán de mostrarle a otros la senda de la Verdad y el Amor. Habrán de promover en sí mismos la esencia del Amor y esto por sí mismo mejorará las relaciones que en verdad han de existir entre un hombre y otro.

La historia del Ramayana nos puede ayudar mucho para propagar este camino de la Verdad. En una ocasión, Kausalya, la madre de Rama, Anjani, la madre de Hanuman y la madre del sabio Agastya estaban juntas, sentadas conversando. La madre de Hanuman preguntó a las otras si habían reconocido el poder y la fuerza de sus hijos e indicó que el suyo había podido atravesar de un salto millas y millas de océano. La madre del sabio indicó que, mientras Hanuman había saltado por sobre el océano, su hijo lo había tragado de un sorbo. Kausalya señaló entonces que lo que ambos habían hecho habían podido hacerlo porque pronunciaban constantemente el nombre de Rama. Puntualizó que con la ayuda y el poder del nombre de Rama había podido

Agastya tragar el océano de un sorbo y Hanuman saltar por sobre él.

Hanuman era una persona muy inocente. No había engaño alguno en él. Los seres humanos de hoy están cubiertos por una gruesa capa de engaño, y pensamos que estas personas son muy inteligentes. Aquel que transita por la senda de la Verdad y que no sabe cómo practicar el engaño es una persona inocente. Hoy en día, sin embargo, consideramos a una persona así poco inteligente y pensamos que no sabe arreglárselas en el mundo. Esto no es justo. Porque, en realidad, una persona inocente es muy fuerte.

Debido a que era su cumpleaños, Rama invitó a un cierto número de personas a una fiesta. Hanuman quedó muy cerca de Rama ese día. Terminada la cena, la conversación fue muy agradable para todos, de modo que partieron a sus respectivos hogares con ánimo muy alegre. Hanuman no tenía un hogar propio, vivía con Rama. En esa ocasión deseaba quedarse con Rama y Rama accedió. Entrada la noche, Sita tomó un jarro con agua y se dirigió a sus aposentos. Más adelante entró Rama y Hanuman también le siguió. Rama se volvió hacia Hanuman y con palabras muy dulces le dijo que podía retirarse a descansar. Hanuman le preguntó por qué no podía seguirlo al dormitorio. Sita había entrado y si había entrado ella, por qué no podía entrar él. Rama señaló entonces el punto rojo que Sita llevaba en el entrecejo y le contestó a Hanuman que eso le daba derecho a entrar en su dormitorio. Esto implica que Rama estaba indicando que Sita era como decir la mitad de su propio cuerpo. Al oírlo, Hanuman se fue a la ciudad y comenzó a buscar el lugar donde podía encontrar tinte rojo. Compró todo el que pudo encontrar y con ello pintó todo su cuerpo, para volver luego adonde Rama y le dijo: "Si un pequeño punto rojo sobre la cabeza de Sita le da derecho a entrar en tu dormitorio, y yo he puesto tinte rojo en todo mi cuerpo, ¿por qué no puedo entrar también yo?" En esto podemos ver que el intenso deseo de estar cerca de Rama en todo momento era lo que hacía que Hanuman fuera inocente.

Hay otro incidente que muestra la devoción de Hanuman. Debido a que su devoción y su fe eran sagradas, en todo trabajo que emprendía salía victorioso. Por el hecho de estar las veinticuatro horas del día junto a Rama, atendía todos los servicios que este requería. Sita, Bharata, Lakshmana y Satrughna veían que no quedaba servicio alguno que pudieran prestarle al Señor. Fue así que Lakshmana, Bharata y Satrughna fueron un día a hablar con Sita y se quejaron de que no les quedaba ninguna oportunidad de servir a Rama porque Hanuman estaba las veinticuatro horas del día junto a El. Le pidieron que organizara las cosas de manera que todos los servicios que requiriera Rama fueran distribuidos de manera equitativa entre ellos. Luego establecieron una larga lista de servicios que había que prestar desde una mañana hasta la mañana siguiente. También le rogaron a Sita que hiciera aprobar todos los servicios por Rama. Rama miró la lista y aprobó todos los servicios, sugiriendo que se los distribuyeran entre ellos, y que entonces fueran a hablar con Hanuman y le comunicaran que, en lo que a él le concernía, no quedaba ningún servicio por prestar. Los hermanos le mostraron la lista a Hanuman y le comunicaron que todos los servicios se los habían distribuido entre ellos, de modo que ya no tendría nada que hacer a partir de la mañana siguiente. Hanuman reflexionó por unos instantes y pensó en el nombre de Rama, luego le solicitó a Lakshmana que si quedaba algún servicio por hacer, se lo dieran a él. Los tres hermanos repasaron cuidadosamente la lista y llegaron a la conclusión de que no quedaba nada por hacer. Pero accedieron en cuanto a que si quedaba algo restante, se le encargaría a Hanuman. Hanuman indicó que aún quedaba algo y pidió que se le encargara. Cuando los reyes o los mayores bostezan, es costumbre chasquear los dedos frente a sus bocas, y Hanuman pidió encargarse de ello. Desde ese momento, Hanuman insistió que dondequiera que fuese Rama, él debía estar presente, ya fuera en el dormitorio o en la sala de baño. Insistió en ello, porque no se podía determinar cuándo bostezaría Rama y, cuando lo hiciera, él debía estar presente. Fue así que resultó que el ínfimo servicio que restara para Hanuman, necesitaba de su continua presencia e hizo que estuviera cerca de Rama en todo momento.

Lo que hemos de observar aquí es que, pese a todos los

intentos de Lakshmana, Bharata y Satrughna para no dejarle servicio sobrante alguno a Hanuman, fue la santidad de éste la que le posibilitó encargarse de un servicio que exigía estar siempre junto a Rama. Nadie puede apartar a un devoto real de la presencia de su Señor.

DE NADA LE VALIO A RAVANA SU ERUDICION SOBRE LOS VEDAS, POR SU PRACTICA ERRONEA

Cuando un pecador ve que la prosperidad le sale al paso,
se siente capaz de desafiar incluso al Señor.
Mas cuando desaparece su prosperidad, se vuelve humilde
y comienza a vislumbrar la verdad.

¡Encarnaciones del Amor!: Si un individuo desea llegar a ser una persona importante, habrá de contar con tres buenas cualidades. La primera será la de poseer una fe firme e inalterable en la necesidad de ser bueno. La segunda, la de estar libre de odios, envidias y ego. La tercera, la de ser capaz de apreciar y de gozar al ver a otro individuo o a la sociedad que le rodea hacer un buen trabajo. Es a través de estas cualidades que llegará a saberse de la grandeza de una persona.

Las antiguas tradiciones de Bharat (India) han reconocido y proclamado siempre la grandeza de estas cualidades en un individuo. No es solamente que se llegue a establecer la importancia de un individuo, sino que hasta la reputación del país se hará conocida a través de los ciudadanos individuales que posean estas cualidades. Si queremos que el país se haga grande y que esta grandeza sea reconocida fuera de él, es necesario que los gobernantes del país también las posean.

Lamentablemente, hoy en día ha estado señalando que tales virtudes no son esenciales, justamente la gente que es incapaz de reconocer la verdad en nuestra ancestral cultura. Tales personas, incapaces de reconocer los valores en nuestra cultura, andan diciendo que nuestras tradiciones representan grilletes para el progreso y que actúan como un obstáculo para la libertad de nuestra mente. Insisten en que las peregrinaciones no son necesarias y que visitar a grandes santos no es más que un signo de debilidad mental. Puede que no todos ustedes se hayan dado cuenta de que este tipo de declaraciones no representan sino discursos de plataforma que lanzan personas que ocupan posiciones de autoridad y de poder. A veces también son motivados políticamente. Estas palabras se emiten de manera muy superficial, sin profundidad alguna de investigación o de reflexión que las apoye.

Los jóvenes no deberán prestar mucha atención a este tipo de declaraciones tan superficiales, sino que procurarán reconocer el valor de la verdad que encierra nuestra cultura ancestral y atenerse a ella. La gente sabia no se convierte en esclava de sus deseos ni acepta sin reflexionar la senda material que proveen la ciencia y la tecnología para satisfacer los deseos. Los individuos que han llegado a aprovechar el poder nuclear están comenzando a pensar que hasta su poder discriminatorio está siendo engullido por sus propios inventos. Son incapaces de reconocer la verdad sobre el hecho de que esas máquinas que han creado y las mismas armas que han construido van a engullir sus propias vidas. Piensan que dedicar sus vidas y recursos a la persecución de materias que no guardan relación alguna con su real bienestar es justo. No se dan cuenta de que al hacerlo están desperdiciando sus vidas.

¡Encarnaciones del Amor!: Para poder reconocer la Divinidad del hombre debemos aprender a respetar el Servicio. El deber del hombre es el de servir a la sociedad de la que forma parte. Se da el caso hoy en día que todas nuestras ideas y nuestros pensamientos los hemos tomado en préstamo de otros. Todos parecen transitorios. Pareciera que no hay en absoluto valores permanentes.

Cierto es que los occidentales han hecho progresos considerables en la ciencia y que han adquirido el dominio sobre el mundo material. Pese a todo eso, no son capaces de dar ninguna respuesta a los desafíos que plantean los textos sagrados como las Upanishads. Debido a que hemos puesto tanta fe en la experiencia mundana y en las cosas que se basan en dicha experiencia, somos incapaces de conocernos a nosotros mismos. Cada individuo imagina que ha logrado grandes cosas y tales logros son utilizados con el propósito de proclamar su propia grandeza y de ensalzar su reputación. En verdad, sin hacer uso de nuestra fuerza y nuestra inteligencia en la senda correcta, queremos emplearlas con el propósito de proclamar interesadamente nuestra propia grandeza. Deberíamos dedicarnos a promover el bien total, el bien de la comunidad, de manera desinteresada, con Amor puro e inegoísta.

Las personas que hoy en día le dan su apoyo a diferentes cosas producidas por la ciencia, se sienten ellas mismas confundidas con respecto a si estas cosas servirán para el bien del pueblo o si lo perjudicarán o dañarán. Sólo cuando alguien haya logrado un completo control sobre su mente y su inteligencia y crea en la verdad de que la Divinidad está presente en cada ser humano, le será de alguna utilidad este conocimiento científico. Aunque uno pueda poseer una considerable cantidad de fuerza en el sentido material de la palabra, existe la probabilidad de que pueda perder todo lo que tenga, si carece del poder espiritual. Ravana poseía considerable poder mundano, e incluso poder moral, y era un devoto de Dios. Sin embargo, cayó hasta lo más profundo por causa de sus cualidades negativas como la envidia y la ira.

Para cualquiera es una virtud sagrada ser capaz de gozar y de apreciar lo bueno en otras personas. Mayor que ella es la cualidad por la que nos libramos del egoísmo y aplicamos todos nuestros recursos al propósito de hacer el bien a otros. Es cierto que personas como Hiranyaksha, Hiranyakasapa y Ravana poseían muchas grandes cualidades y un considerable coraje, pero había algo que le faltaba al tipo de devoción y de fe que tenían. Por eso tuvieron que sufrir.

Sea cual fuere el saber y la instrucción que uno logre adquirir, la educación se transforma en algo útil sólo cuando uno puede reconocer que todo aprendizaje no debe tender sino a capacitarle para hacerse digno de la Gracia de Dios. ¿De qué sirve ser docto en varias ramas del conocimiento? ¿Le es posible a uno cambiar por este medio el destino que se le ha dado? Cuando vuestra cabeza está llena de malas ideas, se vuelven romos vuestra inteligencia y pensamientos. Se debió a que Ravana tenía las tres malas cualidades de la envidia, la ira y el ego que fuera despojado de toda oportunidad de éxito, pese a contar con varios poderes. En aquel que sufra de ego, faltará el poder para discernir entre lo que es transitorio y lo que es permanente. Aquel que desarrolle la envidia perderá la bondad y la habilidad de dar libremente. Aquel que desarrolle la ira, perderá toda oportunidad de aspirar a las alturas de la gloria e incluso desaparecerán las posesiones que tenga. Desaparecerán, asimismo, su reputación y su fuerza, justo en el momento en que más las necesite. Aquellos que estaban cerca de él, se distanciarán. Para aquel que desarrolle el orgullo, todo se volverá malo. Los que sufren de ira no podrán obtener resultados, y sentirán vergüenza en los momentos cruciales.

Ravana gobernaba su reino y su capital podía compararse con el cielo, pero a causa de sus cualidades negativas perdió su propia felicidad, su reino y todo lo que poseía. De hecho, destruyó a su propia familia y dinastía. Conocía todos los códigos de conducta que le corresponden a un rey, sus conocimientos eran vastos y, sin embargo, se comportaba como un mono. Sabía muchas cosas, pero por no poner sus conocimientos en práctica, era peor que aquel que carece en absoluto de conocimientos.

Cuando Hanuman entró en Lanka como embajador de Rama y le habló a Sita, Ravana lo supo y ordenó castigar a Hanuman. Esto es absolutamente contrario al código de conducta de un rey. Matar a un embajador o castigar a quien ha venido como mensajero a nombre de un tercero, no responde al código de conducta del rey de un país. Vibhishana trató de explicarle este principio a Ravana e intentó que liberara a Hanuman. Pero, de hecho, Ravana albergaba tantas otras malas cualidades e ideas que a menudo se lanzaba a emprender cosas que no debían hacerse. Muchas veces incluso intentó darle muerte a Sita. Mandodari, la mujer de Ravana, trató de enseñarle que matar a una mujer representa un grave error y que estaba cometiendo un gran pecado. Estas cualidades negativas en él le hacían tomar siempre por el camino equivocado y le creaban grandes dificultades. En una ocasión Mandodari fue hasta su marido y le dijo: "Conoces todo el Dharma (la Rectitud) y todos los códigos de la Conducta Correcta. Con toda esta sabiduría, ¿cómo es que haces cosas equivocadas? ¿Qué es lo que pasa? ¿Cómo lo puedes explicar? ¿Qué sentido interno tiene tu comportamiento? Además, tienes toda la capacidad y el poder hasta para asumir la forma que quieras. El día que trajiste a Sita a Lanka, tomaste la forma de un renunciante y la engañaste. ¿Por qué te exigís todo este trabajo para conquistar a la sagrada Sita? Conque asumieras la forma de Ramachandra tan sólo, Sita sería tuya. ¿Por qué no tomaste ese camino?"

A ello, Ravana le contestó que la forma de Ramachandra era sagrada y Divina y si tomara esa forma, ¿le quedaría alguna cualidad negativa? Esto significa que Ravana sabía muy bien que las características que uno tenga serán las apropiadas a su forma. Como él tenía la forma de un demonio, eran las cualidades demoníacas las que se mostraban. La gente de hoy tiene forma humana. Las personas parecen humanas, pero se comportan como demonios. Existe una contradicción en esta situación. Desde el momento en que hemos tomado la forma humana deberían germinar en nosotros las cualidades apropiadas para un ser humano. Podemos expresar de palabra que somos seres humanos, que somos devotos, que Dios en la forma del Alma está presente en nosotros, pero se ha vuelto muy raro que estas declaraciones se lleven a la práctica. La primerísima cosa que deberíamos hacer en este contexto, es corregir nuestras prácticas. Por medio de nuestro esfuerzo podemos lograr cualquier cosa realmente grande. Nuestra vida reflejará el tipo de conducta que aceptemos y manifestemos en nuestra vida diaria.

Aquí va una pequeña historia. Había una vez un músico experto. Solía reunir a algunos niños y enseñarles música. En su casa se mantenía una buena costumbre: su mujer no comía hasta que él no llegara a casa; tan pronto llegaba, comían juntos. Mas cuando se acercaba la época de exámenes, empezó a pasar cada vez más tiempo con sus alumnos, haciéndolos practicar. De modo que un día, llegó a las cuatro de la tarde, siendo que siempre solía llegar a las dos. La mujer sentía hambre, pero no quiso romper con la tradición y le esperó. También estaba algo molesta. Hacia las cuatro, cuando llegó el marido, le indicó que había agua en un balde junto a una jofaina y al jabón. Le pidió que se lavara rápidamente para que pudieran sentarse a comer. Con la premura que su mujer mostraba, el marido se jabonó la cara y sin ver lo que hacía, puso la jofaina en la boca del pozo. Pero ésta cayó dentro del pozo. De alguna manera se limpió la cara y al abrir los ojos vio que tanto la vasija como la cuerda habían caído dentro del pozo. Comenzó a cantar y a apelar al Señor diciendo: "Oh Señor, la responsabilidad de velar por mí es Tuya". La mujer se asomó para recordarle que se apurara, pero sin prestarle atención, él continuó diciéndole al Señor: "Oh Señor, la responsabilidad de velar por mí es Tuya". Cuando la mujer se dio cuenta de que la vasija y la cuerda habían caído al pozo, le regañó diciendo: "Si sigues cantando así, sin hacer ningún esfuerzo por sacar la vasija y la cuerda del pozo y dejando toda la responsabilidad en manos del Señor, ¿cómo crees que van a salir de ahí? Tienes que hacer tú mismo el esfuerzo para sacarlos". Aunque el hombre posee fuerza y habilidades, no ha de depender solamente del poder y la fuerza mundanos. Deberá esforzarse y buscar de fortalecer sus intentos ganándose la Gracia de Dios.

Ravana conocía todo sobre la Rectitud, pero al no llevarla a la práctica, ¿para qué sirve simplemente conocerla a través de los textos? Todo Dharma que no se pone en práctica viene a ser tan malo como la iniquidad, y así también todo conocimiento que no se pone en práctica es tan malo como la ignorancia. Son muchos los jóvenes de hoy que saben lo que son las buenas obras y podrían hacer un esfuerzo y participar en ellas. Pero no hacen esfuerzo alguno. Lo primero que hemos de hacer es llevar a la práctica las cosas buenas que creemos que son buenas. El simple creer en que algo es bueno, la simple fe en que se es bueno es insuficiente. ¡Cómo podríamos obtener resultados sin practicar la Rectitud!

¡Encarnaciones del Alma Sagrada!: Ravana era experto

en todas las ramas del saber. Conocía cabalmente los cuatro Vedas. Tenía pleno conocimiento del contenido de los seis Sastras o Códigos Morales. Su conocimiento de los seis Sastras y los cuatro Vedas (que suman diez en total) representa la creencia de que Ravana tenía diez cabezas. Es una manera simbólica de decir que era un experto en las diez ramas del conocimiento. Ignorando este sentido interno, seguiremos diciendo simplemente que Ravana tenía diez cabezas, pero habríamos de preguntarnos ¿cómo podía dormir siquiera con diez cabezas? ¿Cómo podía llevar adelante sus deberes diarios con esas diez cabezas? Esto no es más que un atajo para hacer que las cosas parezcan ridículas. Puede que los escritores e historiadores le hayan simplemente descripto como una persona dotada de diez cabezas, pero el sentido interno de tal descripción es que Ravana poseía amplio conocimiento y profunda sabiduría. Pero con todo su poder y conocimiento, no se preocupaba en absoluto por la seguridad o la felicidad de la gente. Todo lo que le importaba era su propio goce, su propia seguridad y su propio placer. Hemos de notar que, pese a todas sus grandes y buenas cualidades, se comportaba muy mal. Hacia el final de su vida se dio cuenta de que todo lo que había hecho era pecado y que todos los caminos que había tomado habían sido erróneos. Todo lo que le había dicho Vibhishana era justo y no había podido seguir los consejos que le diera su mujer Mandodari.

Por mucho que nos arrepintamos hacia el fin de nuestra vida, resulta muy difícil que tal arrepentimiento se produzca en nosotros de una manera en que nos pueda compensar por nuestros pecados. Después de dejarse llevar por el pecado durante toda la vida y no hacer sino cosas malas, incluso aunque uno se arrepienta hacia el fin de la vida, este arrepentimiento no es de mucho valor. No es correcto el pasar arrepintiéndose, y pensar que este arrepentimiento nos redimirá de todos nuestros pecados. Lamentablemente, siempre el arrepentimiento llega mucho después del hecho y ya es demasiado tarde para hacer algo bueno por nadie. En el mundo de hoy es mucha la gente que está en esta situación. Cometen pecados e injusticias y piden perdón. Luego vuelven a cometer pecados e injusticias y nuevamente piden perdón.

De esta manera, si suman y restan durante toda su vida, ¿cómo podrían llegar a su destino con algún saldo de crédito a su favor?

Jóvenes de sagrada mente: Una vez que entiendan y reconozcan que alguna cosa está mal, que ella representa un pecado, nunca más vuelvan a cometerla a sabiendas por segunda vez. Solamente cuando puedan llevar sus vidas por senda en que haya discernimiento entre lo correcto y lo equivocado, harán que sus vidas tomen un curso lleno de propósito.

Durante los últimos quince días han estado prestándole oídos a todas las cosas buenas que contienen los personajes individuales de la historia del Ramayana. Hemos de creer que Rama significa a la Divinidad que está establecida dentro de nuestro propio corazón. Hemos de pensar que nuestra propia mente simboliza a Lakshmana. Nuestra inteligencia y nuestro corazón han de ser identificados con Sita. Las malas cualidades que nos conduzcan a cometer pecado han de identificarse con Ravana. La ira, la envidia y el odio son los atributos de los que parte el pecado. Ellos constituyen el lugar de nacimiento del pecado. Hemos de hacer el intento de hacer uso de la Verdad, la Acción Correcta, la Paz y el Amor para destruir al Ravana dentro nuestro, representado por las malas cualidades.

Cuando le damos lugar a la envidia, a la ira y al ego, nos convertimos en Ravana. Cuando seguimos la senda de la Verdad y del Dharma, nos convertimos en Ramachandra. El bien y el mal no son sino el resultado de la manera en que nos conducimos. Rama y Ravana no son dos personas separadas. Ambos están en nosotros y hacen que nos veamos como el uno o el otro de acuerdo a cómo actuamos. Es en este contexto que se ha dicho que, ya sea para el bien o para el mal, sólo nuestra mente es responsable. Si nos comportamos mal, seremos como animales. Si nuestra conducta es buena, seremos como un Ser Divino. Por eso es que los jóvenes han de guiar su conducta y su comportamiento diario por la senda correcta.

Estudiantes: Ustedes son los futuros ciudadanos de Bharat (India). Ya sea que busquen un ejemplo que valga la pena para la vida diaria o que estén en busca de un ideal dentro de sus corazones y mentes, con que sólo puedan introducir en ello algo de santidad, podríamos decir que están buscando la felicidad aquí y en el más allá. No es gran cosa adquirir buenas cualidades; la grandeza reside en mantener y en preservar las buenas cualidades que hayan adquirido. El llevar a cabo un esfuerzo consciente por adquirir lo que anhelan, vale decir, buenos ideales y buenos pensamientos, es lo que se ha dado en llamar Yoga y luego, hacer un esfuerzo consciente por retener y por usar lo que se haya adquirido es lo que se llama Kshema. Eso es el Yogakshema, la felicidad aquí y en el más allá. Pero hoy en día le atribuimos demasiada importancia a nuestro cuerpo. Este cuerpo que es transitorio, que es incierto, que se va a derrumbar uno u otro día, se destaca inmenso ante nuestra vista y pensamos que lo bueno para este cuerpo es la felicidad. Pueden protegerlo tanto como quieran, pero, llegado el momento, va a derrumbarse y morir. Es mejor vivir por tres años, o incluso por tres días, como una buena persona, que vivir cien años como una persona malvada. No ansíen ser un cuervo longevo, sino un cisne que vive por un corto período.

¡Encarnaciones del Alma Sagrada!: Han de adquirir cualidades buenas y sátvicas (puras). También habrán de controlar y regular el tipo de alimentos que consuman. Las malas cualidades y la naturaleza negativa que Ravana tenía puede ser atribuida en gran medida, al tipo de alimentos que consumía. En este sentido, nuestra vida diaria y nuestra conducta están determinadas por lo que uno come. Deberíamos hacer el esfuerzo por consumir solamente comida sátvica. ¿Qué es la comida sátvica? ¿La fruta y la leche lo son? No; si toman demasiada leche o demasiado requesón o si comen demasiada fruta, se acrecentará el tamoguna (la ignorancia) y eso no se puede describir como sátvico (armonioso y ecuánime).

Hoy en día se hace difícil definir el verdadero significado del alimento sátvico. Hablamos de ingerir alimento. ¿Cómo ingerimos alimento? De los cinco órganos sensoriales, la lengua es aquel por medio del cual saboreamos e ingerimos nuestro alimento. No basta que ingiramos alimento sólo por uno de los cinco órganos, vale decir, solamente la lengua. Por medio de nuestra boca podemos tomar pequeñas cantidades de leche o de frutas. Pero también hay otros órganos. Lo que vean con sus ojos también habrá de ser sátvico (puro). No hemos de mirar las cosas malas. Lo malo que se vea se transformará en una mala ingestión a través de los ojos. Hay un tercer órgano, las orejas. Lo que entre por ellas también será alimento. Deberemos prestar oídos sólo a cosas buenas. Este tipo de alimento habrá de transformarse en puro restringiendo el oído para que no escuche sino buenos sonidos. También está la nariz. A través de ella no habrán de aceptar sino aire bueno y limpio, y no aire viciado. Este constituye un mal alimento. También está la piel con la que tocamos las cosas. No se le ha de permitir a la piel que toque a cualquier ser o cosa que se le ocurra. Todos estos sentidos, el del oído, del tacto, del gusto, del olfato y de la visión habrán de ingerir buen alimento. Sólo cuando todo lo que llevan a su interior a través de estos cinco órganos sea bueno, podrán decir que consumen alimento sátvico. Si ingirieran sólo con la boca un buen alimento sátvico como la leche y el requesón, pero vieran cosas malas con los ojos, escucharan cosas malas con el oído y tocaran cosas desagradables con la piel, ¿cómo podrían tildarse de personas sátvicas (ecuánimes)? Si cuidan de todas sus ingestiones ello no solamente podrá tildarse de pureza, sino que también redundará en una buena salud. Aquí va un ejemplo. Un buen rasgo de alimento sátvico (puro) podrá ser descripto en la manera liviana en que vayamos y nos sentemos para servirnos el alimento. Después de comer, deberíamos ser capaces de levantarnos con la misma liviandad. Hoy, sin embargo, hablamos de alimentos sátvicos (equilibrados), vamos livianos a sentarnos a la mesa a comer, pero al terminar, nos sentimos tan pesados que casi no podemos levantarnos. Esto habría de llamarse alimento impuro.

No habrán de ingerir sino una cantidad limitada de alimento. Eso también obrará en favor de vuestra salud. Una cantidad limitada de alimento nos da liviandad. En tanto que una cantidad ilimitada nos causa problemas. En este mundo son muchos los que están cargando y descargando de continuo su sistema físico. No dedican ni un solo pensamiento a indagar en el propósito de sus vidas. Ravana pertenecía a esta clase de personas. Incluso llegó al extremo, hacia el final de su vida, de amenazar a Sita. Le dijo que le daba dos meses para cambiar de idea y que si en ese plazo no lo hacía, le cortaría la cabeza, la cocinaría y se comería la carne. Ravana era alguien que no entendía en absoluto lo que significa el alimento. Su alimento consistía en carne no sacra y bebida.

¡Encarnaciones del Alma Divina!: Puesto que han de convertirse en líderes y en personas importantes, es necesario que mantengan su salud en buenas condiciones mediante la regulación de vuestros hábitos alimentarios. Se requiere que, para que podamos hacer un buen trabajo, nuestro cuerpo esté saludable.

Es ésta la razón por la que se ha dicho que si quieren aceptar las cuatro metas de la vida humana: Rectitud, Prosperidad, Deseo y Liberación, se requiere de un cuerpo saludable. Cuando cuidan lo que entra en el cuerpo a través de los cinco órganos sensoriales, velando porque sea bueno y sátvico, no quedará lugar en ustedes para malas ideas. Si desean liberarse de todas ellas, habrán de controlar en gran medida sus alimentos. Esta es una buena lección que la historia de la vida de Ravana habría de enseñar a toda la gente del mundo.

HABLAR MUCHO LE RESTA A UNO MEMORIA Y FUERZAS

El corazón de uno tiene la forma de una raíz para el árbol de su vida.
Cuando se pudre, todo el árbol caerá y se volverá inútil.
Hasta los deseos sagrados
que constituyen las ramas de este árbol,
van a secarse en estas condiciones y no podrán ser cumplidos.
¡Qué otra verdad podría relatarles, oh bravos hijos de Bharat!

¡Encarnaciones del Alma Sagrada!: Cada ser humano en este mundo nace con tres deudas. La primera se refiere a estar en deuda con las deidades protectoras, la segunda a estar en deuda con los sabios y la tercera a estar en deuda con sus padres. Para proteger al cuerpo en contra de la enfermedad y del debilitamiento, hay deidades en diferentes partes. Hay entes protectores en la forma de vitalidad y energía que fluyen por cada órgano del cuerpo humano. Estos "dioses" se sentirán satisfechos sólo cuando podamos usar este cuerpo humano para el propósito de una tarea sagrada.

Cuando podemos participar en una buena labor que le sea útil a la sociedad, se sentirán complacidos los entes que protegen los órganos de nuestro cuerpo y podemos pagar así lo que les adeudamos.

La próxima deuda es para con los sabios. Para que los seres humanos puedan experimentar felicidad y placer tanto en un sentido mundano como en uno espiritual, los sabios de los tiempos remotos han indicado numerosos caminos por los cuales esto puede alcanzarse. Debido a ello es que estamos en deuda. Ellos nos dejaron muchos Códigos Morales para que podamos entender qué es la Conducta Correcta. Los sabios eran tan grandes santos que pudieron demostrarnos los magnos ideales que contienen los Vedas y los Sastras. Siguiendo sus pasos, aceptando los ejemplos que sentaron y embebiéndonos en las enseñanzas que nos dejaron, podremos pagar hasta cierto punto las deudas contraídas con ellos. Y aunque no sigamos ni acatemos sus órdenes, al menos equivale a que paguemos nuestras deudas para con ellos el que tratemos de reconocer la grandeza de lo que nos han legado por medio de los Sastras.

La tercera deuda es la que debemos a nuestros progenitores. Han nacido gracias a vuestro padre y él les ha protegido a lo largo de sus vidas. Deben pagar la deuda en que incurrieron con él. Todo hijo habrá de esforzarse por mantener la dignidad, el honor y la reputación de su padre. Hemos de intentar preservar la fe que han conquistado nuestros ancestros. Fue justamente con la intención de pagar estas tres categorías de deudas que Dasaratha decidió llevar a cabo las ceremonias de sacrificio. En la primera decidió realizar el Ritual Ceremonial del Caballo. El caballo representa un elemento sacrificial muy sagrado. Ha de tratarse de un caballo completamente blanco, sin ninguna mancha oscura. Las orejas deben ser bellas y las crines del cuello lisas y hermosas. La cola deberá ser tan larga como para colgar hasta sus cascos. Se requería de algo de esfuerzo para poder localizar un caballo que satisficiera estos requerimientos. Durante el período de primavera se soltaba al caballo y prácticamente transcurría un año hasta que éste volvía al lugar en que se le había dejado. Hemos de notar que ha de ocuparse un período de primavera en la búsqueda del caballo apropiado, otro período en dejarlo libre y un tercer período de primavera se ocupará en volverlo a llevar a su lugar de origen. Por eso es que el Ramayana nos relata que han de emplearse tres años en este ritual.

Después de transcurridos estos tres años para esta ofrenda, Dasaratha decidió llevar a cabo otra. En los días pasados ya se les indicó el significado de la palabra Dasaratha: aquí significa los diez órganos y el cuerpo que los posee. En esta historia, la ciudad de Ayodhya tiene tres entradas. Estas tres entradas han de considerarse como simbolizaciones de los gunas de satva, rajas y tamas.

Mientras se están llevando a cabo estos rituales debemos darnos cuenta de que la primavera dura dos meses en el año. Estos dos meses llevan los nombres de Madhu y Madhava. Durante estos dos meses el Sol es muy brillante y es comúnmente bastante caluroso. Podemos reconocer este período porque el Sol se muestra ardiente e inclemente durante las horas del mediodía, y porque toda el agua que hay sobre la superficie de la Tierra es convertida en vapor debido al calor que irradia.

La naturaleza del Sol durante la época de primavera ha sido comparada con nuestro propio corazón. El sonido primordial que proviene del corazón de uno ha sido llamado el flujo del Universo. Durante este período, el Sol adopta una forma que consiste en cinco divisiones diferentes. En la historia del Ramayana, el Sol siempre ha sido identificado con Rama mismo. Estas cinco divisiones o cinco estratos a que hacemos referencia respecto del Sol durante este período, han sido denominadas: Annamaya Kosa, Pranamaya Kosa, Manomaya Kosa, Vignanamaya Kosa y Anandamaya Kosa. La palabra Annamaya Kosa se refiere al cuerpo humano material. Este cuerpo humano material se construye a sí mismo mediante el material alimenticio, crece gracias al alimento y decae cuando no lo hay. El siguiente estrato que es el que le da fuerzas y protege al cuerpo humano exterior, es el Pranamaya Kosa y es interno. El Pranamaya Kosa depende del calor creado en el cuerpo y permite que el calor circule por el mismo, después de lo cual comienza a circular la sangre por los vasos sanguíneos.

El próximo estrato es el llamado Manomaya Kosa y se relaciona con la mente. Si no existiera, no podrían existir tampoco los anteriores. Este Manomaya Kosa es responsable de todo tipo de pensamientos y deseos. La mente es en realidad un verdadero atado de deseos. Hasta cierto punto, esta mente le ayuda al Pranamaya Kosa y representa un soporte para él. El próximo estrato es el Vignanamaya Kosa que cumple la función de permitirle al hombre poder discriminar y distinguir entre lo bueno y lo malo. Si no existiera este nivel, los demás estratos serían inertes y no podrían funcionar. Este Vignanamaya Kosa es el que nos faculta para aprender acerca de la naturaleza de la materia y sobre su funcionamiento. Daremos aquí un ejemplo por medio del cual entenderemos el significado interno. Esta es una mesa y está hecha de madera. Golpeo esta materia dura. Cuando describo este acto mío, digo que he golpeado la mesa con mi mano. Pero ésta no es una descripción completa, puesto que la mesa ha golpeado mi mano con la misma fuerza. Aquella cualidad vuestra que les permite reconocer la conducta de la mesa en este acto, es el Vignanamaya Kosa. Este es el que nos capacita para reconocer cualquier tipo de reacciones o de resonancias que exista en todo el mundo material. Podemos recurrir a otro ejemplo. Cuando abrimos los ojos y vemos el panorama externo, vemos a muchas personas y otras tantas cabezas. Nos preguntamos si es 'el ojo el que nos permite ver todo esto o si es la luz en el ojo lo que nos permite verlo. No; la luz que existe fuera del ojo es la que le ayuda a ver todo esto. La reunión de la luz que está presente en vuestros ojos y la luz que está presente fuera de ellos es la que les permite ver todas las cosas. Podemos preguntarnos si sólo por el hecho de haber algo de luz, es ello lo que nos permite ver todas estas materias. No es exactamente así, porque aunque haya luz fuera de los ojos, si los cierran no podrán ver nada de lo que hay fuera de ellos. Si consideramos importante a la luz exterior, resulta que si cerramos los ojos no podemos ver la materia. Si consideramos que es importante la luz en nuestros ojos, resulta que si apagamos la luz exterior tampoco podemos ver nada de la materia. Sólo cuando se encuentran presentes ambas podemos ver las formas. De modo que tanto la visión interna como la externa son responsables conjuntamente por nuestra capacidad de ver. Esta es la función del Vignanamaya Kosa. En verdad, si estamos percibiendo toda la Creación con nuestros ojos, ella está siendo vista gracias a ellos. No hay Creación separada de nuestros ojos. Lo que vemos en el mundo son todos reflejos de las formas que se estructuran dentro, a través de nuestra visión interna. Si un artista está pintando un cuadro, no pinta directamente sobre la tela. Primero forma el cuadro en su mente y luego lo traspasa a la tela con sus pinceles. Cuando un director de cine dirige a varios actores para que hagan esto o aquello, los pasos preliminares que da son el pensar, dentro de su propia mente, la forma en que ve la película y luego hace que los actores se ciñan a las imágenes que ha formado. De manera similar, cada escritor piensa, en su mente, respecto del tema antes de escribirlo y luego comienza a trabajar en el escrito. Son estos pensamientos e ideas que surgen dentro de uno mismo los que han sido denominados Vignana.

Como fuente, todas las cosas tienen al tesoro dador de vida. A él se hace referencia como el Anandamaya Kosa. Podemos concluir que los cuatro kosas anteriores y superficiales surgen todos del Anandamaya Kosa en cuanto base. El espíritu del Alma que representa la base para todo esto es la Bienaventuranza que se encuentra en el fondo de todas estas envolturas.

Vasishta fue un gran santo que tenía la visión de esta Bienaventuranza, la experimentaba y sabía qué era. Por esta razón siempre se le describía como un sabio brahamánico. Vasishta tuvo la enorme fortuna de llevar a cabo la ceremonia del bautizo de Ramachandra, de darle su primer bocado de alimento, de iniciarlo en los estudios y de llevar a cabo su conducción hacia el Maestro. Un gran santo será reconocido como aquel que ha tenido la visión directa de la gloria del Señor y que ha experimentado esta Bienaventuranza.

En muchas ocasiones, Viswamitra mostraba una gran envidia por Vasishta. Incluso llevó a cabo algunos intentos por matarlo. Así y todo, Vasishta era tan generoso que siempre lo trató con la mayor bondad. Esta paz, este Amor, y esta carencia de envidia y de odio, no pueden aparecer sino en los grandes santos que han tenido una visión directa de la gloria del Señor.

¡Encarnaciones del Alma Sagrada!: No han de pensar que los profetas y los yoguis son personas comunes que no hacen sino presentar una apariencia externa con algún motivo egoísta. Deberían llegar a entender el sentido interno de Vasishta y el significado de comportarse como un servidor ordinario en la casa de Ramachandra, pese a poseer toda clase de fuerzas y poderes. Se quedó entre la servidumbre de

Dasaratha no por sus riquezas, sino porque tenía una clara conciencia del hecho de que Dios mismo había venido en la forma humana de Ramachandra*. Deseaba la compañía de Ramachandra y fueron estos sagrados pensamientos los que le llevaron a ingresar en el servicio. Viswamitra también era así. Sus grandes logros y su coraje resultan indescriptibles por medio de palabras comunes. Tenía muchas armas muy poderosas, pero las guardaba en su casa y no se preocupaba por ellas. Sabía que el mismo Dios había nacido en la familia de Dasaratha y todo lo que hacía se basaba en este conocimiento. Todos los grandes santos sabían muy bien que Ramachandra era la encarnación de Dios. Sin embargo, no le comunicaban esta información a nadie. Se comportaban como para indicar que Ramachandra era un ser humano ideal, que había venido con el propósito de enseñarle ideales al pueblo. Pese a que actuaban respecto a Ramachandra como un ideal humano, sabían muy bien que era Dios mismo. En estas circunstancias, resulta imposible para cualquier ser humano de hoy discutir respecto a lo justo o lo injusto de las cosas que sucedieron en aquellos tiempos. La Divinidad es algo que uno no puede determinar o entender fácilmente.

A nosotros no nos es posible describir a nuestros ancestros que nacieron antes. Para un nieto será imposible describir cómo y dónde nació su abuelo. Este es también el caso respecto de las grandes personalidades que nacieron y vivieron mucho antes de nuestro tiempo. ¿Cómo podríamos describir su fe en Dios y su relación con Él? Se puede hacer un paralelo al respecto. Cuando les preguntan ¿quién es tu padre?, contestarán que tal persona es vuestro padre. ¿Cómo saben que esa persona es vuestro padre? Lo han aceptado debido a que vuestra madre les ha dicho eso. Si no tuvieran confianza en lo que vuestra madre les dijo no habría posibilidad alguna para que creyeran que esa persona es vuestro padre. Del mismo modo en que la evidencia que les da su madre es útil para reconocer y aceptar a cierta persona como vuestro padre, así también los Vedas son la autoridad para reconocer y aceptar la existencia de Dios. Además, si se les

---

* Ramachandra: Rama. Avatar. Héroe de la epopeya épica Ramayana.

pregunta cuándo nacieron, responden indicando la hora, la fecha y el lugar. ¿Cómo pueden saber la fecha en que nacieron? Para esto también vuestros padres, vuestros mayores, les han indicado la fecha de vuestro nacimiento y ustedes lo han aceptado. En todas estas cuestiones, solamente el testimonio que declaran las personas que han vivido desde antes que ustedes puede ser aceptado como autoridad. Ustedes mismos no pueden constituirse en autoridad para estos asuntos. Si consideramos como autoridad a las personas que vivieron antes que nosotros para este propósito, una autoridad similar en lo tocante a Dios puede tenerla únicamente la gente que entiende qué es la Divinidad y que posee en sí el aspecto Divino. Sólo aquella persona que haya saboreado el jugo de la caña de azúcar puede describir su sabor. Por la experiencia uno puede describir, hasta cierto punto, el sabor, pero no podrá describir su forma. Cuando preguntamos ¿cómo es el azúcar?, podemos decir que es como arena blanca. Pero si alguien pide que describamos la naturaleza y la forma de la dulzura en el azúcar, no nos es posible hacerlo. De manera similar, únicamente aquellos que se hayan sumergido en la experiencia de Dios podrán, al menos, tener el derecho de tratar de describir algo respecto de Dios. Otros no lo podrán hacer. Dios está presente en todo lugar en la forma de Alma. Su resplandor brilla en cada corazón. Si esta Alma radiante no estuviera presente, el hombre no podría vivir en este mundo ni por un momento. Está presente en todos y está al mismo nivel en todos los seres humanos. Resulta posible constatar y describir esta clase de Divinidad sólo cuando llegamos a identificarnos con los rasgos divinos. Nuestros nombres, nuestras formas, nuestros gustos, nuestros agrados y nuestros desagrados pueden diferir de una persona a la otra. Estas no son sino diferencias que surgen de nuestros deseos. Aquí va un pequeño ejemplo al respecto.

Preparamos una serie de dulces y en toda esta variedad que saboreamos en diferentes formas y gustos, sabemos que lo que todos ellos contienen no es más que azúcar. Esto equivale al aspecto espiritual. Movidos por el gusto, dicen que quieren el uno o el otro dulce y lo comen. De igual manera, aunque Dios está presente en todas partes, hay circunstancias, sin embargo, en que en un momento y lugar dados, le da a una cierta persona una experiencia en particular. En el cuerpo humano, tenemos manos, nariz, mejillas y lengua y a través de todas estas partes fluye la misma sangre. Aunque sea la misma sangre la que fluya por todas estas partes, ¿podrán saborear un dulce si se lo ponen en la mano? No. Aunque la misma sangre está en todas partes y es un mismo corazón el que la bombea, dependiendo de la parte del cuerpo de que se trate, cada uno de sus componentes experimentará lo mismo de diferente manera. De igual modo, aunque en todos los seres humanos se encuentre el mismo Ser, la misma Divinidad, dependiendo del karma individual, cada cual la experimentará a su propia manera. Para gozar de esta experiencia, uno habrá de hacer un esfuerzo, habrá de llevar a cabo prácticas espirituales. No es correcto que nos sintamos envidiosos cuando vemos que alguien experimenta una alegría en la vida. Este tipo de cualidades negativas no harán sino dañarnos a nosotros mismos. No resulta ningún bien del sentir envidia. Si la lengua saborea diferentes alimentos y el ojo se sintiera envidioso y diciéndose que también es un órgano del cuerpo por lo que también debería saborearlos, que pongan alimentos en el ojo no desembocará sino en un grave daño para él. El ojo tiene el derecho de ver, pero no ha de tratar de comer. Por otra parte, si la boca piensa que los ojos tienen una gran capacidad para ver y buscara hacer lo mismo, obviamente no podrá hacerlo.

¡Encarnaciones del Alma Sagrada!: Puede que nos parezca que los ojos y la boca son diferentes, pero hemos de ser capaces de reconocer al Espíritu Divino común que hay tanto en los ojos como en la boca. Debemos entender la conexión interna existente entre estos órganos. Vamos caminando y el ojo percibe espinas en el camino, pero son las piernas las que las evitan y saltan por sobre ellas. El ojo no fue a indicarle ni a advertirle a las piernas que había espinas. Tan pronto como el ojo las ve, las piernas se ocupan de evitarlas. Bien podría ser que el ojo tomara la actitud de pensar que hay espinas en el camino, pero que, después de todo, si pasara algo no será sino la pierna la que se lesionará. ¿Por qué habría de preocuparse el ojo? Sin embargo, no es ésta la actitud que asume el ojo. Le ayuda de inmediato a las piernas a localizar las espinas. Podemos considerarlo de manera diferente. La pierna se ha clavado una espina. Tan pronto ésta se clava en la pierna, le causa dolor y el ojo comienza a lagrimear. El dolor está en la pierna, pero las lágrimas asoman a los ojos. Si consideramos con cierta profundidad esta conexión inextricable entre los ojos y las piernas, reconoceremos a la Divinidad que es común a todos nuestros miembros.

De igual manera, hay ciertas conexiones que proceden del espíritu del Alma y que existen sin que lo sepamos. Por eso jamás habríamos de odiar a este espíritu del Alma que se encuentra presente en cada ser humano.

¡Encarnaciones del Alma Sagrada!: Podemos prestarle oídos a muchos discursos, podemos leer muchos libros y podemos oír hablar de la Divinidad en muchos lugares diferentes. Pero nada de ello les producirá beneficio alguno a menos que vuestro corazón sea puro y limpio. Todo ello no será sino como poner algún material de valor en un recipiente lleno de agujeros. Todo lo que pongan en él se escurrirá. Haciendo un esfuerzo consciente, deberíamos tratar de llevar a la práctica al menos una o dos cosas de lo que hemos aprendido. No lograremos la visión de la Divinidad simplemente escuchando palabras. Si tienen una patata y pan en vuestro plato, ello no llegará hasta vuestro estómago porque repitan simplemente las palabras patata-pan, patata-pan. Si quieren ingerirlos como alimento, tendrán que hacer trabajar algo vuestra mano y vuestra boca. Si realmente quisieran gozar de la dicha de la Divinidad, entonces tendrán que darle trabajo a vuestras manos y a vuestra boca para cantar la gloria del Señor o habrán de emprender aquel tipo de trabajo que sea de utilidad para los demás o prestarán servicio libre de intereses egoístas. Habrán de pronunciar palabras llenas de alegría y de contento. Aunque no tengan el derecho de entender o de experimentar la Divinidad, al menos deben decir una buena palabra. No siempre podrán complacer, pero pueden hablar placenteramente. Sólo cuando puedan pronunciar palabras sagradas con la boca y realizar trabajo útil con las manos, estarán en posición de entender la Divinidad.

¡Estudiantes!: Si no hacen sino pronunciar palabras innecesarias y hablar demasiado, sólo le estarán causando daño a vuestra memoria y desperdiciando vuestra energía. Debido a esto, los sabios de los tiempos de antaño solían observar completo silencio. Al guardar completo silencio, los sabios promovían la Energía Divina en sí mismos. Es cierto que podemos hablar cuando se hace necesario, pero no es necesario hablar ni hacer uso de las palabras cuando no se requiere. El sonido es una forma de Brahman. Del total de las ocho cualidades que se asocian con Brahman, la primerísima es el aspecto del sonido. Si se deciden a ponerlo en práctica y no siguen hablando innecesariamente, se producirá un definido mejoramiento en ustedes.

Gracias a su observancia del silencio, grandes sabios como Vasishta y Viswamitra pudieron alcanzar y gozar de la visión de la Bienaventuranza sentando buenos ejemplos para el mundo.

TU ERES AQUELLO

Dondequiera que haya humo deberá haber un origen
en la forma de brasas y carbón encendido;
así también para un tren en marcha
deberá haber alguien llamado conductor que sea responsable
de que esté en movimiento.
Incluso para los semáforos cuyas luces se encienden automáticamente,
debe haber una fuente que los haga funcionar.
Siendo así las cosas, ¿puede no haber alguien que sea responsable
por toda la Creación que vemos en torno nuestro?

¡Encarnaciones del Alma Sagrada!: "Este Yo es Aquello" significa que esta misma Alma es idéntica con Brahman. El Alma no es algo distinto de nosotros. Está presente en todos los seres vivientes y en todas las cosas. Esa Alma es idéntica con Brahman y posee una forma que es indestructible; está llena de sonido. Om es lo mismo que Brahman. La sola letra Om es Brahman. Esto lleva asociados en sí, cuatro aspectos: las fases de la vigilia, del soñar, del sueño profundo y de turiya.

En la primera fase, la de la vigilia, uno está completamente despierto. Habitualmente, la vigilia está acompañada de fenómenos rudimentarios, deseos conectados a los aspectos materiales del mundo. Esta fase de vigilia reviste una forma tosca y está íntimamente vinculada con nuestros deseos del mundo material. Es promovida por los cinco órganos funcionales y los cinco sensoriales que poseemos, junto a los cinco alientos vitales y otros cuatro rasgos como el corazón, la conciencia interior, etc. Todo ello está presente en la fase de la vigilia. A esta fase se hace referencia también como la Creación.

La fase del soñar tiene una forma sutil. Todo lo que uno haya experimentado estando despierto durante la fase de la vigilia, se adhiere en alguna forma a la mente y continúa apareciendo en la fase del soñar. Los diecinueve aspectos que mencionáramos antes, seguirán apareciendo durante esta fase sutil como formas sutiles.

La mente en el Manomaya Kosa y la inteligencia en el Pranamaya Kosa juegan un papel importante. De alguna manera, tanto la etapa de la vigilia como la del soñar se encuentran en un mismo nivel y son igualmente importantes. Las otras dos fases, en cambio, son bastante diferentes y esta diferencia es en cuanto a la esencia. En la tercera fase, la del sueño profundo, no hay ninguna conexión, ya sea a través de la forma densa o de la sutil, con el mundo material. Para esto podemos tomar el ejemplo del reflejo del cielo en un recipiente. Cuando se quita el recipiente desaparece el reflejo y el cielo en el recipiente se hace idéntico con el amplio cielo original. Así también en esta etapa del sueño profundo perdemos toda conexión con el mundo material, las formas densas y las sutiles, y somos independientes de todo ello. Durante esta etapa del sueño profundo, no se encuentran las diecinueve facetas mencionadas, ni en la forma material ni en la sutil. El estado de sueño profundo es completamente distinto y está separado de ellas. Hay varios órganos del cuerpo que no funcionan en absoluto durante él. Esta es una situación bastante sorprendente que nos causa asombro.

La próxima fase es la llamada la etapa de turiya. Para cualquiera resultan indescriptibles en palabras comunes sus aspectos. En su totalidad este estado del turiya refleja el espíritu del Alma. Del mismo modo en que nosotros no podemos ver nuestros propios ojos, así también el Alma no puede verse a sí misma. Aquí va un pequeño ejemplo al respecto: si hacemos una muñeca de sal y le pedimos que vaya a experimentar el sabor del océano, ¿cómo sería posible? Esta muñeca de sal irá hasta el océano y se perderá en él por disolución y fusión con sus aguas. Al igual que en esta analogía, si el

Yo consciente busca al Alma, se fusionará por completo con ella cuando se le aproxime. Después de eso ya no le será posible al Yo consciente separarse del Alma. Este aspecto es descripto como omnipresencia. Esto representa también otro rasgo del Alma, al que le es posible estar presente en todos los seres vivientes. Este estado ha sido descripto llamándolo "La Sabiduría de Brahman". También se lo ha descripto como "Tú eres Aquello". También es "El Alma es Brahman". Esto es lo mismo que decir "Yo soy Brahman". Estos son los cuatro axiomas Divinos que constituyen el espíritu de los Vedas.

Hay un pequeño ejemplo al respecto. De una gran cantera se elige una roca y un artesano esculpe de esta piedra una hermosa figura de Krishna. Con algo de esfuerzo producirá una bella imagen de Krishna con la roca. Eligiendo luego un momento apropiado y auspicioso, tomará esta imagen y la instalará sobre un pedestal en el templo e irá a adorarla. Hemos de notar aquí que una parte de la roca ha sido utilizada y colocada en un templo donde es adorada por la gente. Los pedacitos sobrantes que quedaron diseminados mientras se esculpía la figura, siguen en el mismo lugar. Nadie se preocupa por esos trozos, nadie los adora ni nadie piensa que tienen alguna importancia. De acuerdo a lo que pensemos, la porción de la roca con la figura de Krishna se convierte en algo que puede ser adorado como Dios, en tanto que el resto de la roca, de la que proviniera, se considera como trozos inútiles. Pero para los trozos de roca la historia no es ésa. Ellos siguen proclamando "Tú eres Aquello" y parecen decir: "Esa figura de Krishna que adoran somos nosotros". "Yo soy Aquello". A nosotros nos parece digna de adoración una porción de la roca y la otra nos parece carente de valor. Lo que es adorado como deidad es algo que ha sido creado por ustedes. La forma verdadera a partir de la cual ha sido creado, la constituye el pedazo de roca original. Como en esta analogía, lo que vemos en este mundo en cuanto forma es algo que proviene de la fuente de la roca. En el ejemplo, la forma de Krishna ha sido configurada de una roca. Pero la esencia, la sustancia básica carece de forma, es la misma en la roca original que en la figura. Ya sea que tomen la roca informe, la base del ídolo de Krishna, o el ídolo mismo y los golpeen, el sonido que producirán será el mismo en cada caso. Así también el Alma es la forma del sonido y el sonido; son ambos una sola y misma cosa. Aquellos que exponen el Vedanta han estado explicando esta verdad diciendo que la combinación AUM no es otra cosa que Brahman. Lo que está contenido ya sea en la forma grosera, en la sutil o en la suprema del Turiya, es lo mismo y es el Omkar, el sonido básico.

Viswamitra reconoció que esta Alma, que es idéntica con la Divinidad, se encuentra presente en cada uno. Toma la forma de conocimiento en la forma creada con el fin de establecer la identidad entre el Ser y el Alma Suprema. Cuando vemos la historia del Ramayana, encontramos que en un cierto punto, Viswamitra se dirige hacia Dasaratha y le pide que envíe a sus hijos con el propósito específico de proteger sus ofrendas y sacrificios dedicados al Señor en la selva. Yendo con ellos, le enseña a Rama y a Lakshmana dos mantras (fórmulas místicas) durante el viaje: Bala y Atibala. Y no sólo les enseña estos mantras, sino que les da todas las armas que estaban en su posesión y les enseña cómo usarlas. Después de darles toda esta instrucción les lleva a Mithilapura cuando ya la ofrenda había terminado. No se trata de que estos mantras de Bala y Atibala tuvieran algo especial; podemos llegar a ellos introduciendo los cambios apropiados en el Gayatri mantra.

En el camino a Mithilapura, Viswamitra hizo que Rama eliminara la maldición que pesaba sobre Ahalya. Después de llegar a Mithilapura, logra que Ramachandra rompa el arco de Shiva y se case con Sita. Después del matrimonio de Sita, esa misma noche, Viswamitra desapareció y no se le vio más. Podemos observar que la historia de Viswamitra comienza cuando se lleva a Rama y a Lakshmana y termina con la realización del matrimonio de Sita en cuanto fundamento para la destrucción última de Ravana. Cuando llega hasta Dasaratha, se encontraba en la primera etapa. Cuando les enseña los mantras de Bala y Atibala a Rama y a Lakshmana, toma la forma de Taijasa. Cuando lleva a cabo el matrimonio entre Sita, el Ser, con Rama, el Alma Suprema, toma la forma de Sabiduría.

Cuando miramos estas tres etapas de Viswamitra, entendemos que nadie puede vivir sin ser dependiente, hasta cierto punto, de la creación material que le rodea. En este estado, se encontrará en la primera fase o etapa de la vigilia que se describe como la Creación. Más tarde, cuando se logra la fe en la Divinidad, se transforma para pasar a la segunda fase. Si uno no se detiene en ella y se desarrolla hasta la próxima superior, identificándose con el Alma, esto se puede describir como sabiduría. Debido a que Viswamitra pudo alcanzar esta sagrada etapa de la sabiduría, pudo saber que Rama era la encarnación de Dios mismo, y en ese contexto estaba en contacto con Rama. En esta etapa de la sabiduría se produce una encomiable determinación de darle cumplimiento a una misión. Esta determinación será permanente e inalterable. En esta etapa, Viswamitra desarrolló una especie de enemistad con Vasishta, porque éste era considerado un sabio brahamánico, en tanto que a él se lo describía como un sabio yóguico. Su determinación iba hacia que se le considerara también un sabio brahamánico, en especial por parte de Vasishta. Debido a que hizo un voto tan duro y difícil y lo coronó con el éxito, le llamamos Brahman. De modo que si queremos lograr cualquier cosa, deberíamos llegar a un estado de mente invariable y con una determinación que no se desvíe de su objetivo. Viswamitra demostró estas sagradas virtudes.

Entre las lecciones que Viswamitra le entregara al mundo, una importante es el Gayatri mantra. Este mantra (fórmula mística) enseña que existen iguales oportunidades de logro espiritual para todas las religiones, para la gente de todos los países, de todas las comunidades y de todo lugar.

Este mantra tiene que ver únicamente con la inteligencia y nada que ver con la actividad religiosa. Decimos: "Dhiyo yonah prachodayath" y esta porción del Gayatri significa: "Haz florecer mi inteligencia, dale importancia a mi inteligencia, elimina la oscuridad de la ignorancia y permite que se despliegue la sabiduría en mí". Le ruega al Señor, que está presente en todo momento, pasado, presente y futuro y que está presente en todo lugar, que venga y queme la oscuridad de la ignorancia, otorgando la luminosidad del conocimiento. En la vida del hombre se dan la niñez, la juventud y la vejez. Estas tres etapas del hombre no son distintas y diferentes, sino representan simples cambios de un solo y mismo contenido básico. En la niñez se inscribe la juventud y en la juventud se halla la vejez. Este aspecto de unidad puede considerarse como el aspecto de la sabiduría y fue esto lo que demostró Viswamitra. Con la ayuda de esta sabiduría, pudo incluso crear un nuevo Universo. Esta habilidad para crear algo totalmente nuevo constituye un aspecto de la sabiduría.

Sin entender plenamente ni conocer el significado de los divinos axiomas de los Vedas, las Escrituras Sagradas: "Yo soy Brahman", "Tú eres Aquello", "Este Yo es Aquello", "La Sabiduría de Brahman", los malinterpretamos y no somos capaces de sacar un beneficio pleno de ellos. Cuando tratamos de interpretarlos de la manera más fácil posible, nos damos cuenta de que solamente nos indican lo que es la naturaleza de nuestro propio "sí mismo". La sabiduría les permite no ser solamente un testigo y experimentar todo lo que haya en torno vuestro. Decimos "ésta es mi mano", "ésta es mi cabeza", "ésta es mi lengua" y reclamamos todo esto como nuestro, pero ¿quién es el denunciante? Para cada uno de estos casos, los Vedas han estado entregándonos la respuesta que es: Aquello eres tú, tú eres Aquello, yo soy Sabiduría y yo soy Brahman. De esa manera les hacen resaltar como un testigo y no ser idénticos con vuestro cuerpo o vuestra mano. ¡Estudiantes!: Hay muchos de estos testimonios sagrados en los Vedas, pero no hacemos ningún intento por entenderlos. La creación material en torno de nosotros es nuestra amiga. Podemos interpretar esto diciendo que si tenemos fe, podemos llevar a cabo cualquier tarea por difícil que ella sea. Si existe el Amor entre ustedes y yo, aunque lleguemos a golpearnos mutuamente, lo interpretarán como que ha sido por vuestro propio bien. Esos golpes habrán logrado que vuestra sangre circule más libremente. Si no hubiera Amor, si no hay entendimiento entre nosotros, incluso si les lanzara una rosa, ello será mal interpretado y dirán que la rosa tenía una espina y que la he lanzado para herirles. En lo anterior, la interpretación positiva o la negativa estarán determinadas, principalmente, por la presencia o la ausencia del Amor.

Si desean promover los aspectos de la fe y la confianza, habrán de promover en primera instancia el Amor. El deber de cada ser humano es desarrollar la fe y el Amor, y cumplir con cuidado y responsabilidad con su deber. En caso contrario estarán desperdiciando vuestras vidas, llenándose de ignorancia sin empeñarse en comprender el propósito de la vida. Durante la infancia, uno se junta con muchos otros niños y pasa el tiempo en juegos. Cuando se llega a la juventud, uno pasa el tiempo atraído por las mujeres. En la madurez se emplea el tiempo tratando de ganar dinero. Cuando llega a la vejez, comienza a pensar en Dios. Pero el hombre continúa diciéndose que no ha logrado esto o aquello y sigue lamentándose. Al final, sin haber sido capaz de desechar estos deseos y sin saber cuál es su verdadera forma, habrá pasado su vida desperdiciándola y terminándola con pesar.

¡Estudiantes!: Nacer como un ser humano no es tan profano como todo lo anterior. Entre todas las cosas que nacen, llegar a lograr un nacimiento humano es muy difícil. No tomar conciencia de ello y adquirir cualidades negativas profanará vuestra vida. No hay ninguna vida que no esté sino llena de dificultades y de dolores en todo momento. Las dificultades nunca se siguen una a la otra. El intervalo entre uno y otro pesar puede ser descripto como placer. De modo que el placer es siempre un intervalo entre dos dolores. En cambio, tratamos como un período de ocio y de descanso a este lapso entre dolor y dolor. En verdad, tres cuartas partes de nuestra vida están llenas de felicidad y sólo una cuarta parte está llena de pesar. Pero no la consideramos de este modo. Pensamos que tres cuartas partes de ella no son sino pesares y que sólo una cuarta parte está llena de felicidad, y nos sentimos irritados y disgustados con la vida y decimos que la vida humana está llena de sufrimientos. Esto no hace sino reflejar el débil estado de la mente del hombre. Con el objeto de hacer suficientemente fuerte a esta mente tan débil, hemos de aceptar la senda de la espiritualidad.

Aquí va un pequeño ejemplo: comemos arroz. En este proceso, ingresan a nuestro interior miles de pedacitos de arroz cocido como alimento. No le prestamos ninguna atención a estos numerosos granos de arroz que comemos. Pero si llega a entrar una pequeña piedrecilla a nuestra boca junto con el arroz, diremos que el arroz está lleno de piedras. Esto implica que de manera similar, cuando hay un dolor, le prestamos una atención preferente y pasamos mucho tiempo pensando acerca del dolor.

Podemos tomar otro ejemplo. Supongamos que hace diez años un niño contrajo fiebre y como consecuencia de ella, murió. Después de todos estos años, hay otro niño que contrae fiebre. Viendo ahora a este niño, traemos a la memoria el caso del otro niño de hace diez años atrás. Nos apena y sumamos a esa pena la pena de ahora y nos sentimos más y más apenados. ¿Por qué estamos rememorando y recordando un pesar que sentimos diez años atrás? ¿Por qué no pensamos en la felicidad y en lo bueno que experimentamos en el pasado? Siempre recordamos las penas y los sufrimientos que hemos sentido. Si en los momentos de dificultades actuales pudiéramos recordar lo placentero y lo feliz del pasado, del mismo modo en que rememoramos el dolor y el pesar, podríamos sentirnos hasta cierto punto aliviados frente al dolor del momento presente. La verdadera naturaleza del Alma habría de ser tal como para que rememoremos la felicidad y lo placentero del pasado y no los sufrimientos. La razón para ello es que el Alma tiene la forma de la Bienaventuranza. El Alma, que es la personificación de Dios, no es sino belleza y felicidad.

¡Encarnaciones del Alma Sagrada!: La belleza no se encuentra presente en la Creación: la belleza está en nosotros, en la naturaleza del Alma. Tomemos un ejemplo. La mente de Sita estaba apesadumbrada cuando se encontraba en el Asokavana y Ravana trataba de conquistarla mostrándole muchas cosas bellas. Para hacerle olvidar su pesar, creó para ella muchas cosas atractivas, pero nada de ello logró hacer cambiar su estado de ánimo. El último día, sin embargo, viendo a un mono que estaba sentado en la rama de un árbol pronunciando el nombre de Rama, Sita encontró hermosura y atractivo y disfrutó de la belleza del mono. ¿Es bello un mono en algún momento? Pero el nombre de Rama encerrado en el santuario de la mente de Sita se unió al nombre de Rama que emitía Hanuman, y al juntarse ambos, crearon atractivo y belleza, aunque la belleza no estaba en el mono. Cuando hay Amor, cualquier cosa que miremos la encontraremos bella y buena. El cuervo pequeño le parece atractivo al cuervo viejo. Puede que nos disguste la visión de un cuervo, pero la madre cuervo siempre se sentirá feliz de ver a su pequeñuelo cuervo. Es únicamente el contacto con nuestro propio Amor lo que nos hará apreciar las cosas y ser felices. Viswamitra siempre proclamó que estos dos aspectos, la belleza y la felicidad, surgen en realidad de nuestra propia mente.

En la historia del Ramayana, poema épico, cada uno de los personajes, incluyendo los demonios y los monos, han estado proclamando ideales apropiados para el mundo. Junto con darle muerte a los demonios Tataki y Subahu, se le permitió irse libremente a Maricha. Hemos de examinar el sentido interno de esta situación. Si Maricha también hubiera sido muerto, no habría existido la posibilidad de que Ravana raptara a Sita. Si Ravana no hubiera raptado a Sita, no se habría producido la muerte del mismo. De modo que siempre hay un plan maestro tras cada acto en el Ramayana.

Estudiantes: En este contexto, habrían de darse cuenta de que para cada acto vuestro deberán poner un gran cuidado previo. "Uno puede adquirir sabiduría si presta suficiente atención". Han de entenderse claramente las palabras que contiene esta declaración. Para promover este tipo de fe debemos pensar también en otra: "Han de remover toda duda de sus mentes". Si tomamos estas dos declaraciones como los dos límites entre los cuales ha de fluir la corriente de la vida, seremos felices. Si uno posee suficiente preocupación y suficiente fe, aunque no cuente sino con una pequeña chispa, podrá generar con ella un inmenso fuego. Si uno fuera despreocupado, aunque le entreguen grandes maderos, los desechará y no habrá fuego alguno. Para un estudiante que tenga fe y deseo de aprender, bastará con que se le entregue una frase sagrada. No tenemos necesidad de leer muchos libros. Si queremos hablarle a los demás, hemos de leer libros. En tanto que si quieren tomar conciencia por sí mismos, con una frase basta. Para matar a otros, querrán espadas, pistolas y otras armas. Si quieren suicidarse, bastará con una sola aguja. Así también, si queremos tomar conciencia de la propia naturaleza, bastará una frase con Amor y la confianza. Nos significará una pérdida de tiempo leer muchos libros, escuchar muchas declaraciones de otros o entrar en discusiones y conversaciones argumentativas. Si se dejan arrastrar a estas argumentaciones, la sabiduría en ustedes perderá fuerza. También desaparecerá vuestra firmeza. Los argumentos y contraargumentos siempre harán que el hombre se debilite. Hasta cierto punto, uno también puede perder su reputación.

Los estudiantes habrán de debatir de manera queda y silenciosa en su fuero interno y entender la verdadera naturaleza que les es propia.

EL MUNDO ES UNA PROYECCION ILUSORIA DEL SUSTRATO DE BRAHMAN

Un cero adquirirá valor sólo si va ubicado después de un número entero; así también la Conciencia sólo adquirirá algún valor si se ubica en conjunción con la Divinidad. Esta es la simple verdad. ¿Qué otra verdad podría comunicarles?

El Alma Suprema o Dios es aquella que es infinitamente más pequeña que la cosa más infinitesimal. El Alma Suprema o Dios es aquella que es mayor y más grande que las cosas infinitamente grandes. El Alma Suprema o Dios es la totalidad de todo lo pequeño y de todo lo inmenso en este mundo. Resulta imposible para alguien describir o entender la plenitud y el aspecto total del Señor. Los ciegos que tocaban las distintas partes de un elefante imaginaban que el animal tenía la forma del miembro en particular que cada uno había tocado. Los seres humanos, al igual que en este caso, no son capaces de entender o de captar el aspecto infinito del Señor. Cada uno de ellos no logra sino una experiencia limitada del Señor e imagina que Dios se limita únicamente a esa experiencia suya.

Los líderes de varias religiones han venido describiendo de manera incompleta esta totalidad de la Divinidad. Los Charvakas han llegado a la conclusión de que el aspecto de la Divinidad no tiene fuerza alguna. Jainos y Budistas no han sido capaces de captar realmente su verdadera forma.

Sankara, sin embargo, lo ha venido describiendo por medio de palabras como: indescriptible, incomprensible, etc. Ha establecido que la autorrefulgente Alma Suprema no es otra que la Verdad básica. Ha difundido el hecho de que la ilusión que a menudo sufre el hombre, no es algo separado y distinto, sino que es únicamente una proyección de Brahman, el verdadero sustrato. Ha enseñado que uno ha de creer que aquello que está presente en todos los seres vivientes es simplemente Brahman y nada más. El aspecto de Brahman es algo que es eterno e inalterable y absolutamente inmaculado. Cuando decimos que es eterno e inalterable, estamos implicando también que no tiene un nacimiento ni un fin. En su descripción se implica también que las cualidades o gunas del aspecto de Brahman tampoco pueden ser descriptas o comprendidas. Hay aún otro sentido interno en la descripción que hace Sankara del Alma Suprema o Brahman. El hecho de que es absolutamente independiente, no depende de nada más. No tiene parangón y no pueden apuntar hacia otra cosa, ni decir que Brahman es mayor o igual a ella. No hay nada igual o mayor que Brahman. Este es el aspecto del Alma Suprema.

Del mismo modo que es de conocimiento general en el mundo que la leche se transforma fácilmente en requesón, así también esta energía o poder indescriptible del Alma Suprema (Dios) se ha transformado a sí mismo y se ha proyectado en cuanto la Creación. Hemos de darnos cuenta de que la energía del Alma Suprema que cambiara como resultado de maya, la ilusión, y se proyectara como la Creación material, se encuentra simbolizada por Sita en el Ramayana, en tanto que la Fuerza Divina del Alma Suprema está simbolizada en Rama. El matrimonio entre ambos es en realidad la confluencia del Supremo y de la Naturaleza. Como se mencionara ayer, Viswamitra, puesto que entendía muy bien el significado de Turiya, también había entendido el sentido simbólico de la Creación que es Sita y, por ende, la describió de esta manera. El estado de Turiya puede ser considerado por nosotros literalmente como la forma del Alma. Si un trozo de sal se fuera al océano para encontrarlo, se disolvería en sus aguas y no podría volver jamás a su forma original. Aprendemos también que la conciencia del "yo" que quiera aprender acerca de la naturaleza del Alma, se funde por completo en ella cuando llega y no puede retornar. En ello se ha establecido que la naturaleza y el significado de Rama es el intervalo de silencio que existe entre dos sonidos primordiales de Om. El significado y el aspecto de Rama es también algo que deberíamos reconocer, ya que nos comunica la clase de relación que debe existir entre un ser humano y otro. Podemos recurrir aquí al ejemplo de la Divinidad, Brahman, que es una entidad única y que no tiene paralelo. Sus manifestaciones están en la forma de tantos seres humanos diferentes. Si tomamos un prisma de cristal, notaremos que la luz que pasa por él parece estar conformada por muchos colores diferentes. Pero los siete colores que vemos a través del prisma no son diferentes ni distintos. Lo que existe básicamente es un rayo de luz único que es refractado en siete colores diferentes debido a la existencia del prisma. Esta variedad de colores no responde a la forma natural del rayo de luz original. Cuando encendemos la mecha de una lámpara de kerosene y tratamos de mirarla desde diferentes ángulos, podemos ver que nos parece tener formas totalmente diferentes, mas no lo son y todas ellas provienen de la misma fuente. Es en este contexto que se dice en el lenguaje védico que, si extrajeran plenitud de lo que ya es completo y pleno, lo que reste también será pleno. Si se le resta un infinito al infinito, el saldo seguirá siendo infinito.

Analicemos un pequeño ejemplo. Vamos a una tienda para comprar un kilo de azúcar de palma. El tendero cortará un trozo del lote que tenga almacenado y nos lo entregará después de haber pesado el kilo. La dulzura que hay en este kilo no es en modo alguno diferente a la del resto del bloque. La diferencia reside únicamente en la medida. Llevamos nuestra azúcar a casa, la molemos en pedacitos pequeños, la ponemos en agua y la convertimos en un dulce jarabe que luego bebemos. Tampoco hay diferencia en la dulzura en estos pequeños trozos en que la hemos molido y que hemos puesto en el agua. El bloque almacenado, el kilo de azúcar de palma y los trozos en que lo hemos molido pueden diferir en cuanto a la cantidad y a las medidas, pero el sabor no habrá cambiado. Es así que la dulzura en la fuente es plena, de ella habremos sacado también plenitud de dulzura y lo que resta también es plenamente dulce. Así también el nombre de Rama nos demuestra que todos los aspectos del hombre son aspectos Divinos. Se encuentran estrechamente conectados con el aspecto de la Divinidad.

El Ramayana ha venido estableciendo que todos los seres vivientes tienen su origen en Dios. Las Upanishads nos han enseñado lo mismo, diciendo que el Señor representa la fuente para todo Ser. Tomando los ejemplos del Ramayana, Viswamitra nos dice que Sita ha de ser considerada como el símbolo de la Creación y Rama como la Divinidad o el Alma, siendo el matrimonio de ambos la confluencia entre la Divinidad por una parte y la esencia de los seres humanos por la otra. Viswamitra también nos mostró que los pesares y placeres no son más que el simple resultado de la unión o el rompimiento de tal unión. El Ramayana también nos ha enseñado que el espíritu del Alma está inserto en el hecho de entender realmente el resultado del vínculo o la separación. Respecto a esto, cuando Viswamitra se llevó consigo a Rama y a Lakshmana con el objetivo de darle muerte a Tataki, al ir a medio camino por la selva, oyeron un ruido muy estruendoso. Rama y Lakshmana le preguntaron a Viswamitra de dónde provenía ese ruido, ya que supuestamente en la selva no había mucha gente. Viswamitra les relató que entre los Himalayas hay una montaña en particular llamada Kailasha y que en ella hay un lago llamado Manasarovar. De él fluye el río Sarayu. Un antiguo rey perteneciente a la dinastía de Rama, llamado Bhagiratha, era responsable de hacer que el río bajara hacia las planicies. Viswamitra indicó que este mismo rey también había hecho bajar al Ganges, y como el Sarayu se unía a la corriente del Ganges, el ruido que se producía era tan estruendoso. Viswamitra implicaba un positivo sentido interno espiritual en su declaración. Consideró a la palabra "Kailasha" como sinónimo para una mente limpia y pura. Nuestra mente ha sido comparada con el lago Manasarovar. El flujo de salida de varias ideas desde la mente limpia y pura la compara con la salida del río Sarayu desde este lago, e imaginaba el burbujeante salir de estas ideas como cubiertas por una blanca y pura espuma. Al emanar estas sacras ideas desde el Manasarovar bajo la forma del río Sarayu, son tocadas por los rayos del Sol y producen un sonido: el sonido primordial Om. Este sagrado sonido Om emana del corazón de cada individuo. Viswamitra explicó que éste era el origen del ruido. Pueden oír este sonido únicamente en un lugar que sea puro. Por esta razón los sabios de aquel entonces solían abandonar las ciudades y poblados e ir a la selva que era pura y silenciosa, para poder escuchar este sonido primordial del Om. En verdad, el sonido que contiene el silencio ha de ser identificado con el Om.

Después de avanzar una cierta distancia escucharon otro sonido que no resultaba tan grato y que causaba un cierto espanto. Rama le preguntó a Viswamitra qué era ese sonido aterrador. Viswamitra le respondió que ese sonido era producido por Tataki, un demonio que le causaba problemas y hacía estragos entre los sabios en la selva. También le explicó que los había traído hasta allí para darle muerte a Tataki. Se la consideraba una yakshini. Como Rama conocía bien todos los deberes y todos los secretos de las cosas, le preguntó a Viswamitra cómo podía causar tanto daño una yakshini incapaz de hacer uso de su propia voluntad, y señaló que no podía ser más que un demonio. Viswamitra entregó una historia interesante en este contexto. Relató la historia de Suketa que era una yaksha, quien le rezaba al Señor porque no tenía hijos. Como respuesta a sus oraciones fue bendecida con el nacimiento de una hija muy fuerte que fue nombrada Tataki, la demoníaca. Esta Tataki se casó con un hombre llamado Sangalu y tuvo dos hijos con él, Subahu y Maricha. Después de algunos años, el marido murió. Incapaz de sobreponerse a la muerte de su marido, Tataki se agitó mucho y llevada por su pasión desarrolló una inmensa ira, de modo que con la asistencia de sus dos hijos se había dedicado a causarle penas y problemas a los sabios. Confrontado a la ira y la perversa conducta de esta mujer, Agasthya la había maldecido para que en adelante se comportara como un demonio.

Según la historia narrada por Viswamitra, Tataki había sido originalmente una yakshini, pero como resultado de la maldición de Agasthya se había convertido en un demonio. Ahora podía ejercer su voluntad sobre los seres humanos. Después de hablarle a Rama sobre el poder de Tataki, le llevó a Mithilapura. Viswamitra había establecido también la verdad que implica la declaración en cuanto a que el pecado no es algo diferente y desconectado de las acciones de uno. El pecado surge solamente del tipo de actividades y de trabajo que se llevan a cabo. Dios no puede encontrarse en cualquier parte, se le puede encontrar tan sólo por medio de las buenas obras y las buenas acciones que realizan. Cuando hablamos de demonios y de gente malvada, ello no significa que se las pueda encontrar en cualquier parte como entidades separadas: viven en nuestro propio corazón y surgen de nuestras propias acciones. Es en este contexto que describe a Ravana teniendo diez cabezas como símbolo de la ira y el pecado. La eliminación de la ira y el pecado significa la eliminación de Ravana o de cualidades demoníacas. Podemos interpretar esto aquí diciendo que la maldad y la ira en la forma de Ravana se encontrarán presentes en nosotros, a menos que nos cuidemos. El aspecto de Sita es símbolo de conocimiento y sabiduría. Ella es la personificación de la energía. Viswamitra, quien reconocía este sagrado aspecto de Sita, quería que Rama, la Divinidad, consiguiera este aspecto de Sita. La historia del Ramayana nos relata la confluencia o la reunión de estos dos aspectos Divinos. Y esta confluencia se produce para la prosperidad del mundo.

Todas las grandes y divinas ideas que están contenidas dentro de nosotros son estimuladas cuando asistimos a la reunión de estos dos aspectos. Todas las buenas cualidades implicadas en Sita fueron descriptas en términos de hermosas gemas, diamantes, perlas y flores. Todos se mostraban ansiosos por asistir al matrimonio de Rama y Sita.

Confiaban en que Rama se preocuparía de las personas llenas de más alegría y dicha y que les otorgaría todo tipo de armas y de fuerza durante el matrimonio. Cuando analizamos el significado de las palabras que fueran usadas en aquella ocasión, podemos ver que se encuentra en la forma de Sita que ha nacido de la tierra, toda la Creación con toda su belleza y todo su atractivo. La belleza de la Creación es la que describe Viswamitra en esta historia. No hemos de mirar a la ceremonia del matrimonio de Rama como si Rama se casara simplemente con Sita, sino como una confluencia de todas las buenas cualidades que llevamos en nosotros con el Divino Espíritu del Alma que es Rama. Llamamos auspicioso este momento, y es el momento en que el aspecto de la conciencia del "yo" es reunido con el aspecto del Alma Suprema. Cuando nuestra mente puede fijarse en Dios, ello también puede llamarse un momento auspicioso. Es mucha la gente que pregunta: "¿Swami, por qué no puedo centrar mi mente en la Divinidad?" Cuando lo miramos desde otro ángulo, digamos, queremos que una jovencita se case con un muchacho, hablamos de repartir una invitación que significa en verdad participar de la confluencia de la reunión de la conciencia y el Alma Suprema.

La noche en que esa confluencia entre la conciencia y el Alma Suprema se llevó a cabo, Viswamitra desapareció de la escena. Hasta que se produjera esa fusión, Viswamitra mantuvo en secreto el aspecto Divino de Rama. No sólo Viswamitra, sino que todos los sabios lo mantuvieron en secreto, porque querían la certeza de la destrucción de Ravana. Si le hubieran dicho a todos que Rama era una encarnación de Dios antes del matrimonio con Sita y de la destrucción de Ravana, el matrimonio no se habría llevado a cabo, Sita no habría sido raptada y la muerte de Ravana no se habría producido. Esta es la razón por la cual, desde su nacimiento, Rama se conducía y aparecía ante la gente como si hubiera sido una persona común. En ningún lugar, en ningún momento y en ninguna circunstancia proclamó Rama que era Dios en forma humana. El secreto de la Divinidad es siempre así y se mantiene oculto hasta tanto no se haya cumplido con éxito la tarea que Dios haya emprendido. Cuando llegue el momento, cuando surge la situación apropiada, entonces se hace también aparente la Fuerza Divina ante el mundo.

Rama y Lakshmana llegaron con Viswamitra a Mithilapura. El rey Janaka sabía de la grandeza de Viswamitra y creyó que traía a unos príncipes debido al Shiva Dhanu, dándoles una cordial recepción. Debido al largo trayecto que había recorrido a pie, Rama daba la impresión de ser un ser humano común. Sentado solo en una habitación, Rama se frotaba los pies, doloridos por el largo camino recorrido. Las puertas de la habitación estaban casi cerradas, y Narada pudo ver a través de la angosta apertura lo que Rama estaba haciendo. Exclamó en voz alta: "¡Oh Dios! ¿Qué ha pasado, por qué frotas Tus propios pies?" Viswamitra apareció de inmediato en escena y le confió a Narada que el secreto de la encarnación de Rama había de ser celosamente guardado. Le rogó a Narada que no produjera una catástrofe, anunciándolo públicamente. Viswamitra le advirtió que si ello sucedía, no se realizaría el matrimonio de Sita ni se lograría darle muerte a Ravana. Todos los sabios que eran personas realmente liberadas, no albergaban motivo egoísta alguno; toda su conducta no tenía sino la intención de darle felicidad y prosperidad a la gente.

¡Estudiantes!: Considerar como escasas las cualidades de los sabios no responde sino a nuestra propia ignorancia. Son incapaces de entender el sentido interno de lo que nos han legado y son incapaces de reconocer su grandeza. Por eso piensan que no eran sino personas comunes. Cuando miran a grandes personas desde vuestra propia posición inferior, piensan que su meditación y sus logros son poca cosa. Esto se produce debido a vuestra incapacidad de captar la grandeza en ellas. El aspecto Divino está presente en todos los seres humanos. Si consideran como enorme la pequeña chispa que hay en ustedes y se sienten orgullosos por eso, habrán de sentir también cuán grande podrá ser la chispa que está presente en todos los que son como ustedes. Puede que sientan que son grandes personas. Pero esto es mirarse a sí mismos desde la propia posición. Cuando miran el océano desde vuestra posición, lo ven como algo inmenso. Pero si elevan su posición a gran altura, pensarán que también el océano es pequeño. Sólo cuando se pueden elevar a sí mismos a gran altura se darán cuenta de que son muy pequeñas todas las cosas vivientes en el mundo.

Fue en este contexto que Viswamitra enseñaba a todos la gran Verdad: la única y sola verdad es Brahman. Vemos el mundo en torno nuestro llevados por la ilusión, porque Él se proyecta en cuanto esta Creación material. Sin leche no pueden obtener requesón. Sin requesón no pueden producir manteca. Sin Brahman no tendrían el mundo proyectado.

DIOS Y LA RECTITUD HABRAN DE REPRESENTAR LAS RUEDAS DEL CARRO DE VUESTRA VIDA

Ya sea que lleven un recipiente hasta un pozo, un lago o el océano mismo, la cantidad de agua que podrán llevar consigo no será sino la que pueda contener y no más. Del mismo modo, adondequiera que vayan, lo que puedan lograr no será sino lo que merezcan y nada más. Esta es la verdad. ¿Qué otra verdad les podría comunicar?

¡Encarnaciones del Alma Sagrada!: No es posible hacer ruido con una sola mano. Asimismo, si el hombre desea lograr algo superior sin hacer un esfuerzo, le será imposible. Si el hombre desea obtener frutos sin esfuerzo alguno, ello no significará sino debilidad de su parte. Para poder lograr cualquier cosa ha de hacerse el intento. Es deber del hombre poner de su parte todo el empeño, y el éxito o el fracaso será decidido por Dios. Llevando a cabo un esfuerzo, seremos capaces de alcanzar muchas cosas y buenos resultados. La Creación y Dios no son dos cosas distintas. Debido a nuestra ignorancia consideramos aquello que en realidad es una proyección del maya (la ilusión) de Dios, como el mundo y la Creación material. Si actuáramos sabiamente y con conocimiento, todo ello aparecerá como la manifestación del Espíritu Divino. Sólo cuando podemos pensar en ambos y discriminar entre ellos es que vemos la diferencia.

Tomemos un ejemplo al respecto. Supongamos que hemos oído decir que en el mercado de Bangalore hay unos mangos muy dulces y jugosos. ¿Podríamos lograr la experiencia de comer un mango con sólo escuchar lo que dicen? Hemos de ir hasta el mercado y ver esos mangos. Pero por el mero hecho de mirarlos, el jugo no entrará en nuestra boca. Para poder experimentar su dulzura hemos de comerlos. Así también, el primer paso consiste en entender. Después de entender también iremos a ver. Después de ver, hemos de experimentar. Al igual que en esta analogía, cuando oímos las palabras "yo consciente" y Dios, no podemos llegar a entender sus aspectos a menos que los veamos, nos aproximemos y los experimentemos. También hemos de reconocer la verdad de que Dios no puede existir separadamente de su propia Creación y que sin Creación no hay Dios.

A través de nuestro entendimiento externo llamamos a esto un trozo de tela. A través de reflexión y entendimiento lo podemos llamar un conglomerado de hilos. Sin estos hilos no tendríamos la tela. Sin greda no podríamos tener una vasija, sin oro no podríamos tener joyas, sin Brahman no podríamos tener una Creación. En esto habríamos de reconocer la conexión inseparable que existe entre el Creador por una parte y la Creación por la otra. Deberíamos tratar de entender y proceder a un examen del significado de las palabras "Yo, el mundo y Dios".

En el mercado de este mundo podremos conseguir el fruto de la conciencia del "yo". Nuestro empeño debería dirigirse a llegar hasta el mercado del mundo y encontrar el fruto de esta conciencia del "yo". En el aspecto del "yo consciente" hemos de experimentar a Brahman o Dios en él. Deben reconocer la unicidad del Brahman que se encuentra presente en todos nosotros. Pueden tener muchos recipientes diferentes, de variados colores y formas y hechos de diferentes materiales. Si los llenan de agua, el reflejo del Sol en esa superficie será siempre el del mismo Sol. De igual manera, habríamos de reconocer que lo que vemos en todos los seres no es sino el reflejo del Alma Suprema única. Si albergamos una idea diferente al respecto, no estaríamos en lo correcto y estaríamos convirtiendo nuestra vida en algo muy artificial. Tenemos que hacer el intento por reconocer la unidad de todo, que está presente en cada uno. Aquí, en este grupo, llamamos el nombre de Ramudu y aquel que tenga ese nombre se pondrá de pie y dirá: "Yo soy Ramudu". Se llama otro nombre, digamos Krishna, y aquel que lo lleve se levantará diciendo: "Yo soy Krishna". Siendo que los nombres y formas de Rama, Krishna, Lakshminarayana y Madhava se ven diferentes, en ellos, sin embargo, cuando alguien contesta: "Yo soy ése", "Yo soy aquél", hay una cosa en común que es el "yo". Este aspecto del "yo" que se encuentra presente en cada uno, representa el aspecto de Brahman. Cuando planteamos la pregunta de ¿quién soy yo?, será correcto y apropiado contestar: "Yo soy yo". Esta es la interpretación correcta del Uno sin Par. Por el contrario, si contestáramos: "Yo soy Brahman", percibimos una cierta dualidad. En tal declaración se nos aparecen dos cosas: la una es el "yo" y la otra es Brahman. Es este concepto dualista que existe en el hombre el que hace que surjan varias malinterpretaciones y dudas.

¡Encarnaciones del Alma Sagrada!: El conocimiento espiritual básico, el conocimiento del Alma, es lo que los capacita para reconocer la unicidad de todos los seres humanos. Hay cuatro variedades diferentes de seres humanos que se pueden reconocer. Entre ellas la mayor la forman quienes son capaces de reconocer las faltas en sí mismos y las bondades en los demás. La segunda categoría la conforman aquellos que reconocen sólo lo bueno en sí mismos y las faltas en los demás. Peor que esta clase de individuos son aquellos que proclaman bondades que no existen en sí mismos y encuentran faltas que no existen en los demás. Hay todavía una cuarta categoría que es la peor de todas y que está representada por aquellos que siempre hablan de las bondades inexistentes en ellos, alabándose de continuo y que no reconocen nada más. Esto podría llamarse una autoglorificación. Al hablar de ello, podría ser atendible que alguien se alabe con justicia, pero si lo hace con ego y soberbia, equivale a ser ciego. Ravana no sólo era afectado por su ego, sino que también tenía otras malas cualidades como la envidia, la ira, la lujuria y un poder basado en la riqueza.

Ravana era hijo de Brahma y Kaikasi. Tenía dos hermanos llamados Kumbhakarna y Vibhishana. Desde su nacimiento mismo, Ravana era un gran devoto y estaba habituado a llevar a cabo austeridades. Sus continuadas penitencias le hicieron merecedor de la Gracia de Dios y obtuvo dones de El. En una ocasión, estando dedicado a serias penitencias, se le apareció Brahma y le preguntó qué Gracia solicitaba. Ravana le pidió el don de no poder ser muerto por ningún ser humano ni por ningún animal. En aquel tiempo vivía un demonio llamado Mayura. Este se había construido una hermosa ciudad, que era más bella que la de Indra. Tenía una hija llamada Mandodari, con la cual se desposó Ravana. Mandodari tenía muchas virtudes y buenas cualidades como la bondad y el Amor, que Ravana jamás conoció en sí mismo.

Desde el momento de su matrimonio, Mandodari hizo todo lo posible por transmitirle sus buenas cualidades a Ravana y así salvarlo, pero éste no hizo intento alguno por cambiar. A medida que el hombre se va acercando al fin de sus días, las malas cualidades que tenga se irán acrecentando. Así también fueron acentuándose las malas cualidades de Ravana. También su hermano Vibhishana trató de inculcarle algunos ideales positivos. Por otra parte, Ravana lo sabía todo respecto a la buena conducta y a la Acción Correcta. Pero, ¿de qué vale saber lo que son la buena conducta y la Rectitud si no se llevan a la práctica?

Sea lo que fuere que uno pueda aprender, de nada sirve si no se lleva a la práctica. Ravana era experto en todas las diferentes ramas del saber. ¿De qué sirve a nadie saber tanto si no puede usar este conocimiento para alcanzar al Señor? Si las malas ideas se adueñan de la mente de uno, su sabiduría y su conocimiento se marchitarán. Al final, Ravana perdió su reino y arruinó a toda su familia.

Vibhishana, el hermano de Ravana, era un individuo de gran pureza. Desde su más tierna infancia pasaba el tiempo pensando en el nombre del Señor. Estando dedicado a la penitencia, en una oportunidad, se le apareció Brahma y le preguntó qué don solicitaba. Vibhishana le contestó que quería tan sólo poder mantener su mente fija en los pies de loto del Señor. Oraba para que se le otorgaran las fuerzas como para estar siempre a los pies del Señor. Vibhishana pudo llegar hasta Ramachandra, debido a esta mente y este corazón puro. Rompió todos los lazos con sus hermanos, renunció a sus propiedades y bienes y alcanzó los pies de Ramachandra. Decidió que podía sacrificarlo todo con este solo propósito: lograr la Gracia de Ramachandra. Si uno tiene plena fe en Dios, puede vencer aun la más difícil de las tareas.

Estudiantes: En nuestra vida diaria tomamos diferentes caminos con el propósito de lograr algo de felicidad y de placer. En este mundo hay muchas personas ricas, poderosas, fuertes, instruidas, pero no encontramos entre ellas a ninguna que goce de paz mental. Los Kauravas poseían cualquier cantidad de riquezas, de fuerza física y de armas, pero nunca sacaron algún beneficio de todo eso. Si el hombre se distancia de Dios y de la Rectitud, ¿de qué manera podría lograr esta paz mental?

Estudiantes: La verdadera fuerza que uno pueda poseer es la que proviene de Dios y de la Rectitud. Ustedes habrán de adoptar estas dos alas: la de Dios y la del deber. Nuestros movimientos en este mundo debemos emprenderlos en un carro con dos ruedas: la de Dios y la de la Rectitud. Debemos adoptar estos dos ideales, Dios y la Rectitud, para vivenciarlos en nuestra vida. La Rectitud tan sólo constituye el corazón de nuestra vida. Olvidar nuestro deber y desviarnos hacia la injusticia redundará en la ruina de nuestra vida. Deberíamos recoger todos los malos hábitos que tengamos, para ir abandonándolos. En su lugar, hemos de elegir las bondades de los personajes del Ramayana para ponerlos en práctica. Tenemos que tratar de entender las buenas cualidades, incluso de Ravana. No es que no existan en él. Cuando se encontraba totalmente sumido en el pensamiento en Dios, estaba dispuesto a sacrificar hasta su propio cuerpo. Era en verdad un seguidor y un protector de la Rectitud. Las cualidades negativas en él no le eran connaturales. Las adquirió todas como consecuencia de una maldición que cayera sobre él en una oportunidad. Su propio karma fue responsable de que la sufriera. El tipo de trabajo y de acción a que nos dediquemos será lo que determine las consecuencias que hayamos de enfrentar. La clase de semilla que plantemos será la que determine el árbol y el fruto que podamos obtener. De manera inconsciente y por ignorancia, hacemos algunas cosas malas. Pero ya sea que las hagamos a sabiendas o sin darnos cuenta, las consecuencias son inevitables. Esta es la naturaleza del karma.

Aquí hay una rosa. Sale de ella una agradable fragancia. Ya sea que la sostengamos en la mano derecha o en la izquierda, la fragancia será la misma. Esta fragancia no sólo se nos da a nosotros, sino a todos los demás a nuestro alrededor. De igual manera, se extendían las malas cualidades que había en Ravana por todo Lanka, dejando su reguero de resultados negativos, e incluso se extendieron a Vibhishana que era una persona pura. Cuando Vibhishana fue a rendirse ante Rama y a pedir su protección, Sugriva, Angada y otros de los acompañantes de Rama preguntaron si siendo hermano de Ravana, no tendría las mismas cualidades negativas que eran características en su hermano. La razón para despertar estas sospechas y para tener un mal nombre, se debía a la compañía de aquellos con quienes vivía. En este contexto, hemos de poner gran cuidado en elegir nuestra compañía. Hemos de tratar de absorber las buenas cualidades de la sociedad en que vivamos. Si nos unimos a mala gente y mantenemos malas compañías, caeremos en malos hábitos en sólo unos pocos días. En tanto que si nos reunimos con buena gente y nos mantenemos en su compañía, absorberemos también las buenas cualidades que tengan.

Los corazones de los jóvenes son tiernos y limpios. Son como telas blancas. Cualquier color que pongan sobre esta tela blanca, resaltará de inmediato sobre ella. Han de realizar el esfuerzo por mantener sagrado vuestro corazón y elegir aquella compañía que sea sagrada.

Estudiantes: Ustedes son los futuros ciudadanos de este país y han de mostrar sus buenos y sagrados ideales no sólo a través de las palabras, sino en la acción. En vez de hablar sobre cien cosas, hagan el intento de mostrar en la práctica, al menos una. Hemos organizado este curso de verano para permitirles ver la importancia de la práctica. Si después de la vivencia de esta sagrada oportunidad a lo largo de todo un mes, son incapaces de hacer uso de ella, deberán considerarse muy desafortunados. Muchos mayores y muchas personas experimentadas les están enseñando a diario acerca de los buenos y sagrados ideales. Han de hacer el intento por absorber las ideas contenidas en estas enseñanzas y por ponerlas en práctica. Han de tener el temple como para hacer uso responsable de esta sagrada oportunidad. Vuestra capacidad de digestión ha de ser cuidadosamente protegida. Son muchos los que se han unido para darles un festín. De este diario festín habrán de tratar de asimilar al menos una pequeña porción y después con la fuerza que ello les de, comenzar la práctica. Luego de escuchar los discursos que se les dicten, no deben perder el tiempo en conversaciones inútiles al volver a sus alojamientos. Habrán de recapitular y recordar todo lo que hayan escuchado. Pero no se trata sólo de repetir las palabras contenidas en el mantra. La mera repetición de palabras y la lectura no basta. Deben tratar de reflexionar sobre cada palabra y cada sonido del mismo. Todos los seres humanos son manifestaciones del Alma Suprema. Darle un mal uso a tan sagrada oportunidad que les ha sido otorgada, es también una gran desgracia.

Estudiantes: La dicha que están disfrutando y la experiencia que están obteniendo no han de ser pasajeras. Esto deberá cambiarse y transformarse en una dicha permanente. El hombre anda siempre en busca de dicha y de felicidad. El es la personificación de la felicidad. Jamás habrá de permitir que surjan el pesar o el dolor. En la juventud, puede que a veces se exciten o se enojen. Cuando se encuentren en una situación así, deben tratar de aislarse y sentarse solos a reflexionar para descubrir qué es correcto y qué es erróneo. Cuando algún pensamiento les venga a la mente, no deben actuar de inmediato y en forma impulsiva. Este tipo de acción les puede llevar a un gran pecado. Tómense tiempo y discriminen, vean si les va a llevar a un buen o a un mal acto, si les otorgará reputación o si les apabullará. Este tipo de discriminación es algo muy necesario para toda la gente.

Pueden leer muchos libros religiosos o mitológicos, pero si no adquieren la capacidad de discriminar entre lo correcto y lo equívoco, todas estas cosas se harán inútiles. En nuestra vida diaria hemos de conducirnos de manera apropiada. Hemos de promover una vida sagrada y establecer la verdadera naturaleza humana. También hemos de absorber la naturaleza de lo Divino. Es por esta razón que se ha dicho que, de todas las cosas que nacen, nacer como ser humano es algo sagrado. Después de haber nacido como ser humano, conducirse como animales significa hacer caer en la ignominia al mismo nacimiento humano.

Estudiantes: Habrán de albergar ideales sagrados en sus mentes y velar por aceptarlos y ponerlos en práctica en sus vidas diarias.

SALGAN A TIEMPO, CONDUZCAN CON CUIDADO, LLEGUEN A SALVO

*En un comienzo las hormigas blancas aparecen poco a poco
y se desarrollan lentamente. No obstante, en poco tiempo,
todo el tronco habrá sido comido por completo.
De manera similar, las malas cualidades aparecen poco a poco,
pero al poco tiempo destruirán por completo al individuo.*

Estudiantes: Es muy necesario que controlen su mente. El hombre ha de renunciar a compararse con otros.

Las manecillas del reloj se mueven continuamente y podemos escuchar su sonido que se mantiene en forma continua. Entre un tic y el otro se produce un intervalo. La vida del hombre también es como este intervalo. A través de su corazón y de sus vasos sanguíneos late su corriente de vida, pero este latir llegará a su fin algún día. Es cierto que el nacer va seguido del morir y la muerte es seguida nuevamente por el nacer y así de manera continua. Hemos de empeñarnos en entender el secreto de esta vida. Al igual que el hombre que nada va avanzando por las aguas de un río, nosotros hemos de olvidarnos de las experiencias por las que hemos pasado antes y seguir hacia adelante. El nadador avanzará solamente si lanza hacia atrás el agua que está por delante de él; si no lo hace se quedará estacionado. Al igual que en esta analogía, el hombre podrá avanzar sólo si trata de lanzar hacia atrás la experiencia por la que ha pasado. Si uno avanza por esta senda, se encontrará con que en la vida del hombre no hay lugar para enojos, no hay lugar para envidias y así su vida avanzará placentera. Debido a que el hombre quiere volver a pasar por la misma experiencia vivida anteriormente, ingresa en la región del odio, porque acumula muchos apegos en torno de sí. Si el hombre se esfuerza por entender su propia naturaleza y hace la comparación entre el reloj y su corazón, le será posible experimentar la Verdad. Pero si incluso después de experimentar tantas cosas no llega a entender su propia naturaleza, se sentirá muy infeliz. Desea estar siempre feliz, pero no se plantea la pregunta si uno puede ser feliz en este mundo. El hombre muestra una gran dedicación en cuanto a reunir, adquirir y amasar riquezas, pero no muestra el mismo esfuerzo en cuanto a renunciar y a sacrificar algo. Pero una vez que el hombre pueda desarrollar la fe en dar y en compartir las cosas, en renunciar y sacrificarse, disfrutará de su vida. Si desea realmente Paz y Felicidad, deberá estar preparado para renunciar. Los Vedas nos han dicho que lo que no pueda adquirirse por medio del trabajo duro, por medio del estudio o a través de otros medios, podrá ser adquirido únicamente a través del sacrificio. Pero hemos de entender el sentido interno de este sacrificio.

Si los alimentos que ingerimos no son excretados ni eliminados, nuestra salud se resentirá. Si la sangre no se mantiene en movimiento sino que se queda en un solo lugar, se formará un edema. Es necesario que reconozcamos la felicidad que contiene el espíritu de sacrificio. El hombre, no obstante, quiere repetir una y otra vez la misma experiencia antes de aprender la lección que implica y, por causa de estos deseos equivocados, se ha vuelto tan desgraciado que ni siquiera puede alcanzar una muerte apacible, para no hablar de una vida apacible. Si desea llevar una vida llena de Paz, habrá de darse cuenta de la importancia del sacrificio. La verdad que encierra la declaración de que la inmortalidad se puede obtener únicamente a través del sacrificio, debería ser muy bien entendida.

En nuestra vida diaria exhibimos toda una serie de malas cualidades como la ira, la envidia y el compararnos con otros. Ellas habrán de ser desechadas y sacrificadas. Se debió a que Ravana poseía estas cualidades contrarias a las metas de la vida humana que se convirtió en demonio. Ravana pudo haber sido un devoto, pudo haber sido una persona muy erudita, pero a pesar de ello, por ir en contra de las metas de la vida humana y tener cuatro malas cualidades, se convirtió en un pecador. Para este tipo de seres, todo lo que puedan predicarles sobre la Rectitud les parecerá equivocado.

Ravana era el hijo de Brahma, tenía grandes cualidades, era un gran devoto, se ganó la Gracia de Dios gracias a sus penitencias y, pese a todo ello, no tenía paz y no logró tener un buen final. Pudo invadir la ciudad de Kubera, derrotarlo y llevarse el Pushpaka Vimana. Esto demuestra que estaba en él el defecto de la envidia. No podía soportar el que Kubera fuera más grande que él. También invadió la ciudad de Mayura, su suegro; lo derrotó, le arrebató todos sus servidores y anexó esta ciudad que era la principal de Lanka, a la suya. Habrá que reconocer aquí que si uno le abre camino a estos defectos para desarrollarse, aunque comiencen siendo pequeños, terminarán destruyendo toda su vida, al igual que las hormigas blancas. A veces, llevados por la debilidad o por los impulsos, hacemos cosas indebidas y al final uno tendrá que arrepentirse.

En la historia del Ramayana, Ravana le da una lección a todo el mundo demostrando que no hay que tener los defectos que él tenía. Era una persona malvada y echaba mano a muchos embustes. Decía falsedades, y así fue que le dijo a Rama que le traía la cabeza de Sita, siendo que sólo traía una cabeza suya artificialmente creada, un engaño. Le dijo que había matado a Sita y traído su cabeza. Como Rama era Omnisciente se dio cuenta de que se trataba de un truco y le dijo a Ravana que no podía ser verdad. También recurrió al truco de llevarle una cabeza de Rama a Sita y decirle que lo había matado.

Ravana no podía soportar la felicidad de otros. La naturaleza humana normal sería la de sentirse feliz ante la felicidad de otros. Hay muchos en el mundo que, al igual que Ravana, ponen mucho interés en cualquier cosa feliz que le caiga en suerte a otros y no soportan verles felices.

Las Eras han ido pasando, los mundos han cambiado, los tiempos han cambiado, pero no se han modificado ni las ideas ni el comportamiento de los individuos. Aunque no fuera sino una idea o un pensamiento los que cambien, podríamos aceptar esta tendencia como una tendencia sagrada. En el Kali Yuga, la Era en la cual vivimos, existen muchos Maestros espirituales, muchos grupos, muchas organizaciones, muchos ideales y muchas religiones que están predicando la necesidad de un cambio. Si pese a todo ello, a escucharlo y a leerlo, la conducta y la mente de uno no cambian ni un ápice, ello significa simplemente que el estancamiento es el resultado de nuestro Janmantara Karma.

Ravana tenía un Maestro llamado Sankaracharya quien le enseñó la conducta apropiada para un rey. Así, Ravana adquirió pericia en todos los diferentes tipos de acción. Sus guerreros y los jefes de su ejército eran todos muy fuertes y expertos en el arte de la guerra. Su mujer era una dama llena de virtudes y de gran bondad. Pese al hecho de haber tenido tan buen preceptor, tan buena mujer y tan fuerte ejército, Ravana no cambió sus métodos, y esto significa simplemente que su actuar era el resultado de su karma generado en nacimientos anteriores. Llevaba una vida disparatada. En su necedad, se negaba a aceptar ningún consejo de nadie. Esta necedad es uno de los grandes enemigos del ser humano. Es también un aspecto que hemos de eliminar de nosotros. En ciertas ocasiones Ravana solía aparecer como una persona buena y pura; en otras, como una persona inocente. A veces, pretendía demostrar ser un gran devoto. Pero en realidad, no hay nadie más grande que él en cuanto a maldad. No vacilaba siquiera en herir a su propia mujer o a su hijo. Vibhishana, su hermano, era una persona pura; sin embargo, Ravana no mostraba bondad hacia él, simplemente lo expulsó. La mujer de Vibhishana tocó los pies de Ravana y le rogó en todos los tonos que salvara a Vibhishana. Ella, por ser la mujer de su hermano, debería haber sido como una hija para él, pero le creó múltiples dificultades. El sentido de todas estas cosas, es que hemos de pensar que Ravana no era más que una persona con ese nombre. Los defectos y las crueles ideas que también existen en nosotros, están simbolizadas en el aspecto de Ravana. Lo bueno en nosotros está simbolizado por Rama. Sólo cuando podemos llegar a que estos dos aspectos se confronten y que Rama derrote a Ravana, podemos imaginar que es posible la coronación de Rama dentro de nosotros y que ella se ha efectuado.

No tenemos que imaginar que Ravana no era más que una persona o personaje dentro de la historia del Ramayana. Toda nuestra vida es un Ramayana. Nuestro corazón representa el lugar de encuentro entre el bien y el mal. Sin que haya algo de mal no podría existir el bien. Sin embargo, debido a la presencia de ambos, el mal tratará de suprimir hasta donde pueda al bien, y debemos realizar un esfuerzo para velar porque el bien en nosotros no sea suprimido de este modo.

Cada día están oyendo toda una serie de buenos discursos. Los que los dictan, los entregan con un corazón puro y aquellos de ustedes que los reciben, lo hacen con buenos y tiernos corazones. ¿Cuál será el resultado de todo esto? Al plantear esta pregunta, uno no encuentra una buena respuesta para ella. Durante el período en que le prestan oídos a estos discursos, ellos se ven muy bien y son atrayentes. Pero una vez que salen y ya no siguen escuchándolos, dejan de interesarles y no quieren ponerlos en práctica. Unicamente cuando hemos podido digerir el alimento que hayamos ingerido un día, podremos volver a comer al día siguiente. Si comieran algo hoy y no lo digirieran, estarían sufriendo de indigestión. Del mismo modo en que digerimos el alimento el mismo día que lo ingerimos, así también deberían absorber y poner en práctica en el mismo día aquellas ideas a las que les hayan prestado oídos. Sólo por este camino podrán tener la posibilidad de contar con un cuerpo y una mente que sean fuertes y resistentes.

Estudiantes: En este contexto, la historia del Ramayana que están escuchando a diario y los personajes ideales que aparecen en ella les ofrecen ejemplos importantes y deberían tratar de llevarlos a la práctica. Sólo así se cumplirá el propósito para el cual han venido a asistir por todo un mes a estas clases de verano en Brindavan. Todo lo que se oiga y se absorba habrá de ser practicado. Todo lo que ya haya sucedido y se haya convertido en pasado habrá de ser olvidado. No deben seguir cargándolo con ustedes. No deben usar sus pensamientos y perder su tiempo en cosas que ya han pasado. Solamente aquellas que representan ideales habrán de ser recordadas como tales y mantenidas a lo largo de toda la vida.

Los dolores y pesares que aparecen durante la vida diaria de uno, deben ser olvidados y habrán de dejarlos atrás. Cuando se empeñen en llevar este tipo de vida, sólo entonces les resultará fructífera. Nuestras excitaciones y agitaciones habrán de ser suprimidas en primera instancia. Una vez que vuestro corazón esté libre de excitaciones y agitaciones podrán entrar en él los ideales que se han levantado ante ustedes. Ya les había señalado que cuando la cabeza está llena de toda una variedad de cosas, no queda espacio en ella para poner algo más. Cuando está libre, hay algunas cosas buenas que tendrán cabida. De manera similar, si vuestro corazón estuviera ya lleno de ideas, ¿de qué ideales podríamos proveerles si no queda espacio? Si hubiera malas ideas en ustedes y vuestros oídos siguieran escuchando constantemente malas cosas, la mente terminaría llenándose de ellas, y la Rectitud ni siquiera puede aproximarse a gente así. Si realmente desearan que la Rectitud y Dios entren en vuestro corazón, habrán de velar porque no esté ya completo con malas ideas. En donde se encuentre la Acción Correcta, Dios estará presente. En tanto que donde no haya Rectitud, estará presente el demonio. No hemos de dejarle espacio libre. Hemos de hacernos merecedores de la Gracia de Dios. Lo que hayamos aprendido del Ramayana y de los personajes ideales que aparecen en la historia nos debería permitir tomar por una senda correcta en la vida, como ejemplo para otros. Para todo esto, la devoción es esencial. Si carecieran de devoción, no les será posible lograr nada, ni tendrán el derecho de lograr nada.

Cualquier Veda que podamos estudiar, cualquier Sastra o Purana que podamos leer, no tendrá validez hasta que entendamos el aspecto del Amor que todos ellos encierran y así tendremos el derecho a ser merecedores de la Gracia de Dios.

Cuando Vibhishana llegó hasta los pies de Rama y pidió que se le permitiera rendirse, Rama le hizo notar a quienes le acompañaban, que eran Sugriva, Angada y Jambavan, que Vibhishana venía desde lejos, proclamando ya que venía con el propósito de rendirse ante Ramachandra y, por lo tanto, sin importar quién era ni cuáles fueran sus motivos, era su deber protegerlo, puesto que venía a rendirse. Una vez que han decidido y que digan que pertenecen al Señor, entonces, sin que importe quiénes son ni de dónde vienen, el resultado es que el Señor es vuestro. Entonces, Sugriva le preguntó si Ravana mismo llegara y pidiera perdón, ¿actuaría Rama igual? Rama le contestó que si Ravana fuera a tener tan buena idea, era seguro que le perdonaría y le haría rey de la misma Ayodhya. En lo que concierne a nosotros, es totalmente equivocado pensar que la rendición o la entrega es apropiada tan sólo para ancianos, pero que no es algo que le ataña a jóvenes estudiantes. Es ésta justamente la edad apropiada para que se rindan ante Dios. Así, podrán alcanzar grandes cosas cuando se hagan mayores, con la Gracia de Dios.

Veamos una pequeña historia. Marido y mujer de una familia cumplían con sus deberes caseros de manera normal, y también con sus obligaciones en este mundo. Ella se levantaba temprano, le rezaba al Señor, llevaba a cabo su veneración al Señor de varias maneras y le servía a su marido atendiendo a todo lo que necesitara. El no tenía tan buenos hábitos. Se levantaba tarde, tomaba su desayuno sin lavarse y se iba a la oficina, cumplía con su trabajo y, pensando siempre que el deber es Dios, no creía que hubiera necesidad de culto devocional alguno. La mujer, por su parte, al orar cada día, le pedía al Señor que de alguna manera le otorgara algo de fe y devoción a su marido y que le hiciera pronunciar el nombre del Señor, al menos ocasionalmente. Un buen día en que el marido se encontraba de buen ánimo, ella le habló para señalarle que la vida era algo muy sagrado, pero que ellos estaban viviendo como animales. Le pidió si no podía pensar, al menos una vez al día, en el Señor. Agregó que la vida humana no era necesaria tan sólo para ganarse la vida. Le expresó también que los animales o los pájaros no necesitan educarse o ir a la universidad para poder vivir y conseguir su alimento. Le dijo que el nacimiento humano tiene por finalidad la promoción de la devoción y le rogó que cambiara su modo de vida. Al marido no le gustó nada lo que estaba oyendo y le dijo a su esposa, que era una mujer inocente: "¿Piensas que no tengo devoción? Siento una gran devoción por Dios, pero mientras trabajo no tengo tiempo libre para pensar en El. Después que me retire, después que los niños se hayan casado y se establezcan, comenzaré a pensar en Dios" Ella se dijo que no valía la pena hablar con una persona tan necia y se quedó en silencio, pensando en el Señor. Una semana más tarde el marido cayó gravemente enfermo. La mujer llamó al médico y le dio sus medicamentos al marido, de modo que después de algunos días, la enfermedad se hizo menos virulenta. Algunos días después volvió el médico y le recetó una mezcla que había de tomar en tres dosis, una en la noche, otra en la mañana y una tercera en la tarde. La mujer pensó que esto le daba una buena oportunidad para darle una lección al marido. En la mañana, llegado el momento, no le dio el medicamento a su marido. Luego en la tarde también lo omitió. Entonces el marido le dijo: "¡Qué es esto! Han pasado ya dos ocasiones en que no me has dado mi medicamento". La mujer le respondió: "¿Para qué te preocupas del medicamento ahora? Bien lo puedes tomar todo, una vez que haya sanado tu enfermedad". El inquirió: "¿Y por qué habría de tomar el medicamento después de haberme curado?" La mujer contestó: "Cuando este cuerpo humano aún está contigo y está sano, y cuando aún estás sufriendo del mal de las atracciones del mundo, habrás de tomar medicamentos en forma de la devoción y la fe en Dios. ¿De qué sirve que los tomes cuando estés viejo y decrépito?"

Cuando vengan los mensajeros de Yama y les digan que vuestro tiempo ha terminado y que han de morir, cuando vuestra mujer e hijos se lamenten porque están llegando al fin, ¿será posible que puedan aún pensar en el Señor? Cuando hayan llegado a la vejez y se hayan retirado del trabajo, ¿les será posible sentarse a orar y a meditar? Para iniciarse en la senda espiritual y ser capaz de seguir esta forma de vida, la edad de la juventud es la más apropiada. Es en este contexto que se ha dicho: "Salgan a tiempo, conduzcan con cuidado y lleguen a salvo". Ya que ésta es la edad adecuada, habrán de comenzar desde ahora, para que puedan experimentar Paz y Felicidad y llevar adelante vuestra práctica con calma y firmeza. Si comenzamos con el tiempo suficiente, sin ningún tipo de agitación, podemos timonear la barca de nuestro cuerpo con tranquilidad por el río de nuestra vida. Así también podemos llegar a salvo a nuestro destino final. Si, por el contrario, partimos tarde y tratamos de avanzar rápidamente, habrá peligros en el trayecto.

Hay un ejemplo para esto. Si nos dirigimos temprano a un hotel y adquirimos un vale para el almuerzo, no importará la hora en que vayamos a comer. Aunque nos atrasemos, tendremos nuestra comida preparada. En cambio, si van al hotel a mediodía, cuando ya sienten hambre, podría suceder que no quede comida para ustedes. De este modo, si comienzan a poner en práctica vuestra devoción a partir de hoy mismo, serán como la persona que adquiriera temprano su vale para la comida. Realmente deberían reservar desde esta temprana edad vuestra, el vale por la Gracia del Señor.

Estudiantes: Esta es la edad precisa. Deben tratar de empeñarse en velar porque los pensamientos en ustedes no les causen ni agitación ni excitación. Con el pensamiento puesto en Dios, deberán llevar una vida llena de Paz. Espero que timoneen de manera plácida las barcas de sus vidas.

LA COMIDA LIMPIA LE AYUDA A UNO A DESARROLLAR BUENAS CUALIDADES

¿Cómo podría un perro darse cuenta del valor de un día de ayuno?
¿Cómo podría un buey darse cuenta del sabor del arroz reseco?
¿Cómo podría alguien que carezca de olfato apreciar alguna fragancia?
¿Cómo podría un ciego darse cuenta de la belleza de la luz de la Luna?

Estudiantes: Los grandes eruditos de antaño nos han legado sagrados ideales. Hemos de entresacar de la cultura y las tradiciones de la India algunos aspectos que resulten aplicables a nuestra vida diaria. Los testimonios de estos grandes sabios fueron resultado de sus propias experiencias personales en una vida llena de felicidad y de dicha. La senda que ellos tomaron puede ser descripta como una senda dorada. Las palabras que nos dejaron son palabras de verdad. Cualquier cosa que hicieran, no era sino para promover la prosperidad del mundo y la felicidad de la gente. Podemos observar que, hoy en día, lamentablemente, el hombre ha tomado por una senda diametralmente opuesta. Pensamos que todos los mandamientos que nos legaron nuestros ancestros están plagados de supersticiones y que se basan en ideas débiles y necias. Si hubiera en verdad algún tipo de fe ciega o de superstición, y alguien lo puede establecer mediante un razonamiento apropiado, todos concordarán con eso. En cambio, si se le da el nombre de superstición o de fe ciega a todo lo que no le guste a la gente o que no puede comprender, ello habrá que atribuirlo simplemente a la agitación que reina en sus mentes. Tales declaraciones no podrán ser sino palabras pronunciadas con una motivación egoísta.

Estudiantes: Hoy les voy a hablar respecto de lo que debe ser la conducta correcta en sus vidas diarias y sobre cómo deberá ser regulada vuestra manera de comer y de vivir. Hay mucha gente, en particular los que son creyentes en Dios, que piensan que a la hora de comer deben repetir el capítulo quince del Gita y que al hacerlo así le estarán ofreciendo la comida al Señor, para participar luego de la misma comida ofrendada. Los estudiantes que han venido a participar en las clases de verano saben que en nuestro albergue, los estudiantes habitualmente repiten algunos versos antes de comer y hacen una ofrenda de esos alimentos al Señor, para servirse luego el resto. No hemos de menospreciar estos actos como manifestación de una fe necia. Debemos esforzarnos por experimentar el sentido y el contenido de los versos.

En tiempos de antaño, uno de los reyes llevó a cabo una ofrenda y reunió para ello a un cierto número de eruditos filósofos. Entre ellos había dos que estaban habituados a observar ciertas tradiciones. Las tradiciones de aquel entonces indicaban que no debían aceptar alimento en cualquier casa. Salían a recolectar algunos alimentos en distintas casas y los llevaban en un atado para comerlo durante el camino. Al llegar el mediodía, llegaron hasta un río y encontraron un árbol que ofrecía un lugar sombreado, bajo el cual se sentaron para servirse la comida. Era un hábito en ellos ofrecerle primero los alimentos a Dios y recién entonces comer ellos. También ese día comenzaron por leer el verso vigésimocuarto del cuarto capítulo del Gita que comienza diciendo: "Le ofrezco este alimento a Brahman". Mientras oraban y repetían el verso, oyeron un ruido que provenía de la copa del árbol bajo el que estaban sentados. Pensaron que no se debía sino a la brisa que hacía golpear una rama contra otra y no dejaron que el ruido les interrumpiera. Siguieron con sus plegarias y comenzaron con el verso décimocuarto del capítulo quince del Gita. Mientras lo repetían, quedaron totalmente absortos y perdidos en el pensamiento en Dios. De pronto se dieron cuenta de que un gran santo había llegado hasta allí y estaba de pie ante ellos. Se levantaron y le honraron, preguntándole quién era. El les reveló su identidad y les confió que había sufrido la maldición de un sabio tiempo atrás y se veía obligado a vivir en ese árbol. Había sido liberado ahora de aquella maldición, gracias a las plegarias que ellos habían pronunciado bajo el mismo.

El hombre santo rindió homenaje entonces a ambos filósofos y dijo: "Sé hacia dónde se dirigen y tengo plena conciencia de vuestra misión. Van a participar en una reunión a la que convocó el rey. Debo retribuirles la deuda que he contraído con ustedes por haberme liberado de la maldición. Entraré en la mente del rey y me preocuparé de que sean beneficiados de muchas maneras". Ambos eruditos llegaron a la reunión de personalidades que el rey había congregado, pero era tanta la gente que se encontraba allí que no pudieron acercarse al monarca. De modo que se sentaron en un rincón y le veían desde allí. Las palabras pronunciadas por un gran santo nunca pueden tornarse en falsedad. Debido a la promesa hecha por él, el rey dirigió su mirada hacia ambos estudiosos, se levantó yendo hacia ellos y, después de honrarles, les pidió que pasaran hacia la primera fila y se sentaran allí. También les pidió que expusieran ante todos su sabiduría. La congregación terminó aquel día y el rey se sintió profundamente complacido por la erudición de que habían hecho gala, de modo que los puso a cargo de varias aldeas y se preocupó para que vivieran felices por el resto de sus días. Podemos observar en esta historia que este gran santo le enseñó a nuestros personajes la forma de sobreponerse a los muchos problemas y obstáculos mundanos que encontraran y a lograr bendiciones espirituales. Se puede observar aquí que, cuando uno toma por la senda de la espiritualidad, se encontrará con muchos problemas y obstáculos mundanales que le salen al paso. Sólo cuando podemos superarlos, podemos alcanzar la oportunidad de beneficiarnos con la senda espiritual. Fue debido a esto que los filósofos pudieron vencer los obstáculos y seguir por la senda espiritual, logrando la felicidad gracias a los favores que recibieron.

El propósito de pensar en este verso del capítulo quince del Gita es el de lograr el éxito en asuntos mundanos y superar los obstáculos que impidan seguir por la senda espiritual. Para ello, son determinantes de muchas maneras los alimentos que ingiramos en cuanto a lo que logremos para nosotros en el futuro. El alimento determinará el tipo de ideas que surjan en nosotros. Si mientras comemos, empleamos palabras estimulantes, surgirán también en nosotros ideas excitantes relacionadas con estas mismas palabras. La lección que hemos de extraer es que cuando nos estemos bañando, cuando nos sentemos para meditar o cuando comamos, no debemos pensar en otras actividades ni darle vueltas a otras ideas. Mientras estemos comiendo, también será perjudicial para nosotros el hablar demasiado. No hemos de dar lugar a ningún tipo de conversación mientras comamos. Debemos dedicarnos a enunciar el verso que se ha mencionado, con un corazón feliz y con palabras sagradas, y luego proceder a comer. De este modo, todo lo que le haya sido ofrecido a Brahman se convertirá en la comida bendita que recibimos como un regalo de Brahman.

El significado de este verso es que Dios mismo, que está en una forma humana dentro de ustedes, está sirviéndose el alimento. Por ende, ello convierte nuestro alimento en alimento para Dios. Mientras estemos sirviéndonos el alimento, no hemos de estar excitados ni dejarnos apasionar por nada, sino que debemos comer en paz. Aun cuando no podamos llevar a cabo ni la repetición del Nombre de Dios, ni una disciplina ascética y sacrificada, desarrollaremos buenas ideas si al menos podemos comer de esta manera. La naturaleza del fuego determinará el humo que provenga de él. El tipo de humo que salga del fuego determinará la clase de nube que se forme. El tipo de nube que se forme determinará la clase de lluvia que caerá desde ella. El tipo de lluvia que caiga determinará las cosechas que se obtengan. El tipo de cosechas que se obtengan determinarán los alimentos que logremos. El tipo de alimentos que ingiramos determinará nuestras ideas. Para todas nuestras ideas, el responsable no será sino nuestro alimento. Si comemos alimento purificado, sentados en un lugar aseado, tendremos ideas limpias gracias a esta comida. Y, por ende, habrá buenas oportunidades de lograr ideas espirituales.

En lo que concierne al alimento hay tres aspectos relativos a su limpieza por los que debemos velar. Uno es la limpieza del material que usemos para cocinar el alimento. El segundo es la limpieza de los utensilios en los que vayamos a cocinar. Ciertamente que nos será fácil limpiar los materiales que han de constituir nuestro alimento y también limpiar los utensilios que se vayan a emplear para prepararlos. El tercer aspecto se refiere a la limpieza del proceso de preparación. Esto no siempre resulta fácil de lograr. Hemos de albergar buenas ideas hasta la fase final de cocimiento de los alimentos. Así es como lograremos la plena limpieza en su elaboración.

Sin embargo, aunque surjan dificultades en estos aspectos de la limpieza, ya sea en los utensilios, los materiales o el proceso mismo de preparación, si le ofrecemos los alimentos a Dios antes de comer, todos los alimentos se volverán limpios. Al ofrecerle de este modo nuestra comida al Señor, la sometemos a los tres aspectos de limpieza y es por ello que nuestros ancestros nos han señalado que son éstos los pasos que hemos de observar en cuanto a nuestro alimento. Lamentablemente, hoy en día, cuando uno siente hambre, no se preocupa de lo que come, en qué lugar come ni qué tipo de alimentos ingiere. Simplemente, come cualquier cosa.

Ya no podemos ver a los sabios de antaño. Vemos a personas que sólo pretenden ser santas. Esta es la razón por la cual su condición se rebaja día a día hasta las profundidades de la degradación. Sólo cuando podamos seguir por la senda señalada por los ancestros y aceptar la Rectitud védica, podremos elevarnos. Todos los dones de aldeas que el rey le otorgara a las personas en retribución por los servicios específicos que le prestaran, están desapareciendo en la actualidad. ¿Cuál es la razón? La razón reside en el cambio operado en el modo de vida. La civilización y las tradiciones prestadas que hemos aceptado están mostrando sus consecuencias y resultados. El egoísmo se ha ido incrementando, en tanto que el interés por la ayuda hacia los demás ha ido disminuyendo. El corazón se ha estado volviendo cada vez más duro. La inteligencia ha ido aumentando, pero las buenas cualidades van decreciendo. Es así que la agitación y la falta de paz en el mundo puede serle atribuida a nuestros propios hábitos alimentarios.

Puede que sientan hambre. Pese al hambre que sientan, habrán de hacer el intento de encontrar un lugar y comida limpios. Cuando los encuentren, primero habrán de ofrecérsela a Dios y luego comer. No se trata únicamente que lo hagan aquí, sino que adondequiera que vayan, cuando estén por comer, habrán de recordar estos tres versos, habrán de enunciarlos y ofrecerle la comida a Dios y luego comer. Si hubiera algunos entre ustedes que no conozcan estos versos, habrán de anotarlos como para poderlos recitar y convertirse así en ciudadanos dignos de Bharat.

AL IGUAL QUE LA DULZURA DEL AZUCAR ES LA MISMA EN DULCES DE CUALQUIER FORMA O NOMBRE, ASI TAMBIEN LA DIVINIDAD ES LA MISMA EN TODOS LOS SERES HUMANOS DE CUALQUIER FORMA O NOMBRE

¿Cómo podremos encontrar algo especial en el curso de una vida en la que no haya nubarrones? En una vida plena de prosperidad no se podrá encontrar nada que resulte sorprendente o inesperado.

¡Encarnaciones del Alma Sagrada!: Tanto los devotos que reconocen a Dios como los sabios que reconocen a la Sabiduría o los filósofos que reconocen la Verdad Eterna, son todos una misma y sola cosa. Esto es lo que han descripto las Upanishads al decir que la Verdad es una sola. Cuando nuestra mente observa una situación, la mente misma le da muchas formas diferentes. Así también, el poder primordial que constituye la base de este mundo asume muchas formas diferentes. Los Vedas, las Escrituras Sagradas, han descripto esta situación al decir que no es más que Uno lo que existe, y que ello ha sido reconocido por mucha gente de manera diversa.

Durante un sueño en la noche, sentimos que estamos atravesando una densa selva y que hemos dormido sobre una roca desnuda. En esos momentos, todo lo que ven les parece ser verdad. Despiertan del sueño y todo el mundo del sueño desaparece por completo. La experiencia que han vivido durante el sueño no es una verdad sino durante el desarrollo del mismo. La experiencia que viven durante el estado de vigilia es una verdad durante el estado de vigilia. En un sueño nos resulta imposible reconocer nada que se relacione con el estado de vigilia. En el estado de vigilia nos resulta imposible reconocer nada que se relacione con el estado de soñar. En el estado de vigilia no hay sueños. En el estado de soñar no hay conciencia del estado de vigilia. Pero en ambos estados, tanto en el de soñar como en el de vigilia, se encuentra presente esa fuerza vital en ustedes que describen como el "yo".

Durante el sueño ven muchas cosas, mansiones, árboles, rocas, frutas, etc. ¿De dónde han venido estas mansiones, árboles, rocas, frutas? Es la fuerza vital en nosotros lo que las crea y les da forma. De la misma manera, el Creador pone su fuerza creativa en todas las cosas que va creando. Este sagrado aspecto ha sido mencionado en los Vedas al decir que el aspecto de Dios está en todas partes, encontrándose presente tanto dentro como fuera de todo. Los cinco elementos y todos los materiales que provienen de los mismos dependen de esta fuerza primordial única. En todas las cosas que vemos alrededor nuestro en la Creación esta energía es una sola y única. De modo que en este contexto, si podemos sumirnos profundamente en meditación y pensar en algo, se conjugan la energía de aquella fuerza vital que es objeto de vuestra meditación y la energía de ustedes mismos, y se fusionan una en la otra. Los nombres y las formas de diferentes cosas pueden parecer como siendo dispares entre sí, pero la fuerza vital o la energía presente en todas ellas es en realidad una misma y única.

Veamos un pequeño ejemplo al respecto. Usando azúcar derretida preparamos distintos tipos de dulces. A estos dulces les podemos dar diferentes formas, ya sea de zorros, de caballos, de perros, de cajas, etc. Los nombres y formas nos parecerán diferentes, pero el contenido en todos ellos no es sino uno solo y el mismo, y este factor común es el azúcar. Si de cada una de estas formas sacamos un pedacito y nos lo llevamos a la boca, lo que experimentaremos será la dulzura del azúcar, la que nada tiene que ver con la forma de la cual hemos sacado este pedacito.

Todas las religiones enseñarán en último término este aspecto de la unicidad. Aunque las enseñanzas de todas las religiones no son sino una misma y una sola, aquellos que han enseñado y predicado los aspectos de las diversas religiones crearon diferencias debido a sus diferentes actitudes. Odiar a otra religión o menospreciarla es una grave equivocación. Crear diferencias al decir que una religión se encuentra a un nivel inferior o que otra está en un nivel superior, no es sino señal de vuestra ignorancia. La gente que mantenga tales ideas, va a ir fortaleciendo su fe en estas diferencias en lugar de fortalecer su fe en Dios.

No han de trabarse en argumentaciones que apunten a la naturaleza de las diferentes religiones, sino que habrán de reconocer la esencia y lo común que hay en todas ellas, así como en las principales metas a las que apuntan. Todas las religiones confluyen para enseñar una cosa y esa cosa es positiva. ¿Si vuestra mente es buena, cómo podría ser mala alguna religión? Recuerden que todas no hacen sino enseñar cosas buenas.

Si hoy en día se enseña que la naturaleza humana es muy diferente de la Naturaleza Divina, el hombre no estará sino creando estas diferencias y, puesto que carece de poder de discriminación, cree que ambas son diferentes. El hombre es Dios, "nara" es Narayana, los seres humanos son Divinos. Es inevitable que algún día "nara" llegue a ser Narayana y Narayana venga como un Avatar y se convierta en "nara". En esta confluencia de "nara" y Narayana está la manifestación de toda la Creación. Es esta confluencia la que ha sido descripta por nosotros de tres maneras diferentes, vale decir, la filosofía dualista, la monista y la no-dualista calificada. En ello, el dualismo reconoce dos cosas distintas y dice: "Yo estoy en la Luz", en tanto que el no-dualismo calificado dice: "La Luz está en mí". El Uno sin Par, la más alta forma de no-dualismo, dice: "Yo soy la Luz". Este Espíritu Divino que es Omnipresente es visto de diferente manera por distinta gente debido a los variados grados de apego a sus propios cuerpos humanos.

En verdad, cuando lo miramos desde el aspecto del cuerpo humano, sólo pensamos en un nombre y una forma para ese cuerpo. Dependiendo también de los propios antecedentes, decidimos qué está bien y qué está mal. Tanto para el bien como para el mal, el Alma no es sino un testigo. Es en este contexto que se ha dicho que ustedes no son una sola persona, sino tres personas diferentes, vale decir: la que ustedes creen que son, la que los demás piensan que son y la que realmente son. Estos son los tres diferentes aspectos. Una vez que reconozcamos la totalidad de la verdad y la totalidad de la Divinidad, podremos experimentar la identidad de estos tres aspectos de la personalidad humana.

La razón por la cual tenemos ideas y opiniones diferentes hoy en día, se debe a que no existe una coordinación entre nuestros pensamientos, nuestras palabras y nuestros actos. La prédica anda por un lado y nuestras acciones son muy diferentes. Enseñamos y creemos que las cualidades de la Verdad, del Amor y de la No Violencia son muy grandes y muy fuertes, pero en nuestra vida diaria nos comportamos de manera muy distinta a lo que decimos. Creemos que la Verdad es nuestra sacra religión, pero estamos prontos a hacer caso omiso de todo ello y pareciera que la misma verdad fuera algo que no necesitamos. El hombre ni siquiera hace el intento de encontrar lo bueno respecto de sí mismo. Pronuncia repetidamente la palabra "verdad", pero no es capaz de establecer la verdad con referencia a sí mismo. Es ésta la razón por la cual no llega a ser un ser humano integral. Pero si él mismo no es capaz de convertirse en un ser humano integral, ¿cómo podrá elevarse hasta el nivel de Dios?

Esta mañana uno de los conferencistas les dijo que el hombre es Dios y que el Señor está presente en todos los seres humanos. Mencionó que desde la posición de ser un gorila, uno podía elevarse hasta la posición de un ser humano. Hemos de pensar al respecto que el mundo dejó de existir en la forma de un mineral y que reapareció en la forma de un árbol. La Creación volvió a desaparecer en la forma del árbol y reapareció en la forma de un animal. Luego, desapareció nuevamente para reaparecer en cuanto ser humano. Siguiendo esta serie evolutiva, uno habría de desaparecer del estado de ser humano para reaparecer únicamente como Dios. La evolución ascendente va del mineral al árbol, del árbol al animal, del animal al ser humano y del ser humano al Ser Divino, en la que cada etapa va mejorando y aprendiendo de la anterior.

De este modo, si hoy en día el hombre puede elevarse a mayores alturas se podrá convertir en un Ser Divino, pero si resbala hacia abajo, se convertirá en un animal. Hemos de empeñarnos por tomar el camino de la superación y no el de la degradación. En cada ser humano está presente el aspecto de la Divinidad. El aspecto del Alma está mucho más cercano a nosotros que todos nuestros amigos y relaciones. Este tipo de conciencia respecto de la relación del Alma con nosotros es la que debe ser promovida. Todas nuestras ideas habrán de llegar a refinarse hasta el punto en que dejen de ser estrechas y se expandan lo suficiente. No hemos de adoptar el criterio según el cual no deberíamos preocuparnos sino de nuestra familia, de nuestro hogar y nuestro "sí mismo". Esto representa un enfoque demasiado estrecho de la vida. Nuestras ideas deberán ser lo suficientemente amplias como para que podamos avanzar del punto de que abarquen el hogar y se extiendan a una aldea, de ahí a un distrito, del distrito a una provincia, de la provincia hacia el país entero y desde el país al mundo.

De igual manera, en lo que concierne a nuestra meditación, deberemos ampliarla como para que veamos la Eterna Luz presente en nosotros en cuanto la misma que está presente en todo lugar del Universo. Con este sentimiento podremos ser capaces de expandir nuestras ideas y tomar conciencia del significado de la declaración respecto a que no existe sino una Verdad y que ésta es vista por mucha gente en diferentes formas. Siempre estamos viendo cosas que cambian continuamente. Estamos viendo una creación que no es permanente, y caemos en el error de identificar a esta creación con la Divinidad. No tomamos conciencia de la Verdad.

El mundo no es más que una proyección ilusoria y Dios es la base. Pero para entender esta situación uno ha de realizar el intento. Este auditorio es visible para nosotros ahora, con todos sus bellos ventanales, todas las buenas alfombras y nos muestra una grata apariencia. El techo descansa sobre estos muros que lo sostienen. Mirando el techo y los muros, pensamos que son componentes importantes del auditorio. Pero eso no es lo correcto. Debemos darnos cuenta de que los cimientos que no vemos, representan en realidad el soporte para este gran auditorio. Así también, para todo lo que vemos, debe haber alguna base que no visualizamos. Para llegar a tomar conciencia y para entender a esa base que no es visible externamente, tendríamos que adoptar la senda del Espíritu Supremo. Todos aquellos que no reconocen la existencia de la base misma y que no hacen sino confundir la apariencia externa con la Verdad, desconociendo que ésta es producto de la base, no son en realidad más que ignorantes.

La gente no ve hoy en día más que la consecuencia de la existencia de la Energía Divina. Arguye que esta Energía no existe y que no hay una base para lo que vemos. Tal declaración equivale a decir que en el océano hay olas porque las veo, pero que no hay agua. Son incapaces de reconocer la Verdad básica que encierran nuestras antiguas declaraciones védicas. Si lo examinamos cuidadosamente, se nos hará posible y, en verdad bastante fácil, llegar a ver la unicidad de la Divinidad.

Lo que hemos de establecer hoy en día no es una nueva sociedad ni una nueva religión o una nueva organización. Lo que hemos de hacer es reconocer los contenidos de lo que ya habíamos tenido desde nuestros tiempos antiguos y hacerlos valer en el presente. Jóvenes capaces de hacer sacrificios son algo esencial hoy en día. Necesitamos, con mucha urgencia, gente joven y llena de coraje que pueda proclamar al mundo la Omnipresencia de la Divinidad. Se hace necesario contar con jóvenes que puedan hacerle frente y oponerse con valentía a las situaciones que surgen de la injusticia, la rudeza y la crueldad. Se requiere gente joven que no dependa tan sólo de beneficios mundanos y materiales, sino que le dé importancia suficiente a los aspectos éticos y espirituales. Jóvenes que estén preparados para renunciar a la imitación, para desechar las ideas egoístas y que se muestren dispuestos a servir a la comunidad de manera desinteresada. Jóvenes que puedan proclamar por experiencia propia la existencia del Alma y comunicarla a los demás. Eso es lo más importante y necesario.

La Divinidad que está presente en todos y en cada uno es una misma y una sola. La Divinidad no está presente tan sólo en Sathya Sai Baba. Todos ustedes son Divinos. La Divinidad está presente en cada uno. El hecho de que la Divinidad está presente en millones de seres nos ha sido comunicado por nuestros Vedas de manera ligeramente diferente, al declarar que Dios tiene mil ojos, miles de piernas y miles de cabezas. También se ha dicho que le encontrarán en dondequiera que le busquen. Esto corresponde también a que digamos que Dios siempre está a vuestro alcance, que está detrás de ustedes, que está con ustedes cada vez que estén en problemas o sufran algún dolor. Para librarles de las dificultades, El está con ustedes, tras de ustedes, en ustedes y preocupado por ustedes.

Un individuo al que se le dijo que Dios estaba con él y detrás de él, miró hacia atrás y buscó a Dios a sus espaldas y, no encontrando a nadie, se sintió muy desilusionado. ¡Esta persona ignorante y necia, se volvió para ver a Dios! No obstante, al volverse hacia atrás, no entendió que mirando hacia allá, lo que estaba detrás, estará entonces delante de él. Al volverse por completo, Dios siempre estará tras él.

Es en este sentido que habrán de comenzar por fortalecer la fe en cuanto a que Dios está detrás de todo. Hay varios pasos para dar en este contexto. Lo primero será la confianza en uno mismo, a continuación viene la autosatisfacción, luego sigue el autosacrificio y entonces, la autorrealización. En cada uno es autorresplandeciente el principio del "yo". El se encuentra en la forma del Alma autorresplandeciente en cada ser humano. Puede haber millones de personas en un lugar y en todas ellas el Ser Supremo es solamente uno. En esta aparente diversidad debemos hacer el intento de ver la unidad.

Hay un pequeño ejemplo aritmético para esto. 1 + 1 + 1 + 1 y + 1 vienen a ser 5. Esta es la respuesta correcta en el lenguaje común. Mas si ponen un número de "yo", como "yo" + "yo" + "yo" + "yo" + "yo", el resultado final no será sino un "yo". En esta divina forma de pensar deberán intentar de buscar el "yo" en cada corazón.

¡Encarnaciones del Alma Sagrada!: Un hombre no es capaz de promover en sí mismo el tipo de ideas amplias que podemos encontrar hasta en los insectos y los animales. Hay un pequeño ejemplo al respecto. Si una hormiga ubica algo de azúcar en algún lugar, no va a comérsela de inmediato y a llenarse el estómago de manera egoísta. Esa hormiga partirá a reunir otras diez hormigas e irán todas juntas a comer el azúcar. Pueden observar el amplio criterio que caracteriza incluso a una criatura tan pequeña como una hormiga. Observen lo desinteresada que es y cómo trata de ayudar a otras hormigas. Por otra parte, generalmente cuando vemos un cuervo, nos produce disgusto. Tomamos una piedra y se la lanzamos. Pero este cuervo, cuando encuentra alimento en cualquier parte, comienza de inmediato a llamar a otros cuervos y todos se reunirán para comer lo que haya encontrado. Incluso el cuervo desea compartir ese alimento con otros cuervos, sus amigos y parientes. El hombre, sin embargo, al encontrar cualquier cosa que le sea de utilidad, desea dejar afuera a los demás. Un marido deja a un lado a su mujer y piensa que su propio placer es lo más importante. Una madre deja de lado a su hijo y se comporta de manera egoísta actuando para sí misma. Se debe a esta amplitud de ideas que las hormigas y los cuervos estén renaciendo como seres humanos y que la población humana se incremente día a día.

¡Encarnaciones del Alma Sagrada!: No deben entender equivocadamente ni malinterpretar lo que digo. Es mi deber hacerles ver la verdad tal como existe. Hoy en día, la razón por la cual se está incrementando tanto la población humana, reside en la actitud de los seres humanos. Dios ha creado muchas cosas en el mundo para que el hombre se gane la vida con economía, como para llenar su pequeño vientre. Dios ha creado grandes cantidades de arroz, grandes cantidades de frutas, grandes cantidades de trigo. Pero aunque Dios ha creado con generosidad estos buenos alimentos, nosotros vamos y comemos carne y pescado. Todos los peces que nos comemos renacen como seres humanos.

Deseo darles otro ejemplo. Hasta una dura piedra puede derretirse, fluir y tomar, por último, la forma de un ser humano. Aquí va un ejemplo. Hay una gran roca. Si pudieran horadar un agujero en ella y plantar allí una semilla, esa semilla no va a brotar para convertirse en un árbol. Con el tiempo, esa roca se resecará al Sol y se empapará con el agua de la lluvia y, gradualmente, se va a ir desmenuzando hasta convertirse en polvo. Si en ese polvo en que se ha convertido la roca ponemos una semilla, ésta va a brotar y se convertirá en una planta. La planta se convertirá en un gran árbol. De ese árbol obtendremos fruta. El hombre comerá esa fruta. Ese alimento que ha entrado así en él, se tornará también en una fuente para un nuevo nacimiento humano. Observamos aquí que una dura roca se puede convertir en suave polvo. De ese polvo brota una planta, la planta se convierte en un árbol y éste da frutas. Las frutas son comidas por el hombre y de esta coordinación surge un nuevo ser humano.

De modo que, inquiriendo con alguna profundidad en estas cosas, nos daremos cuenta de que cualquiera sea la naturaleza del material, la Divinidad que encierra el hombre puede transformar ese material en otro ser humano. Como lo expresara el Bhagavad Gita, además de reconocer a aquel Dios único que no tiene paralelo y que se manifiesta de diferentes maneras, El mismo ha declarado que constituye la simiente para toda la Creación. Todas las ramas, las hojas, los frutos y todo lo que vemos en un árbol han provenido de una semilla única. De igual manera, todas las formas que vemos en la Creación han provenido de la semilla única de la Divinidad. El individuo que reconoce esta verdad se hace sabio y se vuelve uno con la Divinidad. El individuo que es ignorante y no reconoce esta verdad, se hunde hasta las profundidades de la ignorancia.

¡Encarnaciones del Alma Sagrada!: El hombre ansía lograr la felicidad, la paz y la dicha, pero no lleva a cabo esfuerzos consistentes y continuos. ¿Cómo alcanzamos la dicha y la felicidad? Ello es posible tan sólo cuando sabemos y entendemos lo que hemos de saber y entender. Obtendremos dicha sólo cuando renunciamos a lo que debemos renunciar.

Obtendremos felicidad y dicha sólo cuando alcancemos el destino final que hemos de alcanzar. ¿Qué es lo que deberíamos saber? Deberíamos saber la verdad respecto de la Creación alrededor nuestro. ¿Qué es aquello a lo que debemos renunciar?: el sentimiento de que el cuerpo humano es real y permanente. ¿Cuál es el destino final que hemos de alcanzar?: hemos de alcanzar la Divinidad que representa el estado permanente del Alma. Solamente entonces experimentaremos la verdadera dicha. Es ésta la razón por la cual dice la plegaria de la Upanishad:

"De este mundo que es falso, guíame hacia la Verdad.
De esta oscuridad de la ignorancia, guíame hacia la
[*Luz.*
De la muerte, guíame hacia la Inmortalidad."

¿Qué es lo que significa esto? La muerte aquí significa seguir hacia el renacimiento, y la inmortalidad connota la liberación del renacer. ¿Cuál es el camino hacia la inmortalidad? El único camino hacia la inmortalidad lo constituye la eliminación de la mortalidad. Han de dejarse de lado todas las ideas estrechas e inmorales, como mostrarse injustos y duros, o causarle daño a otros. ¿Cuál es la razón para ello? Uno ha de aceptar que todo lo que existe en otra persona no es más que el mismo Espíritu Divino que está en uno. ¿Cómo podríamos sentir envidia u odio por otro?

Cuando a veces haya algunos que se comporten mal, habrán de pedirle a Dios que sean purificados y que dejen de comportarse así. Pero no por ello habrán de dejarse llevar por la envidia y una conducta mala. Estoy esperando que reconozcan el Divino Aspecto del Alma, aquel aspecto único para el que no hay par, y que promuevan sus sagradas ideas.

¡Encarnaciones del Alma Sagrada!: Todos deben tratar de empeñarse con determinación tratando de coordinar vuestros pensamientos, palabras y actos. Se ha dicho que el estudio correcto de la humanidad está en el estudio del hombre. Sólo cuando lo hagan y sólo cuando reconozcan la naturaleza humana, llegarán a ser capaces de entender la verdadera Divinidad. Pero hoy en día no existe un estudio adecuado del género humano. Esta es la razón por la cual la naturaleza humana ha llegado tan bajo, hundiéndose en la más profunda abyección y el hombre no es capaz de vivir como un ser humano.

NI LA RIQUEZA NI LA AUTORIDAD OTORGAN PAZ MENTAL

Cuando se acumulan las nubes en el cielo,
también aparecen relámpagos en su vecindad.
Así también, en donde hay una adecuada educación,
debería aparecer la sabiduría en su vecindad.

Estudiantes: Si uno ansía liberarse y alcanzar a Dios, o si uno desea resistir la carga de la vida, habrá de velar porque su educación y sus prácticas espirituales se fortalezcan. La combinación de la educación y la práctica espiritual fortalece al hombre. El Vidya o conocimiento superior que habría que alcanzar, unido a la práctica espiritual, se conjugarán para que el hombre sea útil. En este mundo, el Vidya es de dos clases: uno es el Vidya (conocimiento) material y otro es el espiritual. Lo que llamamos el Vidya material es aquel que les permite aprender con éxito lo que se enseña en los colegios, escalar posiciones y lograr el éxito en la vida mundana. Por este medio logramos avanzar de una a otra posición en la vida. Esto, en realidad, se refiere al mundo actual y les otorga felicidad en el mundo material. Todo lo que la gente hace en su vida diaria se refiere y está conectado a este tipo de Vidya. Todo lo que se haga, desde un simple barrendero hasta la labor del Primer Ministro, se relaciona con este Vidya material. El le ayudará al hombre a lograr comodidades, a llevar una vida fácil, a alimentarse y a hacerle funcionar de manera pareja en este mundo. Pero no resulta apropiado describir este tipo de saber con la denominación de Vidya. No es correcto usar la sagrada palabra Vidya para describir este tipo de saber mundano. Hemos de aceptar que el verdadero Vidya es el Brahma Vidya, o Conocimiento de Brahma.

En esta palabra Vidya hay dos partes que son "vid" y "ya". Obtenemos la palabra cuando se unen las dos partículas raíces. "Vid" significa luminosidad o luz. "Ya" significa aquello que les entrega. Aquello que les entrega luminosidad y luz y que les abre los ojos a la sabiduría es lo que se llama Vidya. Vidya no es aquello que les entrega oscuridad o ignorancia. Avidya denota oscuridad. La ausencia de sabiduría significa oscuridad. Vidya denota luz. La ausencia de luz es oscuridad. La oscuridad cubre la luz del Vidya. De modo que, hasta cierto punto, hemos de usar el Brahma Vidya para eliminar esta cubierta. El Vidya material es, en verdad, una rama del Brahma Vidya. Cuando se le aplica con relación a los asuntos del mundo, el conocimiento será usado para cosas mundanas aunque provenga del Brahma Vidya mismo. No obstante, en la misma forma en que las cenizas que provienen del fuego terminan por cubrir al fuego mismo, así también este conocimiento material termina por cubrir al Brahma Vidya aunque provenga de él. Así como los musgos verdes que nacen del agua cubren la superficie del agua, como la escarcha que se origina en el hielo lo cubre y lo empaña, como las nubes que provienen del calor del Sol lo tapan, así también este conocimiento material que tiene su origen en el Brahma Vidya lo cubre a él mismo. El Brahma Vidya está conectado tan sólo con el Conocimiento del Alma.

Brahma indica Omnipresencia y también totalidad y plenitud. En su aspecto de totalidad, Brahma Vidya trata del mundo material actual, del mundo espiritual y de todos los aspectos éticos de nuestra vida. El Brahma Vidya también es aquel que nos capacita para ver la verdadera forma de la Creación. Los actuales ciudadanos de Bharat han olvidado el poder de este Brahma Vidya, al que también se puede hacer referencia como Conocimiento del Alma. Han desarrollado la fe en la ignorancia y la han incorporado a su vida diaria. Debemos llevar a cabo una serie de intentos concertados para entender la naturaleza de este Brahma Vidya.

En el hombre coexisten tanto la Divinidad como la naturaleza animal. Debemos realizar esfuerzos que nos permitan separar en nosotros la Naturaleza Divina de la animal, para llegar a vivenciar hasta un cierto punto la Naturaleza Divina. Hay veces que, cuando algún material sin valor se une con algún material valioso, adquiere también algún valor.

En esta guirnalda hay un hilo. Si alguien les dijera que tomen este hilo y se lo pongan al cuello o lo cuelguen en torno del cuello de Dios, no le encontrarán sentido alguno en hacer algo así. Debido a que este hilo se encuentra asociado a las flores fragantes lo tomaremos en esta asociación y se lo ofreceremos al Señor o lo usaremos para adornar nuestros cabellos. Es así que también debido a que la naturaleza animal en el hombre coexiste con la Naturaleza Divina, la animal logra algo de elevación. Podemos observar así que esta inútil naturaleza animal alcanza algún valor. Pero deberemos inquirir también hasta qué punto está siendo rebajado el valor de la Naturaleza Divina.

Si ofrecemos un vaso de agua y le pedimos a alguien que pague por él, nadie va a pagar ni media rupia por el agua. Pero si en medio vaso de agua mezcláramos medio vaso de leche, podríamos obtener un mejor precio. Aquí, habrá subido el valor del agua, pero habrá disminuido el valor de la leche. De igual manera, al mantener una buena compañía, nos será posible eliminar nuestras malas cualidades y adquirir otras buenas. Pero si vamos a juntarnos con mala gente, habremos de aceptar también sus malas cualidades. Si llevamos ropa de color blanco y nos vamos a sentar cerca de un orfebre, por ejemplo, que trabaje en un ambiente lleno de humo, nuestra vestimenta se va a oscurecer también. Existe la posibilidad de que se debilite nuestra energía si vamos a sentarnos a un lugar equivocado. Es por ello que se ha dicho que de la buena compañía podrá nacer el desapego. Del desapego surgirá nuestra capacidad para entender la Verdad.

Hay veces en que gracias a la fuerza del lugar y el ambiente, hasta una cosa ínfima y débil podrá adquirir gran fuerza y valor.

En una ocasión, Vishnu quiso enviar un mensaje y le pidió a Garuda que fuera a entregárselo a Iswara. Iswara usa serpientes sobre su cuerpo a guisa de decoración. En vista de la enemistad existente entre Garuda y las serpientes, normalmente éstas huirían al verle. Pero estas serpientes sobre el cuerpo de Iswara se comportaron de manera diferente; en esta situación sucedió lo contrario. Tan pronto como vieron a Garuda, se le enfrentaron silbando, como para mostrar algo de superioridad. Al verlo, Garuda dijo: "Han adquirido toda esta fuerza debido a vuestra posición. Abandónenla y apártense y les mostraré lo que puedo hacerles".

Así también la ignorancia, al unirse al Brahma Vidya en este mundo, intenta elevarse y proclamarnos su grandeza. Hemos de empeñarnos en tratar de cambiar esta ignorancia en disciplinas ascéticas. La práctica de estas disciplinas no significa que hayan de pararse sobre sus cabezas, ni que hayan de partir hacia una selva para cerrar ojos y oídos y sentarse en silencio. El ascetismo significa aquí, realmente, desechar la indolencia y la pereza. Esta cualidad del ser ocioso y perezoso se encuentra muy difundida y danza sobre la cabeza de cada ser humano.

Aquí va un ejemplo para ello. Representa una práctica común tanto en Andhra Pradesh como en otras partes de la India, que mucha gente vaya de peregrinación a lugares sagrados y que allí ofrende sus cabellos al Señor. ¿Qué sentido tiene esto de entregar ese cabello inútil que crece en la cabeza de uno para conseguir a cambio la Gracia de Dios, una Gracia que es tanto más valiosa? ¿Se deberá a que Dios carece de ese tipo de cabello no sacro e inferior? No se trata de eso. Hemos de indagar en el sentido interno de este acto. El cabello que crece en nuestra cabeza es oscuro y simboliza esta cualidad de pereza y de adormilamiento de la ignorancia. El significado de este acto equivale a declarar: "¡Oh Señor! Deseo desechar la ignorancia y retornar como una persona libre del defecto de la pereza".

Cierto es que la ignorancia y la oscuridad se han acrecentado enormemente en las personas. Al mero contacto con el contenido de numerosos libros se le concede mucha más importancia que a la práctica de lo que enseñan, la que se descuida. Esto ha de ser denominado falta de conocimiento y no nos entregará el verdadero Vidya. El verdadero conocimiento que poseemos es el Conocimiento del Alma. Recurriendo a él uno habrá de hacer el intento por entender su propio "sí mismo" interno y el significado de su vida. Para lograrlo es muy esencial una cierta medida de prácticas espirituales. Realizar prácticas espirituales significa aquí vuestra habilidad para convertir todos vuestros actos en actos sagrados, refiriendo todo trabajo a Dios. Hemos de intentar abandonar también la pasión, la lucha y la actividad excesiva, y realizar actividades purificadoras con el cuerpo, entregando un sagrado servicio a la comunidad que nos rodea. Será valioso este cambio del uso del cuerpo y la entrega de servicio a la comunidad. Vuestro cuerpo habrá de dedicarse al tipo de actividades que los sagrados pensamientos en vuestra mente le indiquen llevar a cabo. Si en cualquier momento vuestra mente les advirtiera que lo que están pensando es incorrecto, no habrán de permitirle al cuerpo seguir adelante con ese trabajo en particular. También habrá pensamientos que lleguen a sus mentes y que estén conectados con la pereza y la ignorancia. Todos vuestros pensamientos habrían de ser de naturaleza pura y las palabras que pronuncien habrán de estar sincronizadas con esos pensamientos. El significado del ascetismo consiste en que cualesquiera sean los pensamientos que entren a sus mentes, cualesquiera sean las palabras que provengan de ustedes, cualquiera sea la acción que emprendan, habrán de encontrarse todos en perfecta armonía. Cuando vuestro conocimiento se una a vuestras prácticas ascéticas definidas de esta manera, vuestra vida se volverá fructífera y útil.

¡Encarnaciones del Alma Sagrada!: Todo lo que aparezca ya sea en los Vedas, en los Sastras, en los Ithihasas o los Puranas, en todos los escritos sagrados, siempre nos estará señalando cosas que son buenas. En ellos se encierra también la facultad de señalarles lo que se encuentra por el lado de los aspectos negativos. Del mismo modo en que la luz que empleamos para mirar hacia las cosas materiales se hace instrumental para esta visión, así también los Vedas y los Sastras han de ser empleados sólo en cuanto instrumentos que les ayudarán a vislumbrar el aspecto Divino. Todos los Vedas, Sastras y Puranas son como postes señalizadores que se encuentran en vuestro camino. Estos señalizadores no harán sino indicarles que si siguen por esa dirección, llegarán a Madrás, que si toman otra, llegarán a Bombay o a Prashanti Nilayam. Pero los señalizadores no les van a llevar a ninguno de estos destinos. Son ustedes los que deberán recorrer el trayecto sin esperar nada de los señalizadores. Por ende, deberán depender del empeño humano y sólo podrán deducir el camino que habrán de tomar sobre la base del conocimiento espiritual, pero deberán recorrer el trayecto por sí mismos.

En este sentido, deberán emprender la tarea con seriedad y realizar con paciencia y con esfuerzo el objetivo. Porque si recurrimos simplemente a las palabras, no aparecerá sino una descripción mundana del aspecto Divino y no se obtendrá ningún resultado. Pueden escuchar y ver muchas cosas, pero sólo cuando apliquen en la práctica lo que hayan aprendido al ver y al oír, podrán ser capaces de obtener los resultados para sí mismos.

En el árbol de la vida humana, todos ansían el fruto del amor. No existe ninguna vida de un ser humano que carezca del fruto del amor. Pero si queremos disfrutar realmente y experimentar la dulzura de este fruto del amor, hemos de sacar la cáscara que lo cubre y también las semillas que hay en su interior, y entonces lo podemos gozar. La cáscara que lo cubre reviste la forma de la soberbia, el ego, el egoísmo, el egocentrismo, el orgullo. Las malas ideas están en la forma de las semillas, dentro del fruto. Es por eso que pueden gozar de su dulzura solamente cuando hayan eliminado tanto la cáscara como las semillas.

Lamentablemente, en la actualidad no nos inclinamos hacia la senda fácil y clara. Optamos por tomar por la senda difícil. Tenemos la ambición de experimentar la senda correcta, pero no lo hacemos.

Cuando oyen hablar del Vedanta, pareciera cosa bastante simple y fácil, pero ponerlo en práctica es asunto difícil. Unicamente en esta senda llena de dificultades les será posible gozar y experimentar los aspectos buenos. En la vida diaria, siempre buscan tomar por el camino más fácil y alcanzar la meta de manera simple. Pero no reconocen el tipo de obstáculos que hay en el camino que eligen. No estamos preparados para llevar nuestro cuerpo y nuestra vida por la senda de la espiritualidad. Cualquiera sea la fortuna que hayamos adquirido, cualquiera sea la posición de autoridad que hayamos alcanzado, cualesquiera sean las grandes cosas que hayamos hecho en la vida mundana, no estamos en posición de alcanzar la paz mental y es ella lo que más se necesita. Dhritarashtra contaba con toda la fuerza física, poseía todas las riquezas, pero aunque descansaba sobre un lecho mullido, sentía como si se recostara sobre fuego. Ello se debía a que no había fuerza espiritual en él. Para entender este aspecto de Brahman hemos de poner suficiente cuidado. Podemos lograr tal conocimiento sólo cuando poseamos determinación. A veces pensamos que el conocimiento consiste únicamente en discernir entre la verdad y la falsedad. Ello no es así. El verdadero conocimiento habrá de reconocer la unicidad de lo que se encuentra presente en cada uno en este mundo, y hemos de experimentar esta unicidad. Es mi esperanza que todos los estudiantes llegarán a aprender esto y a ponerlo en práctica.

Estudiantes: Es cierto que la educación que están recibiendo es necesaria para que se ganen a diario la vida, o para que le hagan frente a las responsabilidades que les salgan al paso en la vida común, pero no han de pensar que es ésa la finalidad de la educación o el objetivo de toda vuestra vida. Para ganarse meramente la vida no se requiere lograr una educación superior. Pueden ganársela llevando a cabo cualquier trabajo manual. No nos hemos de sentir orgullosos por haber alcanzado la cumbre de los logros o porque hayamos conseguido una educación superior. La educación que están recibiendo no es algo de lo que puedan enorgullecerse. Representa muy pobres cualidades. Si logran entender y absorber el Conocimiento del Alma, todos los demás conocimientos estarán a vuestro alcance. Todos estos conocimientos materiales que aprendemos sobre el mundo material no son sino como otros tantos ríos individuales. Pero el Conocimiento del Alma viene a ser como el océano. Todas estas diferentes ramas de la educación que son como ríos, fluyen para unirse al océano de la educación espiritual y pierden su individualidad. Es por ello que se ha dicho: "Entre todos los conocimientos, el Conocimiento del Alma es el único verdadero". Hemos de empeñarnos en promover el sagrado amor en nosotros si queremos realmente internarnos por la senda espiritual, y gozar de la dicha que puede otorgarnos. En este proceso, el primer paso lo constituye hacer el intento de agradar a los padres. Hay una conmovedora historia para ilustrar este importante aspecto.

Después de la batalla de Rangoon, sucedió que los miembros de muchas familias se vieron separados de los demás. Madre e hijo, marido y mujer fueron separados por la guerra. Todos se vieron obligados a actuar por sí mismos. En tales circunstancias, un marido tuvo que partir y la mujer tomó a sus dos hijos y tuvo que irse hacia otro lado. La madre se preocupó por sus hijos y llegó hasta una aldea fronteriza con muchas dificultades. Como el lugar estaba lleno de refugiados que provenían de la zona de batalla, le era imposible mendigar por alimentos. La madre reunía lo poco que le daban para alimentar a sus hijos, en tanto ella no comía. Los niños tenían, respectivamente, cinco y dos años de edad. Llegó un momento en que la madre ya no tenía fuerzas para salir a pedir alimento y entonces el niño mayor se acercó a ella y tomándole las manos le dijo: "Madre, estás demasiado débil para ir a mendigar. Necesitas descansar. Siéntate bajo este árbol. Yo iré a mendigar alimentos y te los traeré". Pasaron así algunos días y todo el alimento que conseguía el chico lo destinaba a su madre y al hermano pequeño, sin tomar nada para sí. La madre le pedía que comiera, pero él le decía que ya había tomado su parte. En verdad, iba perdiendo cada vez más fuerzas. Un día llegó hasta una casa y vio al dueño de casa sentado cómodamente leyendo el periódico. El muchachito le dijo que venía a mendigar comida. El dueño de casa se compadeció de él y le indicó que entrara a sentarse. "Voy a traer una hoja y te daré algo de comer y te lo podrás servir aquí mismo", le dijo. Pero el chico le respondió: "Quiero que me des el alimento para llevármelo". El dueño de casa se sorprendió y le dijo: "Se ve que estás muy hambriento, pero cuando te ofrezco alimento me dices que no. ¿Qué significa esto?" Mientras le interrogaba, el chico cayó al suelo desvanecido. Cuando el dueño de casa se inclinó sobre él, oyó que el niño musitaba palabras que apenas resultaban audibles. Tratando de entenderlas, le oyó decir: "Yo no necesito los alimentos. No me den comida, sino que llévenle todo lo que estén dispuestos a dar a mi madre". Luego de decirlo, falleció.

¡Observen esto! Incluso moribundo, el niño dijo: "Llévenle los alimentos a mi madre, no me los den a mí". ¿Ven algo así en estos días? En este país de Bharat hubo madres dispuestas a entregar sus vidas por sus hijos e hijos dispuestos a entregar sus vidas por sus madres. Pero hoy en día, en esta época de la civilización moderna, no encontramos ya a tales madres ni a tales hijos. Si la madre no le sirve comidas satisfactorias al hijo, éste estará dispuesto a pedirle que venda las joyas que la madre tenga o a hacerla trabajar o mendigar, en tanto que él seguirá llevando su propio modo de vida.

En nuestro país, los estudiantes no reconocen ni entienden hoy en día las muchas dificultades que enfrentan los padres para lograr que sus hijos reciban una buena educación que les ayude en su desarrollo. Cuando los estudiantes vuelven a casa de sus colegios y observan las dificultades que están enfrentando sus padres, les mirarán simplemente como si eso no les concerniera. No harán esfuerzo alguno por ayudarles o para aliviarles en algo. Si el padre o la madre estuvieran sufriendo alguna enfermedad, el hijo que esté en casa no vacilará en salir de ella e ir a ver alguna película.

Estudiantes: La primera cosa que hemos de reconocer como parte de la educación, es que son el padre y la madre los que les han dado este nacimiento y este cuerpo. Les deben una deuda de gratitud y hay que pagar esta deuda. Si hoy en día no respetan a su padre y a su madre, llegado el momento, vuestros propios hijos les tratarán de la misma manera indiferente. El tipo de semillas que planten será el que determine el fruto que obtendrán mañana.

Si desean hacer las cosas bien en el futuro y experimentar paz y felicidad, habrán de hacer un buen trabajo desde ahora. En esta joven edad vuestra deberán adquirir algunas cualidades buenas y sagradas. Deberán aprender a respetar a los mayores. Habrán de aprender a ser útiles y a prestar algunos servicios a los mayores. A medida que pase el tiempo deberán hacer el esfuerzo por entender la naturaleza del Conocimiento de Brahma y aprender sus sagrados contenidos. Pero es aún más importante aprender cómo pueden poner todas estas cosas en práctica.

Del mismo modo en que cuando deseamos construir un edificio procedemos a reunir el cemento, los ladrillos y levantamos los cimientos, así también les he estado explicando en los últimos días la naturaleza de un ser humano y he estado reuniendo los materiales que les serán necesarios a ustedes para llevar su vida diaria en el futuro. En los próximos días les explicaré qué es la naturaleza del Alma.

CUANDO APARECE LA SABIDURIA, DESAPARECEN LA IGNORANCIA Y LA ILUSION

La reputación de nuestra patria ha sido conocida en todo el mundo desde tiempos inmemoriales. Esa reputación está siendo aguzada ahora gracias a los ideales y a las enseñanzas de Sai. Ustedes los jóvenes deberían darle ahora un mayor lustre por medio de vuestro cuidado y atención.

¡Encarnaciones del Alma Sagrada!: Entre las cuatro metas de la vida humana: Rectitud, Prosperidad, Deseo y Liberación, esta última reviste el máximo de importancia. Las otras tres no asumen sino un lugar secundario. No son más que etapas para alcanzar la Liberación. La dicha a la que uno aspira llevando a cabo los variados tipos de rituales, no es sino transitoria y temporal. Cuando se agotan el bien y los méritos que haya ganado cualquier individuo, se hace inevitable que retorne a un nacimiento humano. Esta es la razón por la cual el hombre habrá de tratar de alcanzar aquello que es permanente y sustentador.

Nuestros Vedas, Escrituras Sagradas, nos han enseñado que únicamente los seres que conocen el Alma Suprema pueden alcanzarle. Unicamente aquellos que pueden entender a Brahman podrán llegar a ser idénticos a Brahman. El significado de esto es que sólo aquellos que logren familiarizarse y ser expertos en el Conocimiento de Brahma, podrán lograr la Liberación. Cuando la luz de la Luna es muy débil y uno no puede ver con claridad, no es sino natural que frente a una cuerda tirada en el camino tenga la ilusión de ver a una serpiente y se asuste. De manera similar, aunque el Alma no está atada por conexiones ni apegos con el mundo, resulta natural que se reflexione y se piense que hay algo de material y mundano en cuanto al Alma. Nuestra ignorancia es responsable de que no seamos capaces de reconocer la verdad elemental que se encierra aquí. Esta ignorancia se describe con varios nombres. Pero todos esos nombres son palabras que se usan para describir un único estado de ignorancia, en cuyo contexto el hombre trata de crear una ilusión dentro de su mente respecto de lo que no existe realmente. La creación de algo que no existe realmente implica olvidarse de lo que realmente existe. En ambas cosas el hombre experimenta la ilusión. En el caso de la cuerda que se ha confundido con una serpiente, la cuerda constituye la base y, de igual manera para toda la creación que vemos a nuestro alrededor, la base la constituye el Alma Suprema, el Señor. Un aspecto lo representa el encontrar que la realidad está cubierta por la superposición de lo transitorio sobre lo eterno.

Para este proceso, existen tres estados de nuestro cuerpo: uno es el cuerpo denso, el otro es el cuerpo sutil y el tercero es el cuerpo causal. Para la creación existen dos métodos: uno es el propósito individual y el otro es el propósito colectivo. Un árbol representa a la forma individual y un bosque indicará a la comunidad, la totalidad de los árboles. La casa vendría a ser una forma individual. La aldea consistente de numerosas casas es una forma total. Sin un árbol no podremos tener un bosque y sin una casa no podremos tener una aldea. En este sentido, un cuerpo humano sería la forma individual. La combinación de un conjunto de tales formas individuales será una comunidad total. Sin una forma individual no podemos tener una forma grupal total. La principal de las características de la forma humana es la sangre, la sangre de vida que fluye dentro de ella desde la cabeza hasta los dedos de los pies. El total del flujo de vida contenido en todos los individuos que conforman la comunidad, les dará la forma grupal total. La totalidad de estas formas constituye el Ser. La totalidad de las formas sutiles es llamada el Principio Inmanente. La forma individual de lo sutil es llamada "taijasa". La totalidad del cuerpo denso es llamado "virata", en tanto que el cuerpo denso individual es "viswa". Hemos indicado aquí al cuerpo denso individual como "viswa", al cuerpo sutil individual como "taijasa" y el cuerpo causal individual es el Alma.

Este aspecto del Alma nos ha sido enseñado presentándonos al mismo individuo bajo tres formas diferentes: la densa, la sutil y la causal. Se ha hecho común que ocultemos la conexión que existe entre los cinco elementos que constituyen la base de la Creación y del Alma. La realidad está así cubierta por la ignorancia. Este cubrimiento es de dos tipos: uno se refiere a la falsedad y el otro a las ideas equivocadas. A la idea que brota del sentimiento de que una cosa en particular no existe, se hace referencia en este segundo aspecto. Este tipo de ideas es responsable del interminable ciclo de nacimientos y muertes. La senda principal para la Liberación está signada por el esfuerzo constante para alejarse de la atracción de las impresiones sensoriales. La reflexión y la concentración representan los otros procesos por medio de los cuales se puede eliminar la ignorancia. Reflexionar sobre lo que se ha escuchado y concentrarse y meditar en ello implica que no podremos conseguir el resultado anhelado escuchando simplemente. Este proceso le permite a uno entender la naturaleza de un aspecto en particular. Aceptar que nuestra ignorancia nos conduce a superponer lo transitorio sobre lo eterno, nos permite reconocer la falsedad de este entorno mundano. Aquello que surge de la falsedad puede ser desechado prestándole oídos a la verdad. La mejor manera en que podemos eliminar una duda es oír hablar a personas que sepan la verdad. Cuando estas personas vienen y nos hablan de la existencia de esa verdad podemos liberarnos de nuestra ignorancia. Poniendo atención a lo que dicen los que conocen la realidad se nos abre la posibilidad de poder librarnos de esta ignorancia.

Los procesos de reflexionar y meditar sobre lo que se ha escuchado, ayudan a eliminar las ideas erróneas. Esto implica que no hemos de lograr un resultado simplemente escuchando. Cuando sólo se escucha uno puede llegar a entender solamente hasta un cierto límite la naturaleza del tema. Pero para experimentarlo plenamente, se requiere de las dos etapas mencionadas: contemplar el tema que se ha escuchado y absorberlo. Sólo a través de estos tres pasos de escuchar, reflexionar al respecto y meditar sobre el tema, podrá uno eliminar esta ignorancia.

¡Encarnaciones del Alma Sagrada!: Debido a la ilusión creamos en nuestras mentes cosas que no existen. Por falta de confianza y de fe estamos olvidando la existencia incluso de aquello que existe. Lo que realmente existía era la cuerda, pero nuestra imaginación nos llevó a creer que se trataba de una serpiente. ¿Cuál es la razón para ello? La razón está en la oscuridad que surge en ustedes debido a vuestra ignorancia. Por este pensamiento de que la cuerda es una serpiente, surge una serie de consecuencias. Un miedo que no está en ustedes les invade y también huyen de la situación. No hay serpiente alguna allí. El miedo que les entra es simplemente ilusorio y el que huyan también es resultado de la ilusión. En verdad, si con ayuda de una linterna eliminaran esta ilusión y esta ignorancia, descubrirían que no hay serpiente alguna y, al acercarse, el miedo desaparecería. De hecho, levantarán la cuerda con la mano y la arrojarán lejos. En todo el mundo lo que realmente existe no es más que el aspecto de Brahman. Debido a que no creemos en este aspecto de Brahman, se nos aparece como real la creación que no es más que una proyección sobre el sustrato de Brahman. Mediante una experiencia correcta podemos hacer el intento de entender este mito. En verdad, una vez que entendamos la naturaleza de Brahman y una vez que captemos el significado de esa palabra, estaremos en posición de recurrir a la palabra justa para describir una situación en particular. En una situación dada, comenzaremos con dar tergiversaciones cuando no conocemos el significado correcto de las palabras o cuando ignoremos el aspecto de Brahman.

Analicemos un pequeño ejemplo para esto. Una persona sin educación ni sofisticación se une a un ejército. Gracias a entrar al ejército aprendió algunas cosas por la práctica y siguió adelante. Un día, llega al campo el general que comandaba este ejército, en visita de inspección. Ese día el oficial al mando del grupo le dio ciertas instrucciones a su grupo. Esta persona en particular, no entendía el inglés, pero el idioma que hablan los cadetes en el campo tampoco le era conocido al general. Nadie sabe qué tipo de preguntas le haría el general a cada uno. Por eso el oficial a cargo trató de explicárselo a los cadetes, para entrenarlos de manera general. Cuando el jefe de grupo llega hasta nuestro hombre, trata de explicarle que durante su visita puede que el general le pregunte: "¿Cuántos años ha estado usted en esta unidad?" Le pide que le conteste que ha estado allí por dos años. Podría ser que la segunda pregunta se refiera a su edad y le instruye para que responda veintidós años. La tercera pregunta podría referirse a si se sentiría mejor en su hogar o prefiere su unidad. A este muchacho sin educación se le instruye para que conteste que se siente tan bien en el campo como en su hogar. Lamentablemente, el general se acerca en primer lugar a este muchacho y su primera pregunta fue: "¿Qué edad tienes?", a lo que él le contestó que tenía dos años. La segunda pregunta fue: "¿Hace cuántos años estás en esta unidad?" y la respuesta fue que estaba hacía veintidós años. El general pensó que se sentía confundido, de modo que preguntó qué era lo que le pasaba: "¿Estás loco tú o estoy loco yo?" El cadete le contestó: "Ambos, ambos son lo mismo". La lección que hemos de extraer de esta conversación es que, en presencia de una persona educada, una que carezca de educación no podrá sino seguir sus signos y símbolos. A menos que la segunda persona sea también instruida, no habrá comunicación entre ellas. Sólo habrá confusión y cualquier pregunta no conducirá sino a una respuesta equivocada y confusa.

Como en esta analogía, si alguien quiere aprender el Brahma Vidya (el Conocimiento de Brahma), habrá de ser movido por un profundo deseo por ello. Será equivocado que pensemos que el Brahma Vidya es un estudio mundano común. Desde un punto de vista, el Brahma Vidya es en realidad más fácil de aprender que algunas de las cosas que aprendemos en la esfera mundana. Si podemos reconocer esto correctamente, ello nos abrirá una senda fácil para aprenderlo. Por otra parte, si tomamos el aspecto superficial, nos creará las mayores dificultades.

Hoy en día se ha acrecentado la tendencia a establecer comparaciones entre varias cosas. Un defecto muy malo, según el cual hacen presentes las faltas de otros, se ha difundido mucho. Si podemos librarnos de estas dos cosas, nos será posible entender este aspecto del Brahma Vidya. Lo que vivenciamos, usualmente se refiere tan sólo al mundo material a nuestro alrededor. Se hace necesario que interpretemos y veamos cuál es la sutileza que encierra nuestra experiencia. En la ilusión debido a la cual llamamos serpiente a una cuerda, lo que realmente sucedió fue que desapareció la cuerda existente y que apareció en nuestra mente una serpiente que no existía. En este caso sucedieron dos cosas. La cuerda que existía no fue vista por ustedes. La serpiente que no existía, vino a vuestra mente. Cada ser humano de hoy se ve en problemas por la presencia de estas dos ilusiones. Son incapaces de reconocer la verdad sobre el hecho de que en el mismo ser humano individual hay también un aspecto de comunidad. En cambio, este aspecto individual del ser humano se ha fijado de manera permanente en sus mentes.

Recordemos una pequeña historia. Un gran devoto que era también una persona muy rica, tomó una cierta cantidad de oro e hizo que de ese oro le fabricaran varias cosas que pesaran cada una veinte tolas (172,8 grs. N. de la T.) de oro. Mandó hacer un bello ídolo de Krishna, una base para instalar al ídolo, un copón, un quitasol y también una vaca para instalarla junto a Krishna. Como cada ítem pesaba veinte tolas de oro, el conjunto totalizaba cien tolas de oro. De este modo experimentaba la Divinidad de Dios en las formas hechas de oro. El tiempo es tal que las cosas cambian continuamente con su paso, y fue así que la mala fortuna llegó hasta él y había pobreza en su casa. Llegó un momento en que no tenía nada para comer. Se vio obligado a vender las cosas de oro que adoraba. Fue a venderlas y quiso que las pesaran una por una para saber el precio que recibiría por ellas. El rico comprador pesó el ídolo de Krishna y, constatado el peso, indicó que pagaría diez mil rupias por él. Luego fue pesando cada una de las demás piezas y por cada una ofreció otras diez mil rupias. El devoto le preguntó, acongojado, cómo podía pagar lo mismo por Krishna que por las demás figuras. Pero el comprador obviamente no estaba dispuesto a pagar más dinero por tratarse de la figura de Krishna. No pagaría sino el precio del peso del oro en cada una de ellas y no haría una diferencia entre el ídolo de Krishna y la figura de la vaca. Así también, en el caso del individuo, su valor dependerá de la Divinidad que haya en él y no de su fortuna, su apariencia o sus posesiones materiales. El copón, el pedestal, la vaca, el quitasol y la figura de Krishna son diferentes tan sólo en cuanto a sus formas y sus nombres. El hombre que los tasó, lo hizo en base al valor del oro en cada uno de ellos, y esta cantidad era igual en todos. El contenido básico de todas estas figuras era el mismo oro. De igual manera, en este mundo muchas cosas parecen tener diferentes nombres y distintas formas y pueden crear impresiones diferentes en distintas personas. Pero lo que existe como base común en todas estas cosas es el aspecto de Brahman. ¡Encarnaciones del Alma Sagrada!: Se ha hecho común reconocer cada cuerpo y su forma de manera separada, en tanto que el contenido Divino común no es visto por nadie. No hacemos sino mirar a esos diferentes cuerpos y formas de manera externa, siendo que la conexión real entre ellos y la comparación entre ellos reside en el Alma.

Aquí hay otro pequeño ejemplo. Había un padre que tenía un solo hijo. El hijo se preocupaba con mucho cariño por su padre y le servía con gran afecto. El padre murió a los sesenta y un años. Este hijo se sentó junto al cuerpo de su padre, lamentándose: "¡Oh padre! Me has dejado y te has ido. ¿Quién más cuidará de mí en este mundo?" Hemos de examinar cuidadosamente estas palabras. Cuando dice: "Padre, me has dejado y te has ido", implica que por sesenta años ha estado llamando padre a ese cuerpo. El cuerpo, al que ha descripto como su padre, sigue estando allí. ¿Qué es lo que se ha ido? En verdad, si ese cuerpo era su padre y está aún allí, podría retenerlo en cuanto padre. Pero no, eso no es lo correcto. Lo que ha partido y lo que él consideraba como su padre, es la fuerza vital que estaba en el cuerpo, y es esta fuerza vital la que ha abandonado el cuerpo y se ha ido. Lo que ha abandonado el cuerpo es su padre y no el cadáver que ha quedado allí. Es la fuerza vital que entra en el cuerpo la que le dio el ilusorio sentimiento de que el cuerpo era su padre.

Vemos aquí que en tanto haya vida en un cuerpo, impulsamos las conexiones y las relaciones con ese cuerpo, pero en el momento en que esa vida lo abandona, vacilaremos en seguir teniéndolo en nuestra casa. No sentiremos vinculación ni afecto por aquel cuerpo una vez que la fuerza vital se ha ido. Este cuerpo ha tomado forma gracias a la aglomeración de los cinco elementos. No representa sino una apariencia casual y artificial. Existe una clara diferencia entre este cuerpo compuesto por los cinco elementos y el Alma que hay en él. Hemos de lograr ese conocimiento que nos permita reconocer esta diferencia distintiva entre el cuerpo y el Alma.

El nacimiento humano ha recaído en nosotros con el propósito de establecer ante el mundo la unicidad que existe en toda la Creación. La naturaleza de esta unicidad puede ser reconocida si se promueven las cualidades de control de los sentidos y el control de la mente. Al llegar a controlar a la mente y a los sentidos nos es posible reconocer la Divinidad en los diferentes chakras o centros energéticos que existen en el cuerpo humano. Una vez que entendamos la naturaleza de estos centros y la importancia de las cualidades mencionadas, llegaremos a conocer la naturaleza de Brahman.

Estudiantes: Este aspecto tan difícil que no pueden entender fácilmente, puede crearles un cierto grado de impaciencia. Pero si le prestan atención y tratan de entender su significado, llegarán al éxito. Se les ha concedido un nacimiento humano para permitirles entender vuestra propia naturaleza. Si no llegaran a conocer vuestra propia naturaleza, ¿cómo pretenderían conocer la naturaleza del mundo? El aspecto de la Creación Divina está presente y se extiende por todo el mundo. La fuerza vital en este mundo y la fuerza vital que existe en ustedes mismos constituyen aspectos inseparables de un mismo y único aspecto Divino. Aunque el aire se encuentra presente en todas partes a vuestro alrededor, no se le ve. Así también, aunque esta fuerza vital se encuentra presente en todo el mundo, se la puede reconocer sólo en algunos lugares y lo hacen sólo algunos seres humanos.

Es en este contexto que el Bhagavad Gita proclama que la Divinidad se encuentra en todas partes, en el lenguaje, en la acción, en las palabras y en todo lugar. Ante un individuo que esté rezando y que le pregunte a Dios: "¡Oh Dios! ¿estás escuchando mi plegaria?", Dios existirá junto a él y le escuchará con su oído. Para el que rece: "¡Oh Dios!, ¿estás siempre conmigo y acompañándome?", Dios estará siempre a su lado y el devoto podrá escuchar sus pisadas. Para el que rece: "¡Oh Dios!, ¿me estás viendo?", los ojos de Dios estarán siempre con él. Todo no hace sino responder a vuestra propia devoción y fe. Pero desde el punto de vista de Dios, no hay diferencia entre un devoto y otro. "Cualesquiera sean vuestras ideas, serán meramente reflejadas". Todas las culpas o imperfecciones están en ustedes y en sus ideas. No es justo achacarle culpa o imperfección alguna a Dios. A ningún insecto le es posible sobrevivir en el fuego. Siendo que las culpas, las imperfecciones y todas las ideas contradictorias se encuentran realmente en ustedes, representa una debilidad el atribuírselas a Dios. Cuando se debilita la capacidad para experimentar estas cosas, entonces recurren a la alternativa de echarle la culpa a Dios y comienzan a encontrarle defectos.

Hay algunos proverbios apropiados para tal situación y que son de uso común. Por ejemplo, si alguien no puede cantar bien, le echa la culpa al tamborilero. Así también, para perdonar y justificar los defectos y debilidades que hay en ustedes, le echan la culpa a Dios. Esta es la modalidad del mundo. Eso no es justo. Es deber del hombre empeñarse en encontrar las imperfecciones en sí mismo, eliminarlas y acrecentar lo sagrado en él.

NO SE AFERREN A ESTE MUNDO A TRAVES DE SUS DESEOS

Hay un Dios que responderá a todas vuestras plegarias.
Habiendo ya obtenido lo más difícil de obtener,
es decir, este nacimiento como seres humanos,
vuestro objetivo principal habría de ser ahora encontrarle a El.

¡Encarnaciones del Alma Sagrada!: Las tres gunas o cualidades humanas: satva, equilibrio, rajas, inquietud y tamas, inercia, representan tres armas que Dios nos ha dado especialmente en este mundo. Debido a que el hombre no las sabe usar adecuadamente es que nos estamos viendo envueltos en todo tipo de situaciones difíciles en la actualidad. Hay varias circunstancias que hacen que estas tres cualidades se manifiesten de diferentes maneras. La primera es la Creación a nuestro alrededor. Responde a la propia naturaleza de la Creación el que cambie continuamente. Esto ha sido usado como principal instrumento en las manos de Dios. La Creación también ha sido llamada naturaleza o el mundo de la materia, y definida como "Lo que continuamente cambia". La segunda circunstancia es la ignorancia. Ella representa lo opuesto del conocimiento. Ella promueve en el hombre el guna tamásico o la negligencia, le da pie a sus gustos y desagrados y lo lleva a justificar las faltas que hay en él. Este guna encierra la cualidad del hombre que lo lleva a reconocer la verdad y la falsedad y cometer a veces el error de confundir la falsedad con la verdad. Constituye el deber del hombre eliminar por medio de varios métodos esta ignorancia. La tercera circunstancia es el maya, ilusión o mezcla de realidad y ficción. Maya crea todo tipo de cosas e ilusiones sorprendentes. No hay nada que maya no pueda hacer. Maya tiene el poder como para crear el mundo entero y hacer que el mundo actúe el drama por medio del cual puede llegar a destruirlo. También es responsable del nacimiento del hombre. Los necios nacen en este mundo ilusorio, se desarrollan y terminan sus vidas en él. Sus vidas están totalmente sumidas en la ilusión. ¿Por qué buscar una vida que esté llena de maya y que termine en él? Debido a que Dios se reviste del mundo de la materia como su ropaje, también se llama maya al Alma Suprema. Es por esta razón que nos referimos al Señor como aquel que tiene a maya como rostro. Dependiendo de las circunstancias nos encontramos con estas tres formas diferentes, las que se denominan materia, ignorancia e ilusión. Las tres, en especial las dos últimas, no difieren sino en grado y no así en esencia, sólo en cuanto al nombre y no en cuanto al resultado final. Son inseparables entre sí y, en verdad, están conectadas las tres. Si llegamos a entender la Divinidad y la forma en que opera, podemos hacer el intento por liberar nuestra vida de estas ilusiones.

Hay cuatro tipos de disciplina espiritual. Haciendo uso de cuatro métodos de disciplina espiritual tendremos una oportunidad de conquistar estas circunstancias. El primero será discriminar y distinguir entre las cosas que son permanentes y las que son transitorias. Adquiriendo esta capacidad podemos lograr mucho bien. Prestándole oídos a los sagrados Vedas y Puranas, deberíamos ser capaces de entender el significado de: "Sólo Brahman es real, el mundo es irreal". Si lográramos creer que Brahman es la Verdad sólo leyendo libros o atendiendo discursos y no por nuestra propia experiencia personal, esta fe no podrá tener un efecto duradero en nosotros. En nuestra vida diaria estamos siempre viendo los cambios que se producen. Lo que hoy consideramos una verdad se convierte en una falsedad después de algún tiempo e, inversamente, lo que hoy consideramos una falsedad puede que resulte siendo verdad. Dependiendo de las situaciones y medio que les rodeen, la verdad puede convertirse en falsedad y la falsedad puede que se convierta en verdad. Estos cambios no son sino características de la mente humana y surgen de la conducta del hombre, pero no pueden considerarse como características de la Verdad.

La Verdad no es más que una y jamás cambiará con el tiempo. Todo lo que cambie puede considerarse como falsedad. Hay algunas cosas que vienen y se van, pero ellas nunca son verdad ni falsedad, sino que se las podría llamar verdad y falsedad conjuntamente. ¿Por qué se las llama así? Porque cuando vienen creemos que son verdaderas y cuando pasan pensamos que son falsas. Esta combinación de verdadero y falso representa la característica de muchas cosas en el mundo.

Podemos ver que la base la constituye la Verdad invariable y que lo que se nos aparece como cambiante es falsedad. En este mundo, todo cambia de un momento al otro. Todo llega a este mundo y sale de él. Lo único que no requiere ni de venir ni de irse es el aspecto de Brahman y eso es la base. Nos es posible reconocer esta Verdad básica y experimentarla, aprendiendo de quienes lo saben o de los mayores que hayan tenido la experiencia de tales aspectos.

El segundo método representa renunciar al goce de las consecuencias de vuestras acciones. La esencia de esta declaración reside en que nos indica que los eventos que consideramos como placeres no son más que transitorios en cualquier circunstancia y que el goce de estos placeres materiales, probablemente puede crear en ustedes la ilusión de que son buenos, aunque en realidad les conduzcan a pesares y dolores en sus vidas. El hombre siempre quiere experimentar los placeres que ya ha disfrutado alguna vez. Cada vez que uno desee experimentar los mismos placeres que ya ha experimentado antes, es seguro que desembocará en pesares. Todos los placeres y los goces mundanos son transitorios. No es justo que nos sometamos a estos placeres transitorios y temporales. Nuestros ancestros lo consideraban como comer comida añeja. El ingerir una comida que ha sido vomitada por otro es característica de los perros y no del hombre. De manera similar, el deseo de querer experimentar los mismos placeres materiales una y otra vez, representa una característica de perros. El llegar a entenderlo y tratar de desechar estos deseos se convierte en una sagrada cualidad del hombre. Resulta esencial para nosotros entender este aspecto de la experiencia en este mundo y hacer el esfuerzo por alcanzar el estado de la carencia de deseos.

El tercer método se refiere a los aspectos del control de los sentidos y de la mente. El control de los sentidos implicará que no vuelquen sus pensamientos hacia los órganos y los placeres sensoriales, sino que traten de volverlos hacia la meta de llegar a conocer el significado del Alma. El mundo que ven en torno de ustedes es una creación de vuestra propia visión. Vuestra visión habría de ser usada para ver y realizar al Alma. Esto significa también cambiar la visión externa en visión interna. Sólo cuando desarrollamos una visión internalizada lograremos desapegarnos de la visión hacia afuera. El control de la mente representa lograr el control sobre sus órganos sensoriales internos y, por ende, el control sobre todas sus acciones. Cuando no tienen este control sobre sus órganos sensoriales internos, se hacen dominantes los órganos externos. Para ser capaces de controlar estos órganos externos funcionales, deberíamos desarrollar la fuerza necesaria para controlar también los sentidos.

Si los órganos sensoriales internos llegan a lograr el control sobre ustedes, se excitarán y a ustedes no les resultará posible controlar los órganos funcionales externos. Si hacemos un esfuerzo por controlar directamente los órganos externos, ello no representará la forma adecuada y correcta de hacerlo. Debemos tratar de entender antes la naturaleza de los órganos internos. Si éstos se agitan mucho, desarrollaremos una visión defectuosa, un oído defectuoso y un pensar imperfecto. Cuando vuestros pensamientos ayudan a excitar las sensaciones internas y los órganos funcionales, deberán intentar preguntarse si las consecuencias serán para vuestro bien o para vuestro mal. Deberían proceder constantemente a una introspección y preguntarse si el acto merece o no llevarse a cabo. Puesto que han conseguido este nacimiento humano y tienen en ustedes la Verdad en la forma del Alma, habrán de conducirse de manera consecuente con vuestro status de seres humanos.

La cuarta práctica espiritual es la eliminación de los deseos. El significado de esto ha sido traducido por muchos, diciendo que connota renunciar al mundo y convertirse en un renunciante o llevar a cabo sólo aquel tipo de trabajo que no pueda acarrear consecuencias. El verdadero significado de esta palabra es reconocer que la mente es responsable por excitar y agitar los órganos sensoriales internos. La mente es el señor de vuestros órganos internos. Cuando la mente, en cuanto señor, puede llevar a estos órganos hasta la senda correcta, les será posible controlarlos a través del control de vuestra mente. La mente es la responsable ya sea para agitar los órganos, como para mantenerlos calmos y relajados. Estando en posición de contralor, si la mente no logra controlar a estos órganos, sólo ella será culpable. Es por ello que se dice que la mente es la única responsable ya sea de la esclavitud o de la liberación del hombre. De modo que, para ser capaces de controlar a los órganos internos, deberíamos intentar llevar a esta mente nuestra por la senda correcta.

Para lograr llevar a la mente por la senda sagrada, hemos de entender ante todo la importancia de la práctica espiritual y de la buena compañía. Con este propósito hemos de practicar cosas como la repetición del Nombre de Dios, austeridades, la entrega, el sacrificio y el autocontrol. Si no pudieran hacer estas cosas, al menos deberían hacer que vuestra mente tome la senda del Servicio a la comunidad en el Nombre de Dios y para complacencia de Dios. Habrá que indicarle a la mente que todos los aspectos presentes en cada uno representan el mismo aspecto del Alma. Habrá que grabar en la mente la verdad de que la Divinidad es Omnipresente. Hay cosas que pueden parecerle triviales a nuestra mente y aparecer como cosas ínfimas. Hemos de hacer un esfuerzo por elevar las cosas a un nivel más alto. Dios, que está en una posición de altura excelsa, no ha de ser rebajado al nivel de estas cosas pequeñas.

El tipo de disciplina espiritual que llevaremos a cabo será el de elevar las cosas desde un nivel inferior a uno superior. Habrán de adorar a una imagen como Dios, pero no adorar a Dios en cuanto imagen. Esto significa que este pedazo de papel es Dios, este vaso es Dios, este micrófono es Dios, todo es Dios. Deben tratar de elevar estas cosas desde su bajo nivel al status de Dios. Lamentablemente, la gente de hoy considera a Dios como papel, considera a Dios como vaso, etc. Con ello, estaremos rebajando a Dios desde su elevada posición a la posición de estas cosas triviales. Deberíamos ser capaces de reconocer que el aspecto de Dios se encuentra presente en cada ser humano y este aspecto es uno solo y es el mismo en todos. En todas estas cosas han de tratar de lograr la visión de vuestra propia Alma. Esto es lo bueno que el control de los deseos puede hacer por ustedes.

Otra práctica espiritual es desarrollar la ecuanimidad. Hemos de tratar de considerar todas las cosas como creación de Dios y desarrollar una mentalidad igualitaria. Cualquiera sea el material, cualquiera sea el objeto de vuestra atención, no hemos de permitirnos establecer distingos. Hemos de ser capaces de aceptar cosas opuestas, como la oscuridad y la luz, el calor y el frío con mentalidad pareja. Estas cualidades opuestas surgen tan sólo de cambios en el tiempo. Estos cambios que se producen por cambios en el tiempo han de considerarse como cambios inherentes y no existen de manera permanente. Aunque todo lo que vemos es una sola y la misma cosa, lo consideramos como bueno o malo dependiendo del momento en el tiempo.

Una comida bien preparada y cocinada hoy se convertirá en tóxica dentro de tres días. Ni siquiera necesitamos ir tan lejos. Podemos tomar un ejemplo que vemos a diario. Hoy ingerimos alimento fresco que para mañana se habrá convertido en materia fecal. Podemos pensar que lo que estamos comiendo es bueno. Pero lo que expulsamos mañana es malo. De modo que, en realidad, lo bueno y lo malo son lo mismo, pero el tiempo y las circunstancias son diferentes. Es así que llamamos a las cosas buenas o malas, pero no existe una diferencia intrínseca entre ellas.

Cada evento nos dará algo de placer, de felicidad y de pesar. El dolor y el placer siempre vienen juntos. A nadie le es posible separarlos. No existe la posibilidad de un placer solo, aislado del dolor. Cuando el dolor fructifica y da frutos, se convierte en placer. Hemos de promover en nosotros la fuerza como para que aceptemos tanto el dolor como el placer con una mente pareja.

A través de la preocupación uno puede llegar a ser sabio. Si tienen sincero interés les será posible adquirir mucha sabiduría. ¿Qué tipo de interés hemos de promover? Aquel referido a las cosas sagradas y aquel referido a cómo ayudar a la comunidad. También deberíamos desarrollar la preocupación por el trabajo desinteresado, por hacer cosas que le den placer y felicidad a otros. Por otra parte, se haría peligroso para nosotros si desarrollamos el interés en ideas y conductas malas. Aquí el interés y la fe se han identificado con el hecho de prestarle oídos al Vedanta. Vedanta significa adquirir sabiduría, la sabiduría referente a Brahman, ser capaz de reconocer qué es lo que representa Brahman y llegar a la conclusión que lo que es Omnipresente es Brahman y entender la verdad de que no hay lugar en que Brahman no se encuentre presente. Si podemos reconocer esta verdad relativa a la Omnipresencia de Brahman y que no hay forma que no le pertenezca, seremos capaces de mantenernos en la ecuanimidad y la mentalidad igualitaria.

¡Encarnaciones del Alma Sagrada!: El control equilibrado de la mente significa que todo lo que puedan hacer deberá ser de índole tal como para causarles satisfacción íntima y equilibrio en vuestra mente. Si no sienten satisfacción en sí mismos, no vale la pena llevar a cabo ese trabajo. Lamentablemente, hoy en día, aunque uno no sienta satisfacción íntima, se siguen varios caminos para hacer cosas que satisfagan a la comunidad circundante. Por este proceso, toda la vida de uno se transforma en una vida artificial. ¿De qué sirve emprender acciones que no produzcan satisfacción íntima? El deseo habrá de brotar desde dentro de ustedes. En este contexto, con una idea serena, un corazón sagrado y una mente limpia, deberían tratar de planificar vuestra acción. Vuestro pensamiento, vuestra palabra y vuestra acción habrían de sintetizarse adecuada y armónicamente. Después de haber logrado un nacimiento humano, de haberles sido indicado que deben conducirse como seres humanos, si no podemos entender el significado y la necesidad que reviste esta armonía, la vida de uno resultará simplemente inútil.

La palabra hombre significa que deben comportarse de manera que no indique ignorancia de vuestra parte. El rasgo característico de esta ignorancia son las actitudes egoístas. Todo el saber que adquirimos en estos días podría llamarse en realidad "avidya o no conocimiento verdadero". Todo lo que adquieren no es sino para ganarse la vida en este mundo. Al menos una parte de vuestro saber debería apuntar a permitirles el entenderse a sí mismos.

El cuarto tipo de disciplina espiritual es la búsqueda de la Liberación. Hay personas que lo explicaron diciendo que implica que si la propia casa se está incendiando, uno hará todos los esfuerzos necesarios para salvarse de esta casa en llamas. Esto significa que cuando uno arde en el fuego de su karma, enredado en el ciclo del nacer y el morir, puede estar alerta y esforzarse para rescatarse uno mismo de este fuego y salvarse. También serán capaces de lograr el desapego y dejar de pensar en que algunas personas les pertenecen y otras no, y reconocer que la única Verdad es el Alma y salir de este fuego cíclico de renacimientos. Esta práctica espiritual permite disminuir vuestro apego y vuestro engaño ilusorio, desechar los deseos personales y experimentar y gozar la dicha del desapego. También se la puede explicar diciendo que representa desechar vuestro pesar y gozar la dicha. ¿Cómo lograrlo? Existe un camino fácil. En verdad, cuando alberguen un intenso deseo de lograrlo, no hay camino más fácil que éste. Nos resulta difícil apegarnos a las cosas. Resulta fácil renunciar a las cosas. Sienten que el mundo se les apega y que, debido a este apego, les causa dolor. Si piensan en ello mientras hacen el intento por desapegarse del mundo y el mundo no se desapega, ello es un error. Son ustedes los que se han apegado al mundo. No es el mundo el que se les ha apegado a ustedes.

Veamos una pequeña historia. En este país se ha dado la tradición de que ciertas personas atrapen monos. Lo que hacen para esto, es coger una gran vasija de boca angosta y poner algo que le atraiga a los monos en ella. Dejan la vasija en algún lugar en que haya monos. El mono trata de sacar el material que hay en la vasija cogiéndolo con la mano. Con el puño sujetando lo que ha cogido, el puño ha aumentado de volumen y queda bloqueado. El mono no puede volver a sacar la mano. El mono piensa entonces que hay algo dentro de la vasija que le sujeta la mano, pero no hay nadie ni nada que la sujete. Lo que sostiene algo dentro de la vasija es la propia mano del mono. En el momento que lo deseche, su mano saldrá libre. ¡Pero el mono no se da cuenta de eso!

De manera similar, esta inmensa vasija del mundo tiene lo que podíamos llamar una boca egoísta. Entramos en la vasija por ella con el objeto de satisfacer nuestros deseos. Por esta razón nos quedamos atrapados en ella. Si simplemente renunciáramos a lo que hemos cogido, no habría ya esclavitud. Eso se llama renunciación, pero no significa que abandonen sus hogares, sus esposas e hijos y se aíslen en la selva. La renunciación o el desapego significa empeñarse en disminuir vuestros deseos. Esto se ha descripto también diciendo que menos equipaje y, por ende, más comodidad, hacen de viajar un placer. Si podemos reducir el equipaje de deseos, nuestro viaje de la vida se transformará en un placer.

Nuestra vida es un largo viaje. En este largo viaje nos apegamos a muchos deseos que se transforman en nuestro equipaje y que hacen que el viaje se nos haga largo y agotador. Menos equipaje o reducción de este lastre de deseos es lo que se ha llamado desapego en el lenguaje del Vedanta.

¡Encarnaciones del Alma Sagrada!: Nuestras ambiciones y apegos han de ser reducidos hasta cierto punto. Más que promover vuestros deseos, habrían de promover vuestro sacrificio. Con más deseos son mayores los apegos que surgirán en ustedes, pero no alcanzarán la satisfacción. Estas cosas siempre se van sumando y sumando. Al reducir nuestros deseos y promover en cambio el sacrificio, seremos capaces de elevarnos hasta las alturas de la gloria y hacerle bien a nuestro país.

Aquellos entre ustedes que son jóvenes y adolescentes, deberán promover estas sagradas ideas y prestarle servicio al país y a sus padres. Deben resucitar la ancestral cultura de Bharat (la India). Por medio de la práctica, habrán de convertirse en ejemplo para otros. Si comienzan a dar estos pasos, muy pronto les será posible elevar a este país hacia las alturas de la gloria y llevarlo de nuevo hasta la época en que era conocido como una tierra de renunciación y una tierra de disciplina espiritual. Eso deben hacer.

EL CONOCIMIENTO LIBRESCO ES INUTIL: UTIL ES EL CONOCIMIENTO PRACTICO

¡Hombre! Así como no puedes ver las estrellas durante el día,
tampoco puedes ver a Dios en medio de tu ignorancia.
Y por eso, no digas que El no existe.
Con fe puedes ganar Su Gracia y ser próspero.

Si carecen de la paciencia y el control necesarios, ¿qué podrá resultar de cualquier acción que realicen? ¿Qué puede resultar del Yoga que emprenden? ¿Qué puede resultar incluso de la repetición del Nombre de Dios si no tienen paz mental cuando se dedican a él? ¿Qué podría resultar de un salar, aunque lo cultiven y planten semillas en él?

¡Encarnaciones del Amor!: Existe una conexión inextricable entre Dios y las palabras de Dios. Dios y lo que pronuncia no son cosas diferentes. Son una sola y misma cosa. Si tienen Fe en Dios y creen en El, se desprende que aceptan las palabras de Dios y las ponen en sus mentes. Si creen que personas como Rama y Krishna son Avatares en este mundo, es una muestra de irrespetuosidad hacia ellos el que no le presten atención alguna a los mandamientos que nos entregaron.

En vuestra relación con Dios, como asimismo en la repetición de los mantras (fórmulas místicas de alto contenido vibratorio) y en el asistir a lugares de peregrinación, los resultados que obtengan estarán determinados por la intensidad de vuestra fe, al igual que en el caso del médico que les trate. El grado de confianza que tengan en la persona que les enseñe, determinará el punto hasta donde se les grabe lo que aprendan. Respecto del intento de absorber los aspectos esenciales de una senda espiritual, el cuerpo que los absorba habrá de estar limpio.

Cuando la mente se siente atraída por tantos asuntos mundanos diferentes y se enreda en ellos, entonces no entran libremente en ella las buenas cosas que puedan escuchar. En este sentido, se hace necesario que, ante todo, aparten la mente de los asuntos mundanos y la vuelvan hacia los asuntos espirituales y Divinos. En todo momento en la vida diaria se ven atraídos hacia asuntos y temas mundanos. Puede que a veces tengan la oportunidad de escuchar cosas sagradas, pero ellas no les entrarán en la mente ocupada por las cuestiones mundanas ya instaladas en ella. En el mundo de hoy hay muchos que son creyentes en Dios y que han estudiado textos como el Bhagavad Gita, los Puranas, los Itihasas, los Vedas y los Sastras. Pero, ¿cuántos de ellos son capaces de practicar lo que predican? ¿Cómo podría uno experimentar la dicha a través de la simple prédica y sin practicar aquello que está predicando?

¡Encarnaciones del Alma Sagrada!: Practicantes de esta clase no se encuentran. No hay siquiera uno en un millón. Muchos individuos que practican continuamente la oración y la meditación y que leen textos espirituales, no parecen tener ninguna experiencia práctica de todo ello. En verdad, cuando sólo escuchamos hablar de los textos sagrados o si meramente los leemos, sin ninguna experiencia práctica, no hacemos sino perder el tiempo. No nos es posible purificarnos con la mera lectura de libros. Hoy en día, parecen haberse convertido en una sola cosa el libro y la cabeza. Están aprendiendo a convertir sus cabezas en libros, pero no están aprendiendo a convertir las estrechas ideas que llevan en la cabeza en un conocimiento práctico útil. Sucede que las palabras que uno pronuncia suenan muy pacíficas, pero las acciones a las que uno se deja llevar, son muy violentas. Gente como ésta que engaña a los demás, ha llegado a ser muy numerosa y es por su causa que nuestra patria ha estado sufriendo.

El decir una cosa y hacer otra es un engaño a nuestra propia Alma. Este tipo de acciones le significan deshonra y vergüenza a los seres humanos. No obtendremos beneficio alguno simplemente oyendo cosas. Todo lo que se oye habrá de ser cuidadosamente recapitulado. Aquello que se haya recapitulado habremos de digerirlo y absorberlo. El escuchar tan sólo viene a ser como el proceso de cocinar en la cocina. Nuestra hambre no se calmará simplemente mirando lo que se haya cocinado. Tendremos que comer esos alimentos. Pero simplemente por comerlos, las sustancias que contienen los alimentos no van a fortalecer el cuerpo. Habrá que digerir el alimento ingerido. El prestar oídos viene a ser como el cocinar. Recapitular viene a ser como servirse la comida y meditar en ello viene a ser como digerir y absorber el alimento. Sólo cuando coordinamos estos tres procesos sacamos lo mejor de la situación y logramos los beneficios.

Los jóvenes deberán tratar de no descuidar la esencia de ninguna de las etapas del proceso, como para que les sirva lo que hacen. Hoy en día se ha convertido en una verdadera enfermedad el sólo prestar oídos a las cosas. El hombre se ha vuelto soberbio y piensa que lo sabe todo tan pronto escucha algo. Esto es algo muy erróneo y mientras exista este orgullo y este ego en ustedes serán incompetentes para aprender cuestiones espirituales. El corazón de aquel individuo que se empeñe en llevar a la práctica las buenas cosas que haya escuchado, se convierte en el templo de Dios.

Krishna y Arjuna vivían juntos, jugaban y conversaban el uno con el otro desde que nacieron. Este proceso continuó por casi ochenta años. Sin embargo, el sagrado Bhagavad Gita le fue enseñado a Arjuna justo en el momento de la batalla del Mahabharatha y no antes. No se trata de que no haya habido ocasiones antes de esto, mientras estaban juntos. Tenemos que entender la razón que hubo para ello. La mente de Arjuna no estaba preparada aún y él mismo no era muy digno de recibir antes tal enseñanza. Durante la batalla del Mahabharatha, Arjuna indicó que no estaba interesado en los placeres del reino y cayó a los pies de Krishna. Y fue sólo en este instante en que Arjuna buscó la rendición total a la voluntad de Dios, se entregó incondicionalmente, lo que mereció se le enseñara el Bhagavad Gita. Fue sólo entonces que Krishna se sintió dispuesto para enseñárselo. Es necesario que adquiramos el derecho para recibir algo en particular, antes de aspirar a recibirlo. Hoy en día, en cambio, tanto en la esfera moral como en la ética y la política, la gente ansía gozar de posiciones aun no teniendo el derecho a aspirar a ellas. Sólo buscan gozar de la autoridad y el poder correspondientes a la posición, pero no reflexionan respecto a si merecen ocuparla o si tienen el derecho a ello.

Estudiantes: Con respecto a cualquier cosa que deseen hacer, ante todo habrán de estar preparados a plantearse la pregunta si tienen el derecho a ello. Unicamente cuando hayan limpiado la mente y se hayan preparado para aceptar cosas sagradas, pueden proceder a ponerlas en su mente. Puede que hayan leído muchos textos, pero en tanto no lleven a la práctica lo que hayan aprendido de ellos, todo vuestro saber resultará inútil. Ya sea se trate de palabras que pronuncien o de acciones que emprendan, todas parecerán sólo cosas que salen de un disco grabado o de una máquina automática.

Es deber de los jóvenes estudiantes el cuidar de poner en práctica al menos una o dos de las cosas que hayan aprendido, y de convertirse en ejemplo para los demás al practicar lo que predican. Las cosas buenas que no lleven a la práctica después de conocerlas se volverán inútiles. ¿Por qué habrían de sentirse orgullosos de haber leído libros, de haber pasado por los Sastras y de haber adquirido una educación? ¿Cuál sería el valor de todo esto si no pueden llevar su esencia a la práctica? ¿Si no son capaces de unir las manos y rendirle homenaje a Dios, qué valor tendría el haber nacido en este mundo como seres humanos? Puesto que han nacido en este mundo habrían de preocuparse de ver que resulte alguna utilidad de este nacimiento vuestro.

Desde el momento en que se levantan hasta el momento en que se duermen nuevamente, emplean todo su tiempo y todos sus recursos sólo para ganarse míseramente la vida. Actuando así, olvidándolo todo respecto de Dios, olvidando todo lo más importante, ¡qué es lo que han logrado!

Como se señala en la historia del Ramayana, uno habría de convertirse en un ser humano ideal, un rey ideal, un padre ideal, un marido ideal, etc. Sólo cuando pueden llegar a mostrar una vida ideal pueden decir que han justificado el haber nacido como seres humanos. En cambio, si se convierten en esclavos de sus sentidos, se convertirán en esclavos de todo el mundo que les rodea. Incluso si vivieran una corta vida, hagan que ella sea una vida buena e ideal. De nada vale una larga vida que sea contaminada por pensamientos impuros. Por ende, se hace muy necesario que reconozcan que la real educación implica desarrollo del carácter.

¡Encarnaciones del Alma Sagrada!: Durante este mes, han adquirido de labios de muchas y doctas personas la educación necesaria para entender las tradiciones espirituales de este país. Habrán de hacer el intento por experimentar la alegría y dicha que encierra lo que han aprendido. Nuestra riqueza la constituye el saber. Nuestra prosperidad reside en las buenas cualidades y virtudes que haya en nosotros. Nuestra fortuna es nuestra Rectitud. Un individuo que tenga fe en Dios ha de poner en práctica esta fe. Al creer en Dios, pero ignorando al mismo tiempo sus palabras y mandamientos, se contradicen a sí mismos. La fe no constituye una capa que se lleve para engañar a otros. Los que lo hagan no estarán sino engañándose a sí mismos.

La esencia de la educación la constituye el reconocer la verdad. Todas las ramas del saber vienen a ser como otros tantos ríos. El saber espiritual es como el océano. Todos los ríos fluyen para unirse al océano. Cuando se funden con él, pierden por completo su individualidad.

Bajo ninguna circunstancia hemos de dar lugar a la excitación, ni al ego, ni a la ira. Hay un pequeño ejemplo para esto. En una aldea, a uno de los notables no le gustaba Buda. Tan pronto oía alguna de las palabras que Buda pronunciaba, se enfurecía. Siempre sufría de esta ira incontrolable. Un día recibió noticias de que Buda venía hacia esa aldea con sus discípulos. Como era el encargado de la aldea, impartió ciertas órdenes. Ellas mandaban que, cuando Buda llegara a pedir limosna, nadie había de darle nada y todos debían cerrar sus puertas. Obedeciendo sus órdenes, todos los aldeanos cerraron las puertas de sus casas cuando Buda llegó. Este individuo también cerró la puerta de su casa y se sentó fuera de ella en la veranda.

Buda era Omnisciente y sabía muy bien lo que pasaba. Se dirigió con sus discípulos hasta la casa en que vivía el jefe de la aldea. Las grandes personas nunca se sentirán afectadas ni por las alabanzas ni los desprecios. Habiendo desarrollado la serenidad mental, irán derechamente hacia los que sufren de envidia y de ego. Como el jefe de la aldea sufría de esta ignorancia y este orgullo, Buda se dirigió directamente a él y le pidió limosna. Como nuestro hombre estaba esperando justamente una oportunidad así, se excitó más aún. Una persona que está enferma, siempre querrá varios medicamentos. Algunos pájaros desean ver siempre la fresca luz de la Luna. La gente buena siempre querrá ayudarle a la gente mala y ver que se purifique y que la maldad sea eliminada. Sólo alguien enfermo querrá un médico, un hombre sano no lo querrá. De manera similar, la gente que sufre de la enfermedad del descreimiento podrá ser curada por la gente buena.

Con estas nobles ideas, Buda se dirigió a la casa del jefe de la aldea, seguido de sus discípulos, y le dijo: "He venido a pedir limosna". Al verlos, nuestro hombre se irritó mucho. Se dirigió a Buda en los siguientes términos: "Hombre perezoso, has reunido a todos estos hombres en tu compañía y ellos también se han vuelto holgazanes. Los llevas de un lugar a otro, porque no quieren trabajar. No solamente estás arruinando tu propia vida, sino también la de tus discípulos. Eso es un error." De esta manera insultó a Buda y a los discípulos que le acompañaban.

Buda sonrió ante estos insultos y, siempre sonriendo, le preguntó al jefe de la aldea si podía aclararle una duda. Con voz estentórea, éste le preguntó: "¿Cuál es tu duda? Dímelo". Buda le respondió: "He venido a pedirte limosna. Tú has producido algo para darme. Si yo no aceptara lo que me das, ¿adónde iría eso?" El hombre le replicó riendo: "¡Qué tremenda pregunta me has hecho! Si no quisieras tomar lo que trajera para ti, me lo dejaría para mí mismo". Buda indicó que se sentía muy feliz. "He venido hasta aquí con mis discípulos para pedirte limosna. Tú nos has insultado y deseas dármelo como limosna. Pero yo no he aceptado de ti esta limosna en forma de insulto. ¿Hacia quién retornará?" Ante estas palabras, el ego del jefe de la aldea se desinfló. Como se ve, las grandes personas y los grandes santos se dirigen a distintas personas y, con miras a iluminarlas, adoptan diferentes métodos. Ante estos ejemplos, no debemos dejar que nuestra mente se vuelva impura. En todo momento deberemos estar empeñados en limpiarla y hacerla pura. Día tras día nos dedicamos a mantener limpia la casa en que vivimos. Así también, debemos limpiar a menudo esta mente que usamos a cada momento, para que no resulte un gran perjuicio.

Nuestra mente es como un recipiente de cobre. Este recipiente se oxidará rápidamente si lo usamos seguido. Debemos usar el agua del arrepentimiento para limpiar el recipiente de nuestra mente de vez en cuando.

Si alguien les insulta o les acusa, no deberán agitarse. Con ecuanimidad deberán estar preparados para aceptar lo que les den. A esta edad vuestra, la agitación es algo muy perjudicial. Si piensan por cinco minutos en el Señor, toda excitación desaparecerá. Estos estados son transitorios y temporales, no permanentes. Si cualquiera de ustedes acusa a otros con sentimientos de enemistad, deberá estar preparado para arrepentirse. Se puede pensar también en otro método para entender esta situación. Supongamos que algún amigo les envía una carta certificada por correo. De acuerdo a los reglamentos del servicio postal, si quieren retirarla, habrán de firmar un recibo. Si no quieren firmarlo, ¿adónde irá la carta? Será devuelta a la dirección de donde provino. De este modo, sea lo que fuera que digan otros, si sintieran que lo dicho no les atañe y se mantienen como un mero testigo, nada llegará hasta ustedes.

¡Encarnaciones del Alma Sagrada!: En verdad, no son sino personas testigos. No sólo en lo que respecta a asuntos mundanos, sino también en lo que concierne a los asuntos espirituales, deberían mantenerse tan sólo como testigos. Más aún, los que nos mantengamos como meros testigos, hemos de preguntarnos: ¿De dónde hemos venido? ¿Hacia dónde vamos? Si no pudieran obtener respuesta para estas preguntas, ¿cuál sería entonces el propósito de la vida? Echamos un sobre al correo. En ese sobre habrá de estar indicada ya sea una dirección a la que esté dirigido o una dirección de la que provenga. Si no las llevara, ¿adónde iría a parar ese sobre? Será simplemente retirado del correo y quemado. Como en esta analogía, si no sabemos de dónde hemos venido ni hacia dónde hemos de ir, seremos descartados como inútiles y seremos desechados. Si cualquier profesor del grupo se acerca a ustedes y les pregunta de dónde han venido y no estuvieran en posición de contestar, les preguntará hacia dónde van a ir. Si tampoco pudieran contestar a eso, ¿qué les pasará entonces? Hemos venido a este mundo que es realidad temporal. Todo en este mundo les pregunta: "¿De dónde has venido?" Todos las Upanishads les preguntan: "¿Hacia dónde vas? ¿Cuál es tu destino final?" Las Upanishads les dicen que son hijos de la inmortalidad. Han de tener plena fe en que han venido del aspecto del Alma y que van a retornar hacia la inmortalidad.

Estudiantes: Para poder limpiar sus mentes habrán de promover en ustedes el sagrado Amor. Hablar simplemente de la devoción no cumple con el propósito de la devoción. Constituye una equivocación pensar que pueden controlar vuestro futuro y seguir preciándose de que poseen devoción. El Amor de Dios es el síntoma principal de la devoción.

Existe el amor entre madre e hijo, entre los amigos, entre marido y mujer, el apego por las posesiones materiales y el Amor a Dios. Lo que hay de común en todos estos aspectos es el amor, pero no todos ellos pueden denominarse Amor Devocional. Puede haber amor por el hijo, por el marido, por los amigos y por Dios. Si pueden ampliar el Amor por Dios y expandirlo hacia todos los seres humanos, esto les permitirá desarrollar una mentalidad equilibrada respecto de todos ellos. Esto es lo que ha sido descripto al decir que toda la Creación que ven alrededor suyo habría de ser abarcada por los anhelos. Este anhelo por medio del cual pueden expandir vuestro Amor hacia cada individuo, es el que deben desarrollar. Si siguieran hablando de Amor y de devoción y los dirigieran hacia objetos profanos, estarían engañando a Dios. Los estudiantes deberían darse cuenta de esto.

¡Estudiantes!: Ustedes deben conocer la situación en que se encuentra hoy en día nuestro país. El tren de nuestra comunidad se ha hecho muy largo y se mueve con rapidez. Hay gente muy variada en este tren: ancianos, jóvenes y todos forman parte de él. La gente mayor se bajará en la próxima estación debido a su edad. Los jóvenes emprenden un largo viaje. Todos los dolores y placeres que se dan en un viaje tan largo serán experimentados sólo por los jóvenes. Por lo tanto, habrán de reconocer los problemas que se suscitarán en este tren y resolverlos por sí mismos. Sólo así podrán viajar con cierta comodidad en él.

¡Estudiantes!: En verdad, son ustedes los futuros ciudadanos de este país. Así fueran veinte o diez, entre los que han participado en este curso de verano, los que puedan adquirir las buenas ideas y ponerlas en práctica, no cabrá duda de que esta patria nuestra gozará de gran gloria. Las grandes cosas que están escuchando y los sagrados ideales que están absorbiendo, no habrán de ser olvidados cuando salgan de esta sala. Grábenlos de manera permanente en sus mentes y espero que al hacerlo, le servirán al pueblo y considerarán el Servicio que le presten al mismo como Servicio prestado a Dios.

DEBEN VIVIR Y TRABAJAR
POR EL BIEN
DE LA COMUNIDAD QUE LES RODEA

*¿Cómo podríamos describir la gran suerte de la gente
que ha nacido en Bharat? Dios ha nacido en forma humana
una y otra vez en este país y es El quien les enseña la Divinidad
y los aspectos Divinos a quienes viven en este país. El los ha estado tratando
como sus amigos y parientes. ¿No sienten esta verdad en torno de ustedes?*

¡Encarnaciones del Alma Sagrada!: El hombre puede ser identificado con la mente y la mente puede ser considerada idéntica con algo que tiene la capacidad de entender. Si sentimos hoy en día que el país no es lo que debiera ser, hemos de concluir también que tanto el hombre como su conocimiento no son lo que debieran ser. El país se encuentra en malas condiciones porque las ideas y los pensamientos del hombre no son los justos y apropiados. Si se pudiera saber la respuesta a la pregunta: "¿Para quién estamos viviendo?", podríamos ciertamente rectificar el rumbo de este país. A esta pregunta, la respuesta usual es: "Vivo por mi propio bien, como por mi propio bien, bebo por mi propio bien, duermo por mi propio bien, leo por mi propio bien". Y no solamente esto, sino que a menudo dicen: "Estoy tomando medicamentos para mi enfermedad; estoy poniéndole un vendaje a mi pierna quebrada". En todas estas declaraciones queda muy en claro que este individuo está viviendo para sí, por su propio bien y no por otros. Además de esto, si hay diez personas durmiendo en una misma habitación, cada una de ellas estará soñando su propio sueño. El sueño que alguien sueña es para sí mismo. Estos diez individuos no tendrán un mismo sueño. Esto muestra claramente que todo lo que ven, todo lo que experimentan es para sí mismos y no para otros.

Si una mujer se dirige a su marido y le dice: "Ahora que hemos llegado a la decisión de inscribir a nuestro hijo en el Colegio Sathya Sai, ¿no debemos hacerle algo de ropa nueva?" Si en esos momentos el marido no tiene dinero, decidirá pedir algo en préstamo y mandar hacer algunos trajes para su hijo. ¿Por el bien de quién ha pedido dinero prestado? Lo ha hecho por su hijo. Después de un tiempo, algunos amigos vienen a verle y le cuentan que hay cursos de verano que se están llevando a cabo en el Colegio de Sathya Sai y le aconsejan que es necesario que se tome un par de días libres y asista a esas conferencias. A esto, el individuo puede que responda: "¡No puedo tomarme ni medio día libre y quieren que asista a unos cursos de verano!" Pero si al día siguiente su mujer enfermara, se tomaría el día libre para llevarla al hospital y otros días más para visitarla. ¿Por el bien de quién habrá tomado estos días libres? Estos habrán sido por su mujer. Puede que algunos días después se haya preparado alguno de sus platos favoritos y que cuando esté por disfrutarlo, reciba la noticia de que su hijo ha sido atropellado por un vehículo y está accidentado. De inmediato renunciará a su plato favorito, pese a que está hambriento y desea comer. Por su hijo saldrá corriendo a la calle. ¿Por quién habrá hecho esto? Lo ha hecho por su hijo. Podemos ver con esto que cuando uno ve a los suyos, a los seres queridos, sufrir de dolor, se muestra dispuesto a sacrificarlo todo. Llegamos a entender que uno no está haciendo nada por sí mismo, sino por los seres queridos. ¿Sentirá plena satisfacción cuando él y los miembros cercanos de su familia estén bien? ¿Le será posible a uno y a los miembros de la familia vivir en paz en estas condiciones? Esto no le traerá una completa paz, por el hecho de que vive en una sociedad. Un ser humano que nazca en una sociedad y que viva en ella, no puede abandonarla ni por un momento. Puede que diga que trabaje para promover sus propias perspectivas, que vele por sí mismo y que no tiene nada que ver con la sociedad. Pero ¿quién le ha proporcionado su trabajo, quién paga su salario y quién vela por sus comodidades en la vida? No es sino la sociedad que le rodea.

Si tienen la impresión de que pueden en verdad llevar una vida feliz con vuestra propia familia y sin tener nada que ver con la sociedad que les rodea, ¿por qué no se van con su familia a vivir en la selva, lejos de la sociedad, para ser felices? En realidad, el hombre no puede desvincularse de la sociedad. Cuando la aldea en que vive debe enfrentar problemas, siente que forma parte de esa aldea. Si recae sobre ella alguna epidemia, como el cólera o alguna peste, también él será afectado por todas las consecuencias. ¿Por qué y para quién se involucra? Ello se debe a que tiene algunas conexiones con la sociedad que le rodea. Cuando alguna casa vecina comienza a arder, irá de inmediato e intentará detener el fuego. Si no hubiera una aldea, no habría tampoco una casa propia para él. La aldea es sostenida por la sociedad. Se hace necesario que uno reconozca que forma parte de la comunidad y que las cosas que hace también las hace por la comunidad.

En la actualidad, debido a que están primando los intereses individuales en la familia, el hombre no es capaz de reconocer la importancia de la familia en la que vive. El bienestar de todo el país depende de los Estados o provincias que lo constituyen. El bienestar de los Estados o provincias depende de las ciudades que haya en ellos. El bienestar de las ciudades, a su vez, dependerá del bienestar de las aldeas que haya en torno de ellas. Por su parte, el bienestar de las aldeas dependerá del bienestar que reine en las casas que las formen. A su vez, el bienestar de cada casa de la aldea, dependerá del bienestar de los miembros de cada familia. Es así que el bienestar de todo el país dependerá, en último término, del bienestar de cada uno de los individuos. Si no hubiera individuos, no habría familias. Si no hubiera familias, no habría aldeas. Si no hubiera aldeas, no habría ciudades. Si no hubiera ciudades, no habría Estados ni provincias. Si no hubiera Estados o provincias, no habría país.

Tomaremos un pequeño ejemplo. En una gran ciudad como Delhi hay instituciones que se llaman clubes sociales. En estos clubes se reúnen personas de diferentes profesiones, personas en posiciones de autoridad y otras que no las tienen, todos los variados componentes de la sociedad. Cuando se juntan tantas personas de los diversos estratos de la vida, también se mezclan entre ellas espías del gobierno, con el objeto de recoger algunas informaciones. Estos espías estarán dispuestos a gastar cualquier cantidad de dinero para tener acceso a informaciones secretas. Algunas personas estarán dispuestas a entregar informaciones secretas, debido a que necesitan dinero. Tienen la idea que adquiriendo dinero por este medio, sus familias podrán vivir felices. No obstante, ¿podrán sentirse realmente felices después de haber divulgado información secreta? No. En este caso le estarían causando un gran daño al país. Podemos observar que los individuos que alberguen la egoísta idea de vivir felices ellos mismos y sus familias, se pueden dejar arrastrar a esta despreciable actividad. No harían algo tan ruin, si se dieran cuenta de que hay una comunidad a la cual cuidar, además de sí mismos en cuanto individuos.

Hoy en día es mucha la gente que, pese a ser instruida y educada, no se preocupa más que del individuo y de los miembros de la familia. Ni siquiera piensan en que existe una comunidad de la que hay que preocuparse.

¡Estudiantes!: Deberán tomar conciencia de que junto a ustedes en cuanto individuos, existen también la sociedad y la comunidad. No estamos viviendo únicamente para nosotros mismos. No estamos viviendo únicamente por el bien de nuestra familia. Estamos viviendo por el bien del mundo. Incluso antes de nacer, estaban aquí vuestro padre y vuestra madre. Vuestro padre y vuestra madre formaban parte de la sociedad a vuestro alrededor. ¿Habiendo nacido en la comunidad, cómo podrán apartarse de ella?

Esta representa la oportunidad adecuada para que vean que el Servicio a la comunidad es Servicio a Dios. Debemos desterrar el egoísmo en nosotros y emprender la tarea de ayudar a otros.

De seguro habrán leído historias en las cuales la moraleja es que Dios amará a las personas que amen a la gente alrededor de ellas. En una ocasión, Abu Ben Adam volvía a su casa, cuando descubrió que había luz en la ventana de su dormitorio. Al mirar por esa ventana, vio que había un ángel sentado en su habitación que escribía en un libro, usando una pluma de oro. Abu Ben Adam entró sin hacer ruido a su dormitorio y preguntó: "¿Madre, qué estás haciendo?" Y recibió la respuesta: "Soy un ángel, un mensajero de Dios. Estoy anotando una lista de nombres de quienes han mostrado afecto por Dios". Abu Ben Adam preguntó si su nombre estaba incluido en la lista. El ángel le respondió que no. Abu Ben Adam pensó para su fuero interno: "Dios no me ama. ¿No le he sido devoto a Dios? ¿Cuál será mi limitación?" Pensando en ello, salió de la habitación.

Al día siguiente, salió de casa para encontrarse con algunas personas. Al volver, volvió a notar que la luz estaba encendida. Entrando, volvió a preguntar: "Madre, ¿qué estás escribiendo hoy?" El ángel le replicó: "Hoy estoy escribiendo la lista de los nombres de las personas a las que Dios ama". Entonces, él preguntó: "¿Contiene esta lista mi nombre?" El ángel contestó: "No encuentro más que tu nombre en la lista". Abu preguntó nuevamente: "¿Cuál es la razón por la que Dios me ama?" El mensajero de Dios, el ángel, le respondió: "Tú crees que el Servicio a la gente es Servicio al Señor. Encuentras a Dios en la gente y has identificado a la gente con Dios. De modo que Dios te ama porque sientes que Dios es Omnipresente."

En sus vidas diarias dicen que Dios es Omnipresente, pero no practican esto que dicen. Lo que han de hacer es considerar a Dios como presente en cada persona, en todo lugar y amar a todos como aman a Dios. Lo correcto es mantener una amplia visión de Dios y verlo presente en todo lugar. Pensar que Dios está confinado a algún pequeño lugar, es rebajar todo el status de Dios mismo. Piensan a Dios como estrecho y pequeño, debido a que vuestras ideas son estrechas y pequeñas.

¡Estudiantes!: No alberguen estas ideas y esta visión estrecha. Deben expandir su visión y ver a Dios presente en todas partes y, en este contexto, han de servir a cada uno y amar a todos. Los jóvenes han de poner el mayor empeño en desarrollar esta amplitud de ideas. Los jóvenes son los salvadores del mundo. La ambición y la esperanza de Swami descansa en los jóvenes. El futuro del país depende de la fe de los jóvenes. Si ustedes se convierten en buenas personas, el país se convertirá en un buen país. Si promueven las ideas estrechas y las mantienen así, estarán perjudicando al país.

¡Estudiantes!: Vuestros corazones son sagrados, vuestras ideas son puras y han de fortalecer estas cualidades y servirle a la gente. Por esta senda habrán de seguir.

Este cuerpo vuestro es débil. Está compuesto por los cinco elementos que conforman el mundo. No saben cuándo habrán de abandonar este cuerpo. Se nos dice que este cuerpo ha de vivir por cien años. No crean en estas palabras. Este cuerpo puede desaparecer en cualquier momento, quizás en vuestra juventud, quizás en vuestra adolescencia o quizás en vuestra vejez. Puede caer en una selva, en una ciudad o en el agua. Nadie puede decir cuándo y en qué circunstancias caerá el cuerpo. La única cosa cierta es la muerte. Pero mientras el cuerpo esté con ustedes, hay que hacer un buen uso de él. Deberán usarlo sólo con buenos y sagrados propósitos.

Han participado en sagradas reuniones. Le han prestado oídos a sagrados discursos pronunciados por diferentes personas experimentadas. Espero que han de usar todas sus energías para servirle a la gente en el futuro. Esa es la mejor manera de ganar la Gracia de Dios.

EL VERDADERO YOGA DEBE PERMITIRLES CONTROLAR LA MENTE

¿Se podrán llenar los estanques con unas pocas gotas de lluvia?
¿Se calmará vuestra sed tragando un poco de saliva?
¿Podemos llenar el estómago
con sólo retener la respiración por unos momentos?
¿Podemos obtener carbón quemando unos pocos cabellos?

¡Encarnaciones del Alma Sagrada!: Desde tiempos inmemoriales hubo en esta tierra de Bharat muchos profetas que hicieron muchas cosas para entender el secreto del Alma. Acción, Devoción, Sabiduría y Autocontrol representan los cuatro enfoques principales en la búsqueda del Alma. Las sendas de la Acción, la Devoción y la Sabiduría, permiten que también la gente común las siga. Hay otros caminos que pueden describirse por medio de los términos de meditación, ayuno y desapego, pero todos ellos se inscriben en la senda de la acción. La senda del Autocontrol o Yoga no le resulta fácilmente asequible a la gente común. Hay eruditos que la han explicado de diferentes maneras y la han difundido también de diferentes maneras. Para la mayoría de ellos no existe sino el contacto con los libros, pero carecen de una experiencia verdadera.

Mucha gente ha seguido la senda del Yoga por medio del desapego y ha llegado a experimentar algo de felicidad. En la actualidad son muchos los que explican y enseñan métodos de Yoga o Autocontrol. Sin embargo, no han podido experimentar de manera alguna, por sí mismos, los resultados del Yoga en la práctica. Resulta muy fácil hablar, pero es difícil practicar lo que se dice. Tenemos que tratar de entender si este difícil camino del Autocontrol o Yoga puede ser seguido por la gente común.

Si aceptamos y nos atenemos a Patanjali, veremos que dice que el Yoga conducirá al control de vuestra mente. ¿Hubo personas en este mundo que lograron controlar sus mentes? Sí, las ha habido, pero ellas no se mueven entre las personas comunes, en la manera común. Están ocupadas con su "sí mismo" interno. Se preocupan de desarrollar su visión interna. Sostener que entre las personas comunes hay algunas que pueden explicar el verdadero significado del Yoga, constituye una falsedad.

La gente que desee entender en verdad el Yoga, tendrá que apartarse de toda actividad mundana común. El Yoga connota llegar a la confluencia con la Divinidad y los sagrados aspectos del Alma. Al igual que un río que al llegar al océano pierde su nombre, su forma y su sabor, también el ser humano, una vez que se une al espíritu del Alma, no tendrá ya nada que ver con el mundo. ¿Si hundiéramos una muñeca de sal en el mar, podríamos recuperarla? Esta muñeca de sal, que habrá venido del océano, al volver a él, se fundirá en él y será idéntica a él. De igual manera, la gente que entiende por completo el sentido del Yoga, no tendrá ya más oportunidad para tener algo que ver con los caprichos de los sentidos, del mundo.

Los cuatro kosas o envolturas que rodean al Alma: el annamaya, el pranamaya, el manomaya y el vignanamaya, nacen del anandamaya kosa. El objetivo primordial del anandamaya kosa es cumplir la voluntad de Dios. Este anhelo está inmerso en el Alma y contenido en ella. Por eso, el aspirante espiritual, el hombre que busca a Dios, pierde todas sus manifestaciones tan pronto se sumerge en el "sí mismo" interior o Alma. Ya no le es posible caer en una ilusión al mirar su propia imagen en el mundo material. Si uno pronuncia una palabra, decimos que la palabra proviene de la garganta. Esto no es la verdad. Con la garganta uno podrá emitir un sonido, pero no una palabra. La palabra no emana de la garganta, sino del muladhara chakra o básico, sube hacia el agneya chakra o frontal y, a continuación toca el Alma, y recibe su verdadero y adecuado tono desde la base del Alma, para salir luego como sonido. Para esto hay ciertas cuerdas en el pranakosa y el manokosa. Estas cuerdas pueden ser tocadas en ciertos puntos en que hay puentes bajo ellas. Debido a que son tocadas, se producen sonidos y estos sonidos van hasta vuestro corazón. Entonces, el sonido emanará como palabra. Los puentes bajo estas cuerdas llaman la atención de la mente. Aquellos que saben tocar una guitarra podrán entender fácilmente estos pasos.

Cuando uno toca las cuerdas y presiona los puentes bajo ellas, cada palabra y cada sonido toma formas y tonos especiales. Dependiendo de las cuerdas que uno toque y del puente sobre el que se las presione, se determinará el tipo de sonido que emita. Si mientras se toca una cuerda uno presiona otra sobre el puente que le corresponda, no se oirá ningún sonido en particular. La cuerda de la vida que comienza en el muladhara chakra y sube hacia el agneya chakra, debe ser llevada a que se una con nuestra mente. En esto, el propósito del muladhara chakra es hacer que el cuerpo se mantenga erecto y en buenas condiciones. Es algo que protege al cuerpo. También se hace referencia a esto como annamayakosa.

El segundo chakra es el swadhyaya o de la generación. Tiene el deber de tratar con el pranamaya kosa y entregarle la temperatura necesaria. Debido a este calor que se le suministra al pranamaya kosa, el cuerpo sobrevive y es protegido. Así también es este calor que se genera el que mantiene los diferentes órganos que contiene el cuerpo.

El tercer chakra es el manipuraka. Este tiene la naturaleza de un fluido. Le permite fluir a la sangre y, después que ésta sale del annamaya kosa, extrae todos los fluidos y los traspasa al cuerpo. Esta circulación de la sangre es la que mantiene sano al cuerpo y la que pasa la sangre hacia el pranamaya y el annamaya kosas.

El cuarto chakra es el annahata o del corazón. Este tiene la naturaleza del aire. No sólo le permite a las personas inhalar y exhalar el aire, sino también las hace pensar acerca de variadas cosas. Al tener la propiedad de la respiración, puede mostrar su naturaleza por medio del aire, el calor y el polvo. A este nivel, el aspecto que encierra en pranamaya kosa, entra hasta la cuerda interna y la presiona.

El próximo es el visuddha chakra o laríngeo. A éste se lo describe conteniendo los aspectos del tiempo y el espacio. Los sonidos que emanan de nosotros se describen como palabras.

El próximo es el agneya chakra o frontal. Este es el que les hace sentir la existencia y les hace reconocer vuestra verdadera forma. Actúa en el campo del conocimiento superior. Les permite fijar los cinco aires vitales en sí mismos e irradiarlos. El propósito de este chakra es permitirles controlar los cinco aires vitales.

El próximo es el sahasrara chakra o coronario. Este reviste una importante función al constituir la base misma para todos los puntos vitales en ustedes. Esto le permite funcionar a vuestro iccha sakti. El Yoga nos ha estado enseñando que el aspecto vital de la vida existe desde el 9° al 12° anillos en la columna vertebral. Un hombre puede vivir aun después de haber perdido una pierna, un brazo o una mano, pero no puede vivir si se le quiebra la columna vertebral. Lo que existe entre la 9a. y 12a. vértebras, constituye la esencia de la vida. Esto se llama el annahata chakra o del corazón. El paso del aire por este chakra, al inhalar y exhalar, sostiene la vida.

Los Vedas han descripto que esta fuerza vital es como si viéramos un rayo saliendo entre dos nubes. Cuando los sabios no sabían esta verdad básica de que la vida existe en realidad entre la 9a. y la 12a. vértebras en la columna vertebral, trataban de controlar cada uno de los chakras, partiendo desde el muladhara y subiendo directamente hacia el conocimiento. Realizaban aquella práctica espiritual que les permitiera entender y controlar cada una de las vértebras de la columna. Debemos reconocer que por medio de la sabiduría uno logra dos clases de conocimiento. Uno se refiere al mundo y el otro, al espíritu. El que se refiere al mundo les permite entender lo que ven en torno de ustedes y cómo funciona el mundo material. Esto habremos de entenderlo significando que, aún antes de que entendamos la forma y el significado de las cosas externas, ellas ya están contenidas en nosotros. Este conocimiento se relaciona con el Alma, con lo que ya han visto y conocido de alguna manera dentro de sí mismos y que ahora está siendo visto como una cosa exterior.

Estoy mirando ahora este pedazo de tela, pero la forma de este pedazo de tela ya ha sido impresa en mi mente antes de que yo la vea. De modo que aquello que establece la verdadera forma de lo que ya existe en cuanto conocimiento interno representa la primera clase de conocimiento.

La segunda clase de conocimiento es la que les permite ver el aspecto del Alma en todos los seres vivientes y verlos como una sola y la misma cosa. Esto ha sido proclamado por los sabios diciendo: "La más Alta Sabiduría es Brahma". Este aspecto del conocimiento superior que es idéntico con Brahman se encuentra presente en cada individuo. Para que el hombre se desarrolle a sí mismo y promueva su conocimiento, son muy necesarios el control de la mente y de los sentidos, aunque es algo que no resulta fácil de lograr. Lo que tendríamos que hacer hoy es velar para que la mente no tome por el camino equivocado, sino que sea conducida hacia el correcto. Muchos de los que desean controlar sus sentidos y sus mentes, hacen varios intentos y, si fracasan en ellos, pierden hasta la fe en el camino espiritual. Algunos se convierten en ateos.

Por las sendas del control de los sentidos, desapego, desprendimiento, ecuanimidad, fe inalterable y control de la mente, llegaremos a ser capaces de entender el aspecto Divino. Hemos creído que todos estos caminos son caminos mundanos. Hemos explicado el control de los sentidos como el control de los órganos externos y el autocontrol como el control de los órganos sensoriales internos. Los hemos estado pronunciando sólo en cuanto palabras, sin practicarlos. En la actualidad, no vemos en nuestro país el correcto tipo de práctica del Yoga. El simple aprendizaje de algún tipo de ejercicio físico relativo al cuerpo humano lo llamamos Yoga. Un tipo así de Yoga no es más que un ejercicio físico que no resultará sino en una mejor salud para el cuerpo. El no les proporcionará la salud para el Alma. A estos ejercicios los denominamos yogasanas. Todos ellos no se refieren sino al cuerpo compuesto por los cinco elementos. Siendo que el cuerpo mismo es transitorio, ¿cómo podría transformarse en algo permanente el resultado de lo que hagan con este cuerpo?

Al igual que una lámpara les ayuda a ver el mundo material en torno de ustedes, así también todos nuestros órganos no son sino simplemente instrumentos con los que vemos el mundo externo. Los objetos que vuestros órganos les muestran son impermanentes. Los ojos con los que vemos cosas impermanentes, también son impermanentes, e incluso la mente que hace uso de estos órganos, está cambiando continuamente. La inteligencia nos permite supervisar a la mente y se convierte en un instrumento. La inteligencia, al igual que la Luna, no tiene brillo propio. Sólo la luz que irradia desde el Alma sobre la inteligencia puede mostrar algo. La inteligencia puede recibir tanta luz debido a que está tan cerca del Alma. Si queremos entender la esencia del Alma que constituye la base de nuestra vida, lo podemos hacer únicamente a través del Amor. Al igual que las cuerdas de una guitarra nos permitirán escuchar el sonido y el tono que controlan la música, las cuerdas de la vida les permitirán entender el aspecto del Alma. El tratar de investigar el origen del origen mismo, no representará sino una pérdida de tiempo. No nos es posible encontrar personas que tengan una experiencia práctica del muladhara y el agneya chakras, el básico y el frontal, y no es posible intentar aprender estas cosas por uno mismo. Aunque haya algunas personas que posean este conocimiento, ellas no van a enseñarlo. Sólo gozarán de la dicha y la felicidad que provengan de este conocimiento, pero no encontrarán palabras con las cuales enseñárselo a otros. Pueden vivenciarlo, pero no pueden expresarlo.

Cumplir la voluntad de Dios se refiere a la capacidad que hay en un ser humano como para transformar lo que existe en los chakras o centros energéticos en la esencia pura del Alma.

¡Encarnaciones del Alma Sagrada!: Si realmente quieren elevar la naturaleza humana al nivel de la Divina, es necesario que posean las cualidades de la moralidad y la verdad. Tenemos que entender que podemos y debemos vivir con estas virtudes, practicándolas constantemente para que sean una luz refulgente en nuestras vidas. Deberíamos coordinar este accionar permanente de verdad y moralidad con los tiempos en que vivimos. No es necesario que cambiemos la esencia o el contenido, pero nada hay de malo en que cambiemos los pensamientos con los que vivimos. Hemos de cambiar el contenedor y no el contenido. En este sentido, cuando queramos calmar los órganos que se han excitado, el único camino de que disponemos es el del Amor.

Hemos estado oyendo decir que el clarear de la sabiduría es idéntico con la visión del Uno sin Par. Cualquier sabio, por sabio que sea, se verá diversamente afectado si es objeto de opuestos como el dolor y el placer, la pérdida o la ganancia. Gandhi le enseñó de diversas maneras el aspecto de la No Violencia al pueblo. El significado de la No Violencia es que no han de hacerle daño a nadie, ya sea por medio del pensamiento, la palabra o la acción. Gandhi hizo la promesa que, hasta el final de su vida, se atendría a esto. En una ocasión, cuando vio a una vaca sufrir de dolores no pudo soportarlo y le aconsejó a un médico que terminara con la vida del animal por medio de una inyección. Es así que hay veces en que, por querer aliviar el sufrimiento de algún individuo, tenemos que dañarlo. La única forma en que se puede tomar por la senda de la No Violencia es reconociendo la unicidad del Alma que está presente en todos los seres vivientes y considerarlos a todos como iguales.

Un devoto llegó hasta un Maestro y le rogó que le diera un mantra, una fórmula mística sagrada. El Maestro le dio uno y le pidió que se fuera. Después que el devoto hubo caminado cierta distancia, el Maestro lo llamó. Le indicó que no servía de nada repetir verbalmente los mantras y le aconsejó pensar en la forma de Vishnu y recitar entonces su mantra. El individuo se mostró conforme y se marchó. Después de haberse alejado algo, el Maestro volvió a llamarlo. Le advirtió entonces que debía mantener la forma de Vishnu sólo en su mente y pensar en el mantra, y que no debía permitir que entraran en su mente la forma de un perro o la de un mono. Tan pronto como el devoto se sentó a meditar, se puso a pensar en que no debían entrar en su mente ni la forma de un perro ni la de un mono. De este modo, todo el tiempo no hacía sino pensar en el perro y el mono, en tanto que Vishnu nunca entró en su mente. En esta perturbadora situación se preguntó por qué el Maestro le había mencionado siquiera al perro y al mono. ¿Sería por causa de este error del Maestro que el perro y el mono acosaban su mente? De modo que volvió adonde estaba el Maestro y cayó a sus pies. Le dijo que se había sentido muy feliz cuando le dio el mantra y la forma de Vishnu, pero que al hablarle del perro y del mono, había logrado que se sintiera perseguido continuamente por ellos y no conseguía ninguna paz mental.

El Maestro le dijo entonces al devoto: "Te pedí que pensaras en la forma de Vishnu. ¿Qué significa la forma de Vishnu? Vishnu es Omnipresente y si piensas en El, pueden venir muchas cosas a tu mente y nada hay de malo en eso. Incluso si un perro te viene a la mente eso no significa sino que Vishnu es Omnipresente. Si el mono viene a tu mente y piensas en el aspecto Omnipresente de Vishnu, no es perjudicial. Te mencioné estas cosas para que puedas realizar la unicidad de Vishnu y su Omnipresencia."

Aquí hay un cuerpo humano. En él encuentran una mano, una nariz, un rostro, una cabeza, etc. Todos ellos son componentes de este cuerpo. Si apartan todas estas cosas y las ponen por separado, ¿en dónde está el cuerpo? Todos los componentes y todos los órganos son los que hacen el cuerpo. El aspecto de Vishnu es uno en que todas estas formas se combinan. Los sabios de los tiempos antiguos le enseñaron por varios métodos y medios esta unicidad a sus discípulos.

¡Estudiantes!: Si en verdad tuvieran la sagrada idea de adquirir este conocimiento, deberán integrarse a la sociedad, ver la unicidad de la sociedad y realizar lo que se encuentra presente en cualquiera de sus miembros, como un solo y mismo espíritu del Alma. Habrán de establecer que la fe que hay en ustedes es la misma fe que hay en todos los demás. No hemos de dejarnos descorazonar por la idea de que no pueda ser posible y no intentarlo siquiera. Uno puede lograr las cosas por medio de la práctica espiritual y un repetido esfuerzo. Deberán emprender la práctica espiritual por medio de un esfuerzo consciente. Perdemos el tiempo de muchas maneras diferentes. Si una fracción del tiempo que perdemos la utilizamos para cumplir nuestra disciplina espiritual, no cabe la menor duda de que mejoraremos nuestra vida.

Al igual que una muralla que alguien está construyendo no hace sino levantarse cada vez más alta, aquel que se empeñe en la práctica espiritual se irá elevando cada vez más. En cambio, aquel que no realiza práctica espiritual, es como el hombre que cava un pozo y se va hundiendo cada vez más profundamente. La mente dará lugar a este tipo de dudas sólo cuando no sea pura. Si tienen una mente pura, no les asaltarán las dudas. Ya sea sobre la base de las dudas que mantengan o sobre la base de una mente sin vacilaciones, podrán decidir por sí mismos cuán pura está vuestra mente. En forma gradual habrán de ir desechando las dudas, habrán de ir alejando las vacilaciones y habrán de establecer alguna fe y creencia firmes en sus mentes. ¿No son muchos los reyes que han gobernado en esta tierra y que se han sentido orgullosos de su gloria? ¿En dónde están? ¿Les ven ahora? ¿No ha habido personas que han hecho grandes cosas? ¿En dónde están? ¿Les ven ahora? Si dependemos de este cuerpo cuya vida se acorta día tras día, y si no hacemos un buen uso del tiempo, estaremos desperdiciando nuestra vida. El hombre se está olvidando de su verdadera naturaleza por su deseo de satisfacer sus deseos sensoriales, en dependencia de este cuerpo humano que se derrumbará en uno u otro momento.

¡Encarnaciones del Alma Sagrada!: Como bien lo saben, una gota en la punta de una hoja puede caer en cualquier momento. De manera similar, también nuestro cuerpo puede caer en cualquier momento. En el instante en que la vida desaparezca, este cuerpo será como una caña hueca. Los jóvenes deben entender necesariamente esta verdad y seguir al aspecto del Alma. Ciertamente que deberán adquirir el conocimiento que se refiera a vuestra vida cotidiana. Mientras uno vive, el alimento es necesario. Mientras uno vive, habrá de hacer algún trabajo. Pero esto no puede constituir la finalidad y la meta de sus vidas. Pueden adquirir muchas cosas durante sus vidas, pero cuando abandonen el cuerpo y se vayan, ninguna de ellas se irá con ustedes. Fijando estas ideas en sus mentes en cada momento, deberían reconocer que el cuerpo les ha sido dado para que puedan realizar algún buen trabajo y ayudarle a otros.

Este cuerpo es un instrumento. Haciendo uso de este instrumento y dependiendo de él, habrán de alcanzar su destino final. Este cuerpo es un templo. Es un carro para la conciencia que viaja en él. Si queremos usar un vehículo, pensamos mucho respecto de si estará bueno el camino por el que conduciremos. De igual manera, antes de poner este vehículo de vuestro cuerpo en el camino de la vida, habrán de examinar la naturaleza de ese camino.

Este carro es sagrado y ha de ser usado para viajar por un camino sagrado y alcanzar un sagrado destino. Si mantenemos una firme fe en este aspecto, no accederemos bajo ninguna circunstancia a llevar nuestro cuerpo por un camino equivocado.

Para que puedan lograr las cuatro metas de la vida humana de Rectitud, Prosperidad, Deseo y Liberación, deberán tener un cuerpo sano. Para tener un cuerpo sano, deben atenerse a una dieta adecuada. No entren, sin embargo, en este mundo con una idea vaga de que van a adquirir algo. En lo que respecta a vuestra vida diaria común, pueden hacer ejercicio físico en procura de una buena salud. Pero no se internen por una senda que no entiendan. Ello les arruinará la vida. Pueden dedicarse a cualquier actividad, pero háganlo en el Nombre de Dios y para su complacencia.

LA BUENA COMPAÑIA LES PERMITE MANTENER VUESTRA BONDAD

Así como un ratón queda atrapado en la jaula
porque es incapaz de resistir la tentación del cebo que hay
en ella, el hombre pierde también la felicidad y la dicha
que provienen del conocimiento de Brahman,
al ser incapaz de renunciar a su deseo
por gozar de las múltiples atracciones sensuales de este mundo.

¡Encarnaciones del Amor!: Un ser humano es como una semilla. Al igual que una semilla brota para convertirse en un retoño y éste se convierte en un árbol cuando crece, también el ser humano nace, crece, cambia y se transforma, adquiere la plenitud de la naturaleza humana y, por último, a través de varias etapas, llegará a su destino.

El hombre posee dos tipos de conocimiento. Uno de ellos es aquel que se relaciona con el mundo de cada día. El segundo se relaciona con el mundo superior, el mundo del espíritu. El primero ha sido descripto como aquello que les ayuda a llevar vuestra vida cotidiana y a ganarse la vida. El segundo les lleva hasta vuestro destino último, el objetivo de toda vida. Haciendo uso del conocimiento que se refiere a la vida en el mundo pueden llevar su vida cotidiana. A través de este proceso, generalmente acrecientan su reputación y logran una posición en la sociedad en la que viven. También recurren a este conocimiento para cumplir con sus responsabilidades y deberes. Este conocimiento podría ser descripto, además, como el saber que les permite vivir apaciblemente en el mundo circundante. Por intermedio de él pueden adquirir la habilidad y la fuerza como para vivir bien.

El segundo tipo de conocimiento que se refiere al mundo superior, al del espíritu, les capacita para responder a interrogantes como: ¿Quién soy yo?, ¿por qué he venido acá?, ¿cuál es la base de la vida?, ¿cuál es el secreto de mi nacimiento?, etc. Hacemos uso de este segundo tipo de conocimiento para poder contestar a tales preguntas. Para darles respuesta habrán de ver la unicidad en toda la Creación. El conocimiento mundano y el conocimiento espiritual son, en realidad, un solo y mismo conocimiento y se encuentran inextricablemente conectados el uno con el otro. Son como las dos caras de una misma moneda. Son como las dos alas de un ave. Son como las dos ruedas de un carro y han de entender que no son distintos ni están separados. Habrán de coordinar estas dos ramas del conocimiento, ver la conexión entre ambas y adecuar vuestra vida en concordancia con ello.

Pese a que estamos profundamente comprometidos con asuntos relacionados con el mundo material de cada día, debemos recordar siempre nuestra conexión con el mundo del espíritu y llevar a cabo nuestro trabajo con la plena conciencia de él. A menudo vemos a alguna mujer que vuelve a su casa con un recipiente lleno de agua sobre su cabeza y que, sin embargo, mantiene un perfecto equilibrio. Así también el hombre, pese a estar cumpliendo con sus deberes y su trabajo diarios, deberá mantener su atención focalizada por completo en asuntos espirituales. Este tipo de atención se ha vuelto muy raro en estos días y no podemos encontrar ni siquiera un ejemplo que citar. Incluso un individuo dedicado a la meditación comienza a pensar en diferentes cosas y es incapaz de fijar la atención en su objetivo. Su atención oscila. Esto no es más que un indicador de debilidad de la propia devoción. Si la fe es fuerte, no cabe la menor duda de que uno será capaz de lograr esta concentración.

Los ciudadanos de Bharat han aprendido a adorar a la gente. Pero no han aprendido a entenderla. Adoran a Avatares como Rama y Krishna con la creencia de que Dios nace en forma humana en este mundo cuando tales Avatares aparecen. No han entendido que Rama y Krishna y otros Avatares como ellos no son sino ejemplos ideales de individuos humanos. Estos seres Divinos nacidos en la comunidad constituyen ejemplos ideales de seres humanos y, tan pronto como aprendemos a practicar lo que ellos demuestran, hemos aprendido lo que son y los hemos entendido. Una persona débil, que no es ni siquiera capaz de entender la naturaleza y los aspectos humanos, ¿cómo podría comprender los aspectos de la Naturaleza Divina? Será sólo cuando podamos entender a Rama, Krishna, etc., como ejemplos humanos ideales, que los estaremos elevando a la posición de Avatares Divinos.

Hoy, no hacemos sino adorar a estos Avatares en la forma de ídolos y fotografías, pero no seguimos los ideales que nos entregaron. Hemos aprendido a aceptar que el Avatar y la Divinidad son idénticos y así también deberíamos aceptar que los ideales que sentaron para nosotros han de ser practicados. En la actualidad, lamentablemente, nos dirigimos a un Avatar como a Dios. No hacemos sino repetir la palabra "Dios" y le adoramos, pero no aceptamos sus mandamientos, ni sus declaraciones. Simplemente los dejamos de lado. Este tipo de adoración que no va acompañada de la práctica, debería considerarse como mero exhibicionismo y no como devoción.

En este mundo hay un gran porcentaje de gente que quiere encontrar un camino fácil. Desean gozar de la felicidad sin ningún esfuerzo de su parte. Sin hacer ningún esfuerzo y sin realizar una verdadera disciplina espiritual, nada se puede lograr. Pero son incapaces de reconocer este hecho fundamental. Al igual que los perros que compiten entre sí y huyen luego con alguna piltrafa, estos oportunistas compiten entre ellos y hacen todo por obtener una oportunidad y avanzar con ella.

El hombre ha perdido la facultad de discernir entre las cosas permanentes y las impermanentes. Debido a la ausencia de este poder de discernimiento, el hombre no hace sino inquietarse y vivir en estado de excitación. Ni siquiera es capaz de reconocer que esto no constituye sino una debilidad suya. Si sus deseos y sus ambiciones se cumplen, está feliz y contento, pero si no es así, se excita. Ni siquiera trata de descubrir la razón por la que sus deseos no se han cumplido.

Como primera cosa habrá de inquirirse respecto de si las ambiciones y los deseos corresponden a lo que se necesita y es bueno para uno. Pero en la incapacidad de tener un poder de discernimiento, los hombres desarrollan deseos que no deberían alimentar. Cuando éstos no se cumplen, comienzan a acusar a Dios y a echarle la culpa. Tales personas se sienten muy felices cuando obtienen lo que quieren y están constantemente perjudicando y causándole problemas a otros. Siempre desprecian y nunca aprecian. Sin empeñarse y sin esfuerzo alguno desean conseguir cosas que no les corresponden. ¿Cómo podrían personas con tan malas cualidades tomar alguna vez por una senda que sea beneficiosa y saludable? En verdad, los jóvenes como ustedes han de reconocer las dos grandes cualidades de la moralidad y el sacrificio. Mientras vayamos detrás de las cosas materiales que estén en torno nuestro, nuestras condiciones seguirán siendo lo que son. Debemos hacer el intento por inquirir y entender interrogantes como: ¿Quién es el hombre?, ¿cuál es el propósito para el cual ha venido a este mundo? No hacemos sino hablar de sacrificio. Repetimos las palabras Amor y No Violencia, pero no las practicamos realmente. Pretendemos tener fe en Dios. No hacemos sino expresar y anunciar que tenemos fe en Dios. Si realmente tuvieran fe en Dios no harían estas cosas. Todo lo que uno haga, parece hacerse únicamente con el propósito de promover los propios intereses egoístas o los de la familia de uno. Se mantiene una mentalidad estrecha y no se tiene en la mente el aspecto del trabajo desinteresado y el anhelo de hacer algo útil por otros.

Hay muchos desafortunados que no son capaces de aprovechar las sagradas oportunidades que les salen al paso. Para alguien que no pueda gozar de felicidad y de dicha, ¿qué más da la oportunidad que se le presente? Para un perro que no puede sino beber agua a lengüetazos, ¿de qué le vale tener un ancho río con mucha agua corriente? De vez en cuando se nos presentan realmente oportunidades sagradas durante nuestra vida. Dejando de hacer uso de ellas y sin pararnos a considerar sus valores, no hacemos sino perder nuestro tiempo y nuestra vida.

¡Estudiantes!: Durante todo este mes han aprendido muchas cosas que le son necesarias al hombre para vivir felizmente. Las cosas que han escuchado durante este mes y las situaciones que han vivido y visto deberían grabarse de manera permanente en sus mentes. Sólo entonces serán capaces de seguir por la senda sagrada y hacer que sus vidas se conviertan en un ejemplo ideal para otros.

Hay un pequeño ejemplo para esto. Es muy común que, ya sea llevadas por la excitación o por un estado temporal de felicidad, las personas lleguen a distintos puntos de vista en un momento dado. Esto podría llamarse un tipo transitorio o temporal de desapego. Había una persona en el norte de la India que administraba un molino de harina. En una oportunidad fue hasta un lugar en que se relataba un encantador cuento sobre Dios. El autor de esta historia sobre la devoción a Dios, señaló desde un comienzo que no había mayor don que el del alimento. Preguntó también: ¿Hay algún Dios superior a la madre y al padre? ¿Hay alguna conducta moral más noble que seguir la Verdad? ¿Hay alguna Acción Correcta superior a la de mostrar bondad en donde se necesite? ¿Hay algo más beneficioso que mantener la compañia de la buena gente? ¿Hay algún enemigo peor que la ira? ¿Hay alguna enfermedad peor para un ser humano que el tener deudas? ¿Hay alguna riqueza que sea mejor que la reputación sostenida? Declaró, además, que las consecuencias del darle alimento a un hombre hambriento no traerán consigo sino bienes mayores.

El molinero, después de escuchar todas estas declaraciones, retornó a su casa pensando que, si le daba alimento a los menesterosos iba a beneficiarse de buenas consecuencias y decidió comenzar a hacerlo ese mismo día. Al hacerlo, le asaltó una mezquina y siniestra idea. Tenía una cantidad de harina de trigo que se estaba pudriendo en su almacén por algunos meses. Comenzó a usar esa harina para hacer pan para distribuir entre los pobres. La harina podrida estaba en tan mal estado que ni las hormigas ni los insectos se acercaban a ella. La mujer del molinero era muy buena persona. También era muy devota. De muchas maneras trató de hacer cambiar de idea a su marido. Le decía: "¿De qué sirve y con qué propósito vas a distribuir esta harina en mal estado? Tenemos tanta harina almacenada, ¿por qué no sacas de la harina buena y alimentas con ella aunque no sea sino a unos pocos? ¿Por qué darle la harina podrida a muchos?" Pero sus palabras no hacían mella en el molinero.

Ella esperaba una oportunidad para darle una buena lección a su marido. Esta se le presentó un día en que tomó de la harina podrida y le preparó pan a su marido, poniéndoselo en el plato cuando llegó a comer. Este se enojó y se excitó mucho.

Haciendo uso de palabras buenas y suaves, la mujer le dijo que cualquiera sea el trabajo que se haga, las consecuencias de este trabajo habrán de ser aceptadas ya sea en el cielo o el infierno. El tipo de semilla que se plante determinará la naturaleza de la planta que brote. Le señaló: "El tipo de regalo que estás haciendo ahora es muy malo y las consecuencias de esta maldad te llevarán al infierno y allí te van a servir este tipo de pan. Cuando se dé esta situación, vas a tener que comer este pan podrido por primera vez. Te será difícil hacerlo, de modo que es mejor que te acostumbres desde ahora a comer pan podrido. Te va a ser imposible conseguir un buen pan en ese momento. Para que vayas practicando, te voy a dar solamente de este pan de ahora en adelante".

El trabajo que realicemos hoy día determinará las consecuencias que enfrentemos en el futuro. Habrán de hacer un buen trabajo y recibir un bien de él. ¿Podríamos plantar semillas de limonero y esperar que obtengamos mangos? ¿Podríamos plantar las semillas de un mango y esperar conseguir limones de ese árbol? Representa una buena conducta para el ser humano reconocer este hecho y promover ideas y pensamientos sagrados y llevar a cabo un trabajo también sagrado ahora, para que pueda cosechar frutos sagrados en el futuro.

¡Estudiantes!: Mañana todos nuestros programas habrán terminado y han de retornar a sus respectivos hogares. Antes de retornar, y para que puedan mostrar sus vidas como sagrados ejemplos ideales, tendrán que recoger y adquirir aquí la energía. Si vuestros pensamientos no se mantuvieran sagrados más que estando aquí, pero al volverse a casa y dependiendo del ambiente, cambiaran, no habrán adquirido, en verdad, nada de naturaleza perdurable.

Cuando sus padres les vean, deberán ver la transformación en ustedes y sentirse felices. Ya tendrían que haber abandonado todos los pensamientos viejos y las malas ideas. Si se llevan a un taller los coches averiados y deteriorados y vuelven del taller en las mismas condiciones, ¿de qué ha servido llevarlos allá? Al menos a partir de hoy, todos los pasadores, tuercas y tornillos que habían dejado de funcionar en ustedes, habrán de ser dejados en Brindavan y deberán aparecer fuera de aquí con pasadores, tuercas y tornillos nuevos. Con este cambio de ideas en vuestro corazón podrán sentar un ejemplo, para que la gente que entre en contacto con ustedes pueda también ser capaz de cambiar sus hábitos.

¡Estudiantes!: Aquello de lo que hablamos como el mundo de hoy no es permanente. No es más que una mezcla de verdad y falsedad. No sabemos cuándo, ni en qué momento ni en qué forma llegará nuestro fin. Estamos dedicando todos nuestros recursos y nuestras energías para la satisfacción de un cuerpo tan transitorio. Todo lo que podamos adquirir, todas esas posesiones habrán de ser abandonadas cualquier día. Ya sea que vivamos o que muramos, hemos de llevar un nombre que conlleve una reputación. Lo que queda de manera permanente en este mundo es únicamente vuestro nombre y vuestra reputación. No se dejen dominar por los pensamientos de: "Voy a hacer esto. Voy a hacer aquello. Voy a adquirir esto o voy a adquirir aquello". Estas no son sino palabras imaginarias lanzadas al aire. Deberán hacer un buen uso del tiempo que se les ha dado, viviendo en esta sociedad y prestándole servicio a la gente en este país.

Por haberse unido a los cursos de verano y por haber pasado vuestro tiempo en este ambiente sagrado, esta sagrada calidad debería imprimirse de manera permanente en vuestras mentes.

¡Encarnaciones del Alma Sagrada!: No hay necesidad de establecer una nueva sociedad. Nuestro deber es reconocer lo bueno que ya existe en nosotros. Las Organizaciones de Sai no tienen intereses egoístas. Quieren ayudar a todas las religiones y a todos los hombres. Resultan aceptables para todos. No han sido establecidas con miras a promover un nombre. Esto no quiere decir que no haya individuos que no sean egoístas en la Organización. Pero no deben preocuparse por esta gente ni por tales ideas. Deben hacerse desinteresados y unirse a la Organización con un espíritu desinteresado. Mientras se encuentren en este ambiente de aquí, puede que sientan que éstas son ideas muy sagradas y buenas. Pero tan pronto salgan y entren al mundo exterior, las cosas son diferentes. Es seguro que vuestras ideas van a cambiar cuando salgan. Pero cuando también afuera la compañía es buena, les será posible retener estos sagrados ideales por períodos más largos.

Hay un pequeño ejemplo. Si tienen un jarro de greda que contenga agua y lo guardan por algún tiempo, se encontrarán con que algo del agua se habrá evaporado. La razón para ello es que el jarro de greda exudará algo de agua, porque el medio exterior al jarro es muy seco. Por otra parte, si este jarro se guarda en un medio que tenga agua, no exudará el agua que contiene dentro. De manera similar, cuando hayan llenado el jarro de su corazón con esencia espiritual, incluso aunque hayan sido no creyentes en un comienzo, debido a esta esencia espiritual en el jarro de vuestro corazón, habrán gozado de un medio que está lleno de espiritualidad. Si entonces salen hacia un medio que esté lleno de esencia espiritual, vuestra fe y vuestra creencia no se evaporarán. Si esto se puede hacer continuamente por algunos años, ya no habrá peligro más adelante de que la esencia en vuestro corazón se vaya a diluir.

Todavía son jóvenes. En vuestras jóvenes mentes existe la tendencia a fluctuar un poco. Si uno quisiera explicar la naturaleza de un joven, se la puede comparar con el comportamiento de cien monos. Tomando esto en consideración cuando regresen a sus hogares, han de unirse a la Organización Sai y, en esa buena compañía, deberán hacer el bien para el resto del mundo.

NO SE OLVIDEN DE DIOS; NO CREAN EN EL MUNDO; NO TEMAN A LA MUERTE

Como la buena comida que le llega a uno que ha ayunado por diez días, como la copiosa lluvia que cae para llenar los estanques secos y vacíos, como el niño que llega a una familia que ha añorado por mucho tiempo un hijo, como un golpe de fortuna para un hombre muy pobre, así ha venido Sri Sathya Sai Baba a Puttaparti, en momentos en que había un declinar total de la Rectitud entre la gente. ¿Qué cosa mejor podría decirles a quienes están reunidos en esta congregación?

¡Estudiantes, niños y niñas!: El tiempo vuela como si fuera llevado por un viento fuerte. Así también se derrite el período de vida de cada uno, como un bloque de hielo. Pese a ello, el hombre simplemente avanza sin reconocer sus deberes. ¿Es éste el destino del hombre? ¿Es ésta la ambición del hombre? ¿Es esto todo lo que va a hacer en su vida? Habiendo nacido en esta sagrada tierra de Bharat, habiendo alcanzado el nacimiento humano que no se obtiene fácilmente, ¿va a pasar el hombre su vida de este modo?

Soñar no es más que un juego de la propia mente de uno. Volver a despertar es nuevamente una manifestación de la propia mente. Ambas cosas no son verdaderas. Incapaz de reconocer esta verdad, el hombre confunde la verdad con la falsedad y la falsedad con la verdad. En realidad, este cuerpo humano está destinado a la Bienaventuranza y la dicha y nos ha sido dado para que podamos tener la visión del Alma

Suprema. La tarea principal del hombre es la de reconocer el secreto y la verdad que encierra la vida. Estamos perdiendo nuestro tiempo al igual que un hombre que corte madera de sándalo para quemarla y usarla como carbón. Con un recipiente de oro estamos tratando de cocinar algo que es muy inferior. El cuerpo que nos ha sido dado para la búsqueda de la Verdad, está siendo utilizado para objetivos inferiores. En verdad, tenemos que buscar y encontrar una piedra preciosa en el polvo. Una piedra preciosa no puede encontrarse en la copa de un árbol. Así tampoco se pueden encontrar las perlas de la sabiduría buscándolas tan sólo en el cuerpo humano que no es sino polvo. Polvo eres y al polvo volverás.

En este mundo de inquietud, hemos de purificar nuestras mentes si queremos establecer la paz. Las personas pronuncian palabras de paz, pero en la acción muestran violencia. Sostienen una bomba atómica en una mano y proclaman al mismo tiempo, a voces, la necesidad de paz. Incluso si llegan a la Luna no podrán lograr la paz y la felicidad. En un mundo tan intranquilo tratamos de establecer más inquietud en lugar de tener una devoción total por Dios.

¡Estudiantes!: Todas mis esperanzas descansan en la juventud. La juventud de hoy representa a los futuros ciudadanos y será responsable por el bienestar de Bharat. Lo bueno o lo malo de un país depende de la juventud.

Durante estos treinta días han estado viviendo en Brindavan y pasando el tiempo de manera idílica. Estamos pensando en que nuestros cursos de verano llegan a su término hoy día. Pero nuestros cursos de verano no se acaban ningún día. Hasta hoy, han vivido y han experimentado alegría en Brindavan. A partir de hoy, habrán de hacer que Brindavan viva en sus corazones. Hasta hoy han estado sentados en el auditorio. A partir de hoy, habrán de poner en sus corazones a todas las personas que han venido acá y todo lo que han aprendido en este auditorio. Si pueden fomentar esta actitud en ustedes, no quedará lugar para diferencias entre ustedes.

¡Estudiantes!: Cualquier individuo totalmente sano no querrá ir a consultar a un médico. Una persona que esté sana y que sepa que está bien, no se irá a hacer un chequeo médico. Sólo cuando uno tiene mala salud, irá a ver a un médico y le planteará una serie de preguntas sobre su salud. Si todos han venido hasta aquí hoy día, ello significa que en cada uno de ustedes debe de haber alguna falla. Quieren librarse de ella y alcanzar la paz mental. Han venido aquí para desechar sus ideas ruines y sus pensamientos impermanentes y llevar consigo la Verdad permanente. Han venido aquí con miras a adquirir nuevas ideas, buenas ideas y para convertir la senda de vuestra vida en una senda color rosa. Han estado dedicados a esta tarea por treinta días.

Muchos de ustedes no quieren volver a sus casas, pero recuerden que Swami está con ustedes. No deben sentir que tener que marcharse represente una imposición indeseada. Los ideales de Sai son así. Al igual que un diamante tiene tantas facetas diferentes, Sai también tiene muchas facetas diferentes. El está en todos ustedes. Pese a que el diamante tiene muchas facetas en todo su alrededor, es la porción central del mismo la que está conectada con todas las facetas. De modo que todos ustedes, niños y niñas, deberán convertirse en otros tantos rayos que emanen del centro. Deberán partir y establecer el tipo de Servicio en el que hayan optado participar.

El loto tiene muchos pétalos. Todos esos pétalos están conectados con la parte central. Para Sathya Sai, quien constituye la parte central del loto, todos ustedes son como los pétalos conectados con este centro.

¡Jóvenes!: Han de desarrollar el espíritu de sacrificio. Una vez que lo hayan desarrollado, habrán de sentir que no existen diferencias de origen religioso. Habrán de ser capaces de establecer la unicidad de todas las religiones. En todo momento deberán tratar de prestarle Servicio a otros. Habrán de establecer y de mantener la sagrada cultura de Bharat. Aceptando la sagrada esencia de nuestra cultura que han aprendido durante los pasados treinta días, han experimentado un tipo de dicha. También en el futuro habrán de tratar de continuarlo. Olvidar lo que han escuchado tan pronto como abandonen este lugar, sería indigno de la naturaleza humana.

¡Estudiantes!: Habrán de ejercitar un gran control sobre sus mentes. Deben velar porque los bajos deseos de sus mentes no logren tomar el control de ustedes. Deben servirle a sus padres, a vuestra sociedad y, luego, a vuestro país. Esta es la verdadera forma del Yoga, de la disciplina. Han de experimentar esta clase de Yoga en sus vidas diarias. Deben adquirir muchas cosas para sí mismos en el campo de la Rectitud, en el religioso y en el espiritual. No le resulta posible a un individuo practicar todas estas cosas, pero habrán de elegir algunas entre ellas y llevarlas a la práctica en la vida cotidiana. Lo más importante es que, diariamente, desde la mañana hasta la noche, deben recordar tres cosas esenciales: no olvidarse de Dios, no creer en el mundo y no temerle a la muerte. Estas tres cosas son esenciales para sus vidas. Han de olvidarse de todo daño que les hayan hecho otros. Del mismo modo, también han de olvidar todo el bien que le hayan hecho a otros. Si piensan continuamente en el daño que les hayan hecho, puede que traten de causarle daño a su vez a quienes lo hayan hecho. Retribuir un daño representa un pecado. Olvidándose del bien que hayan hecho no estarán esperando recibir otro bien a cambio. Si esperan recibir alguna retribución y no la reciben, habrán de nacer otra vez.

Deberán empeñarse en no participar en transacciones conexas con el ciclo del nacer y el morir. Lamentablemente, son muchos los que toman por la senda espiritual hoy en día, como si se tratara de una senda de negocios. Espero que no hagan tal cosa. Ustedes reconocerán la Verdad y harán fructíferas sus vidas y las llenarán de propósito.

¡Encarnaciones del Alma Sagrada!: La dicha y la felicidad que han experimentado aquí debería inspirarles para que le den la misma dicha y felicidad a los amigos de sus lugares de origen. No deben volverse egoístas. Lo que no puedan obtener por medio del trabajo o debido al nacimiento, lo pueden lograr a través del sacrificio.

También debemos reconocer el significado de la palabra Rectitud. Pensamos que es cumplir nuestro deber. Ello no es así. Nuestra real Acción Correcta es hacer algo que dé felicidad y que complazca a otros. Cualquier cosa que hagamos, no deberá ser causa de limitaciones para la libertad que otros gocen. Hemos de velar por no hacer nosotros mismos aquello que vemos como algo malo en otros. También hemos de observar la forma en que otros son respetados y la forma en que se conducen, como para no hacer nosotros sino las cosas que son consideradas como respetables.

Hoy en día, el hombre protege su propia dignidad y el propio respeto de sí mismo. No considera necesario proteger la dignidad y la autoestima de otros. Tratamos de descubrir con cien ojos las faltas de los demás, pero no hacemos intento alguno por localizarlas en nosotros mismos. Cuando podamos buscar las faltas que hay en nosotros y descubrirlas, experimentaremos la justa clase de dicha. Nuestras mentes pierden lo sagrado en la búsqueda de faltas en los demás.

El corazón es como el lente de una cámara. Nuestra mente es como la película en ella. Los pensamientos que entren en nuestra mente quedarán en esa película. Por esta razón no debemos dejar que ningún mal pensamiento entre a nuestra mente.

Espero que le presten atención a estas cosas sagradas y que por este camino se sientan gozosos. Lo que debían saber lo han llegado a saber. Pero si después de llegar a saberlo no hacen intento por experimentarlo, el conocimiento adquirido se convertirá en un desperdicio.

Un individuo llegó hasta Sócrates y le dijo: "Tú eres alguien que lo sabe todo", a lo que Sócrates le replicó: "No lo sé todo, sólo sé una cosa". El individuo le preguntó: "¿Qué es esa sola cosa que sabes?" Sócrates le contestó: "Sé una cosa y ella es que nada sé". Ustedes piensan que lo saben todo y cuando alguien llegue a ustedes y les diga: "Han estado asistiendo a los cursos de verano de Sathya Sai, ¿lo saben todo?" En ese momento habrán de conducirse como si no supieran nada. Sólo cuando ponemos estas cosas en práctica, podemos desarrollar el sentir que sabemos todas estas cosas. Si tenemos la idea de que lo sabemos todo, parecerá como si ello proviniera de los libros y que mejor se hubiese quedado en ellos. Espero que lo que han aprendido en los libros lo pongan de vuelta en sus cabezas y que, después de haberlo puesto en sus cabezas, sean capaces de llevarlo a la práctica.

¡Estudiantes!: Cuando vuelvan a sus respectivos lugares de origen, deberán tratar de establecer alguna conexión con la Organización de Sri Sathya Sai. Los importantes cambios que se han producido en vuestra conducta frente a la vida habrán de serles demostrados a vuestros padres.

En los días de antaño, cuando los estudiantes retornaban a sus hogares después de haber completado su educación, los sabios solían indicarles varias pautas positivas como: "Respeten a su madre como a Dios, respeten a su padre como a Dios, respeten a su maestro como a Dios, digan la Verdad y sigan la senda de la Rectitud". Los estudiantes protegían estas indicaciones como si se tratara de piedras preciosas que les hubieran dado. A lo largo de toda su vida, hasta el término de ella, estas declaraciones constituían sus armas y les salvaguardaban.

Espero que también ahora habrán de mantener estas declaraciones en sus mentes. Considérenlas con la importancia que revisten y conviértanse en futuros ciudadanos dedicados a trabajar por su patria. El primer paso lo constituye el amar a sus padres y madres. Tan pronto como retornen a casa desde aquí, comiencen por aceptar las órdenes que les den. Solamente respetando a vuestros padres, serán respetados por sus hijos cuando ustedes mismos sean padres en el futuro. Si menospreciaran a sus padres ahora y no les respetaran, recibirán el mismo tipo de negligencia y de falta de respeto en el futuro por parte de sus hijos.

¡Estudiantes!: Si mostraran actitudes de irrespetuosidad hacia sus padres, siendo que ellos les han brindado todo tipo de protección, sacrificando sus comodidades por preocuparse por ustedes, Dios se sentirá disgustado con ustedes. Vuestros padres satisfacen vuestras necesidades y deseos materiales y, si no pudieran respetarles y amarles, ¿cómo podrían respetar y amar a Dios? ¿Cómo podrían complacer a Dios si no son capaces de complacer a sus padres?

Espero que no olviden lo que han aprendido aquí, que van a recapitularlo y que siempre pensarán en todo esto. Los animales carecen de visión interna. Tienen solamente la visión externa, la visión hacia afuera. Hasta los animales carentes de visión interna vuelven a sus lugares de descanso y comienzan a rumiar y a digerir el alimento que hayan ingerido. Si nosotros, los seres humanos, que poseemos tanto la visión externa como la interna, no recapitulamos ni digerimos lo que hemos escuchado, seríamos peores que los animales. Todo lo que han aprendido deberá entrar a vuestros vasos sanguíneos y deberá manifestarse en todo momento desde vuestro interior.

Espero que recuerden todas las buenas cosas que han estado escuchando durante vuestra estadía aquí y que las han de llevar a la práctica en su vida diaria para gozar de la dicha que provenga de ello y que le presten algún Servicio y ayuda a la comunidad que les rodee.

INDICE

Discurso Inaugural	5
Dios no puede ser descripto con palabras	15
La ley del karma es invencible	29
Lakshmana, el devoto hermano de Rama	41
La Todo-Penetrante Alma	49
El Alma y Brahman, el Eterno Absoluto, son idénticos entre sí	59
Todos los personajes del Ramayana son ejemplos ideales	69
La ignorancia es la causa de nuestros pesares	77
El pesar no es natural en el hombre: la felicidad representa su naturaleza	87
Sean buenos, hagan el bien, vean el bien: éste es el camino hacia Dios	95
Nadie puede separar a un devoto real de su Señor	107
De nada le valió a Ravana su erudición sobre los Vedas, por su práctica errónea	117
Hablar mucho le resta a uno memoria y fuerzas	129
Tú eres Aquello	139

El mundo es una proyección ilusoria
del sustrato de Brahman.. 149

Dios y la Rectitud habrán de representar las ruedas
del carro de vuestra vida.. 157

Salgan a tiempo, conduzcan con cuidado, lleguen a salvo.. 165

La comida limpia le ayuda a uno a desarrollar buenas
cualidades.. 175

Al igual que la dulzura del azúcar es la misma en dulces
de cualquier forma o nombre, así también la Divinidad
es la misma en todos los seres humanos de cualquier
forma o nombre.. 181

Ni la riqueza ni la autoridad otorgan paz mental............... 193

Cuando aparece la sabiduría, desaparecen
la ignorancia y la ilusión.. 203

No se aferren a este mundo a través de sus deseos............ 213

El conocimiento libresco es inútil:
útil es el conocimiento práctico....................................... 223

Deben vivir y trabajar por el bien de la comunidad
que les rodea.. 233

El verdadero Yoga debe permitirles controlar la mente..... 239

La buena compañía les permite mantener vuestra
bondad... 249

No se olviden de Dios; no crean en el mundo;
no teman a la muerte... 257

OTRAS OBRAS

LA TRANSFORMACION DEL CORAZON

Judy Warner

Este maravilloso libro es una colección de relatos hechos por personas cuyas vidas han sido transformadas por Sathya Sai Baba. Estas narraciones personales, escritas por gente que comparte nuestra vida normal de cada día, muestran cómo el verdadero despertar espiritual ocurre bajo circunstancias, perspectivas, educación, antecedentes y aproximaciones filosóficas a la vida enormemente diferentes.
Este es un libro que nos ayuda a comprender el mensaje de Sathya Sai Baba, el Avatar de nuestra era.

OTRAS OBRAS

SAI BABA
La Encarnación del Amor

Peggy Mason - Ron Laing

Sai Baba es uno de los maestros espirituales
más amados y destacados de este siglo.
Tiene un gran número de seguidores
en 98 países en el mundo
y es muy bien conocido por
sus extraordinarios poderes paranormales.
Esta publicación transmite la claridad
y compasión grandiosas de Sai Baba.
Es un libro escrito por una pareja
de ancianos británicos que encontraron
sus vidas transformadas
al encontrarse con El.

OTRAS OBRAS

SAI BABA
El Hombre Milagroso

Howard Murphet

En una presentación testimonial serena
y objetiva, el autor narra experiencias
asombrosas donde el lector,
ajeno al tema, puede captar de este hombre
de milagros una dimensión ecuánime,
avalada por personalidades que aseveran
la realidad de los mismos.
Este libro invita a la reflexión profunda
y nos conecta al amor, a la compasión,
al conocimiento de Dios.

OTRAS OBRAS

SAI BABA
Y EL PSIQUIATRA

Dr. Samuel H. Sandweiss

Una fascinante narración
de las vivencias del autor con Sai Baba
y de su investigación como psiquiatra,
que lo llevó a descubrir que es
una ciencia que requiere adiciones esenciales
provenientes del campo
de la conciencia espiritual.
Al leer este libro, uno comparte
todos los cambios en su pensamiento
y estados de ánimo en su relación
con Sai Baba, quien prodiga
su amorosa enseñanza.

Este libro se terminó de imprimir
en los talleres de Errepar,
en Buenos Aires, República Argentina,
en el mes de marzo de 1995

FENUGREEK